Yves Jégo – Denis Lépée

1661

Roman

*Tous droits de traduction, d'adaptation
et de reproduction réservés pour tous pays*

© Timée-Editions, 2005
ISBN : 2-915586-23-3

Pour Quentin,
Pour Suzanne et Gabrielle.

> L'expérience nous fait connaître que tout ce qui est incroyable n'est pas faux.
>
> PAUL DE GONDI, CARDINAL DE RETZ

> Si je tenais toutes les vérités dans ma main, je me donnerais bien garde de l'ouvrir pour les découvrir aux hommes.
>
> BERNARD DE FONTENELLE

> On rencontre sa destinée / Souvent par des chemins qu'on prend pour l'éviter.
>
> JEAN DE LA FONTAINE

1

Rome – mercredi 2 février 1661, à la tombée de la nuit

LES CLOCHES du Château Saint-Ange sonnaient à toute volée pour annoncer l'office du soir. Pressant le pas comme pour échapper au vacarme, la silhouette qui longeait la muraille de la tour sud traversa vers le Tibre et s'engouffra dans l'escalier qui menait à la berge. Balayée par les rafales de vent et les bourrasques de pluie froide, l'ombre des saules poussés à même le mur le recouvrait à présent tout entier. François d'Orbay relâcha les pans ruisselants d'eau de son manteau gris. La descente achevée, il s'immobilisa une seconde au pied de l'escalier, laissant à ses yeux le temps de s'acclimater au contre-jour, rabattit la capuche qui protégeait sa tête, puis reprit sa marche le long de la berge mangée d'herbes folles. Amarrée à un anneau, la barque l'attendait. Sans un mot, d'Orbay salua d'un hochement de tête le pilote et sauta à bord. Le marin s'arc-bouta pour éloigner l'embarcation du mur, puis prit les rames tandis que son passager s'installait sur une planche calée contre la poupe. Portée par le courant, la barque filait bon train, maintenue d'une main habile à proximité du quai, presque invisible depuis la berge.

Comme ils passaient le Ponte Mazzini, le pilote releva brusquement sa rame droite, faisant plonger son bateau vers la rive opposée. Prenant de la vitesse dans le courant, la barque s'élançait vers le mur quand, au dernier moment, le marin la jeta en travers contre une avancée de pierre immergée à fleur d'eau. Le quai racla la coque qui s'immobilisa brutalement. Plongeant les mains sous l'eau, le pilote saisit une corde dans laquelle il engagea un mousqueton de cuivre. D'un signe, il enjoignit à son passager de se baisser.

Guidée par le câble, la barque pénétra dans un tunnel dont la hauteur libre d'eau dépassait à peine un doigt. Allongé, d'Orbay observa la voûte moussue, pressant contre son visage la capuche de son manteau pour se protéger de l'odeur d'égout qui le saisissait à la gorge.

La barque progressait moins vite, à mesure que l'obscurité se faisait plus complète. La voix du batelier résonna dans le tunnel :

— Nous approchons, monsieur.

D'Orbay ne répondit pas, tout occupé à essayer de discerner la lueur apparue devant le bateau. L'air devint plus léger tandis que le tunnel s'élargissait.

On distinguait cinq torchères fixées dans le mur et en face d'elles un quai en pierre blanche d'où s'élevait un escalier. Laissant là son guide, d'Orbay sauta hors de la barque. Il marchait d'un pas rapide, ses bottes résonnant en écho sur le dallage.

Bientôt lui parvint le bruit étouffé d'une conversation. Un instant plus tard, écartant un lourd rideau de velours sombre, il fit son entrée dans un salon dont la richesse des décorations contrastait fortement avec le dépouillement des souterrains qu'il avait traversés. La pierre nue et humide laissait la place à des boiseries précieuses ornées de peintures et décorées de deux grandes glaces vénitiennes où se reflétait la lueur pâle des bougies.

François d'Orbay eut un soupir de contentement en apercevant les sourires des six hommes présents, qui s'étaient tus en le voyant surgir. « Six parmi les quatorze, songea-t-il en passant le seuil de pierre. Six venus d'Angleterre, d'Espagne, d'Italie, d'Autriche ou de Pologne. »

Tous étaient assis dans de grands fauteuils de cuir noir identiques, à l'exception d'un d'entre eux, dont le dossier était couronné d'un soleil de bois doré, et les accoudoirs prolongés de deux pattes de griffon. « Cinq plus un », pensa d'Orbay en posant sur son occupant un regard empreint d'affection et de respect. Giacomo Del Sarto, ami fidèle et médecin capable de prodiges. Giacomo Del Sarto, le grand maître mystérieux...

— Giacomo, je suis heureux de te revoir.

Sans répondre, l'homme grand et maigre auquel il venait de s'adresser lui fit signe de s'asseoir. Ôtant son manteau, d'Orbay le jeta sur un fauteuil et s'approcha pour saluer chacun de ses hôtes.

— Mille pardons mes amis, je suis en retard. Le voyage n'a pas été de tout repos.

Toujours sans un mot, Giacomo signifia d'un geste que cela importait peu, puis se pencha pour prendre sur la table ronde dressée au milieu des sièges une chemise de toile rigide. Celle-ci enlevée, la table de marbre laissa apparaître en son centre un motif de mosaïque dans lequel figurait le même soleil entouré de quatorze colonnades entremêlées.

— Maintenant que notre frère de Paris est arrivé, je vous propose d'entrer sans tarder dans le vif de notre sujet. Certains d'entre vous se demandent sans doute pourquoi j'ai provoqué cette assemblée extraordinaire. Veux-tu nous éclairer, François ? ajouta-t-il en se tournant vers d'Orbay.

— Nos informations sur la santé de Mazarin se confirment, répondit celui-ci. Il est cette fois réellement au plus mal. Ses mages ont beau lui prédire un prompt rétablissement, la fin n'en est pas moins proche, tout Premier ministre qu'il est. Les rats s'agitent déjà en coulisse et Paris bruit de sa succession, aussi bien financière que politique. Après trente ans de règne officieux, Mazarin va enfin se résoudre à mourir. Son âme damnée, Colbert, intrigue en secret pour maquiller l'origine de la fortune du vieux scélérat et lui donner un semblant d'honnêteté... Mais là n'est pas l'essentiel. L'important est que cela peut servir nos plans : la jeunesse du roi, la fin d'une époque, le relâchement de la poigne de fer de Mazarin, tout cela nous fournit une conjoncture exceptionnelle qui ne se reproduira peut-être pas avant longtemps. Nous devons donc en profiter.

D'Orbay s'interrompit, occupé par une pensée soudaine. Ses yeux glissèrent sur le bois sombre des murs, puis s'arrêtèrent sur l'une des glaces monumentales, comme si la confrontation à son propre reflet le ramenait tout à coup à son discours.

— Nous aurions bien sûr préféré que les événements se bousculent moins, mais j'ai confiance dans notre succès. Il faut seulement veiller à ce que les esprits ne s'échauffent pas trop. Le récent échec de la révolution qui avait abattu la monarchie en Angleterre et le rétablissement de Charles II sur le trône de son père font courir un risque d'emballement. Le nouveau roi va sans nul doute vouloir venger la mort de son père et traquer ceux qui l'ont condamné. Ceux de nos frères qui ont agi là-bas ont cru faire avancer notre cause, mais tout l'édifice est à terre. Au demeurant peu importe. Tout ce qui compte est que cet échec malheureux ne compromette pas notre dessein en France.

L'un des participants s'avança sur son siège et fit signe qu'il souhaitait poser une question. D'un geste, Giacomo lui donna la parole.

— On dit cependant qu'à Paris, les frondeurs s'agitent ?

D'Orbay eut une moue dubitative.

— Je n'en crois rien. De quoi pensez-vous que les bonnes gens s'émeuvent à l'heure où le royaume de France est en train de changer de maître ? Eh bien de comédie, mes amis : tout Paris bruit du sort de la nouvelle pièce de monsieur Molière, qui inaugure le théâtre du Palais-Royal et a promis un drame pour prouver son génie ! Un Premier ministre meurt, mais ce sont les soutiens et les détracteurs d'un saltimbanque que l'on cherche à compter... Au demeurant, je profiterai de ma présence à Rome pour saluer l'un des chefs historiques de la Fronde, l'archevêque de Paris en exil, Paul de Gondi. J'ai manière d'accéder à lui sans peine. Je sonderai les visées de ses anciens amis comploteurs...

Resté silencieux jusque-là, un homme au fort accent espagnol prit la parole.

— Ne faut-il tout de même pas craindre que le jeune roi de France ne s'invente de nouvelles ambitions personnelles en contemplant son cousin d'Angleterre ?

D'Orbay se leva en soupirant. Le parquet grinçait sous ses bottes de cavalier. Il s'arrêta devant un échiquier posé sur une petite table de jeu en acajou, et saisit distraitement un pion d'albâtre qu'il fit rouler entre ses doigts.

— Tout est toujours possible venant des têtes couronnées... Le jeune Louis, cependant, pense davantage aux dames, à la chasse et à la musique qu'au pouvoir, du moins jusqu'à présent. Il hait seulement les complots et les traîtres. A nous d'éviter de porter ces costumes bien peu confortables.

Reposant le pion, d'Orbay revint se placer derrière son siège. Sous la lumière hésitante des chandeliers, ses cheveux mouillés noués dans la nuque par un ruban de velours paraissaient plus noirs que le jais. S'efforçant de masquer son impatience, il attendit un instant avant de poursuivre :

— De toute façon, mes frères, nous n'avons plus le choix. L'agonie de Mazarin ne nous laisse pas le temps de nous retourner. Elle commande même d'accélérer les choses.

Sa voix se fit plus grave.

— Nous ne pouvons prendre le risque de laisser passer cette occasion, ni de laisser une éventuelle agitation nous déborder. C'est cela qui a commandé ma venue précipitée de France et notre réunion. Je vous demande pardon de n'avoir sondé aucun de vous au préalable, mais nous avons vu disparaître trop de courriers et casser trop de codes secrets pour confier encore à des messagers des annonces si graves.

D'Orbay se rassit sur son siège, joignit les mains une seconde, puis les reposa à plat sur ses cuisses tandis qu'il scrutait les visages tournés vers lui pour essayer d'y déchiffrer les pensées de ses compagnons. Dans le silence, un serviteur entra, écartant une autre tenture qui masquait une porte à double battant. Sans un mot, il proposa à chacun les verres de vin alignés sur le plateau qu'il portait, saluant d'un petit mouvement sec de la tête. D'Orbay le regarda sortir, sa manœuvre achevée, puis se retourna vers les six hommes assis autour de lui.

« Allons, songea-t-il en prenant une respiration profonde, l'heure est venue » :

— Mes frères, je suis venu demander, comme notre règle l'exige, votre autorisation pour engager notre confrérie dans le transfert du Secret dont nous sommes les garants vers le lieu où nous allons agir...

L'Espagnol le coupa de nouveau :

— Transférer le Secret est une chose. Mais qu'adviendra-t-il si nous ne retrouvons pas à temps la clé qui permet sa révélation et que nous cherchons sans succès depuis tant d'années ? L'Angleterre nous a montré quels risques faisait courir une action engagée sans ce soutien... Ne vaut-il pas mieux différer encore ?

Le silence tomba un instant sur la petite assemblée dont les membres s'observaient mutuellement. On n'entendait plus que le grésillement d'une chandelle en passe de s'éteindre. Sa lueur vacillante soulignait les traits creusés du grand maître, accentuant l'impression de fragilité qui se dégageait de sa silhouette.

François d'Orbay réprima un geste d'humeur, le regard sombre.

— Mes frères, il y a plus de cinq cents ans que notre confrérie connaît l'existence du Secret. Nous possédons le manuscrit dans lequel il est caché. Seul le moyen de le révéler au monde nous a glissé entre les doigts il y a quinze ans, et nous échappe depuis lors. Le détenir nous permettrait de convaincre le roi de la légitimité de notre action. C'est pourquoi il faudra bien sûr jusqu'au dernier instant nous efforcer de retrouver la clé. C'est même pour cela que le transfert du manuscrit codé depuis Rome jusqu'en France est indispensable.

Sa voix prit un accent plus passionné.

— Mais même si ce concours devait nous être refusé par le sort, je suis néanmoins certain que nous ne devrions pas reculer. Je vous l'ai dit, une telle occasion ne se reproduira peut-être pas. Le roi est encore jeune, il est malléable, déstabilisé par la perte prochaine de son mentor. Il a confiance dans celui que nous avons choisi pour porter notre cause.

Il s'interrompit une seconde pour juger de l'effet de ses paroles.

— Pendant toutes ces années, pas à pas, nous avons construit les conditions de notre victoire, mes frères. Différer serait une folie : croyez-moi, notre frère Nicolas Fouquet saura faire triompher la Vérité.

Dans le silence profond qui suivit ses paroles, ces derniers mots sonnèrent avec l'éclat solennel d'une formule rituelle :

— Ai-je votre assentiment, mes frères ?

Comme à un commandement muet, un serviteur apparut, portant cette fois une urne de bois noir percée d'un trou rond. Il la posa sur la table et ouvrit un tiroir masqué dans le socle de l'urne. Il en sortit un sac de cuir dont il dénoua les lacets, avant de vider son contenu sur un petit plateau d'argent. Des billes de bois noires et blanches roulèrent avec un bruit sourd sur le métal.

Faisant le tour de l'assemblée, le serviteur présenta le plateau à chacun des sept hommes pour qu'il y prélève une bille noire et une autre blanche. Tour à tour, chacun s'avança alors vers l'urne et y déposa l'une des boules qu'il tenait cachées au creux de sa main. Puis Giacomo se fit apporter l'urne et l'ouvrit, sortant d'un geste lent les boules une à une devant lui. La tâche accomplie, il invita d'un geste ses pairs à observer le résultat du vote. Sept boules blanches identiques reposaient en ligne sur le dessin du soleil.

— Qu'il en soit ainsi, murmura François d'Orbay. Le sort en est jeté.

2

Paris, palais Mazarin – dimanche 6 février au matin

TOUSSAINT ROZE était penché depuis plus de deux heures sur les documents disposés devant lui. Assis dans le fauteuil offert par la reine mère Anne d'Autriche, le secrétaire particulier de Jules Mazarin avait déplié devant lui la tablette en marqueterie fine de l'imposant secrétaire installé le long du mur, dos à la fenêtre du bureau privé du Premier ministre. Avec un plaisir non dissimulé, Roze venait d'extraire de ce meuble à secret, fabriqué spécialement à Milan quelques années auparavant, un grand maroquin grenat frappé aux armes du Cardinal. Il se surprit à admirer la qualité du cuir et la finesse de la fermeture en acier. « Pourquoi Son Eminence m'a-t-elle demandé de lui rapporter sans délai ces papiers ? » se demandait-il en caressant le dos patiné du magnifique porte-document. D'autant que, dans son souvenir, le dévoué collaborateur qu'il était n'avait pratiquement jamais eu accès à ce meuble. Les rumeurs sur la maladie du Premier ministre tournaient dans son esprit, comme une litanie obsédante.

Tout était calme, en cette froide matinée, dans les appartements privés de Mazarin, presque davantage qu'à l'ordinaire. Le maître des lieux occupant de préférence à cette période ses appartements du Louvre, les domestiques étaient pour la plupart absents, partis rejoindre leur maître ou profiter d'une journée de liberté. Les feux avaient même fini par mourir dans les cheminées. Etait-ce le froid des premiers jours de février ou la lassitude d'un ouvrage fastidieux ? Toussaint Roze frissonna avant de se remettre au travail.

Attentif à la lecture des parchemins, le bon secrétaire, devenu au fil du temps, il est vrai, un peu sourd, n'entendit pas les hommes qui venaient de pénétrer dans le vestibule de l'appartement.

Ils étaient cinq, masqués d'un loup de cuir marron, dissimulés sous de grandes capes noires. Marchant l'un derrière l'autre en silence, ils traversèrent la pièce après avoir repoussé sans bruit la porte en chêne à double battant donnant sur le grand escalier qui montait de la bibliothèque.

En bas, dans son bureau, Etienne Baluze, bibliothécaire personnel de Son Eminence, terminait un mémorandum destiné à lui rendre compte de ses premières semaines d'activité. A plusieurs reprises, le bruit des visiteurs de la bibliothèque voisine l'avait interrompu dans sa tâche. Le jeune homme n'était pas encore habitué à ce jour d'affluence. Il ne comprenait d'ailleurs pas pourquoi le Cardinal était désireux, une fois par semaine, d'ouvrir sa collection aux érudits parisiens. Avec un geste d'agacement, il passa sa main dans l'épaisse chevelure blonde qui faisait son succès auprès des jeunes femmes et lui donnait un visage d'ange, digne des peintres italiens dont regorgeait la collection du Cardinal.

— Au secours... ! Au feu ! Alerte !

Aux cris se mêlait un vaste brouhaha de chaises tombées et de pas précipités, de l'autre côté de la cloison. Etienne Baluze eut à peine le temps de se lever qu'une épaisse fumée s'infiltrait déjà sous sa porte.

En entrant dans la grande salle de lecture, le bibliothécaire mesura aussitôt l'ampleur de l'incendie. La fumée l'empêchait pratiquement d'apercevoir l'autre bout de la pièce. Eberlué, il vit des flammes lécher tout un pan de rayonnages.

— Vite, de l'eau... Il faut trouver de l'eau ! s'écria le jeune homme, qui ne semblait pas voir la foule se bousculer vers l'extérieur pour fuir les flammes.

Soudain, dans un fracas épouvantable, un mur entier de la bibliothèque s'écroula dans la pièce, redoublant l'affolement des fuyards. Etienne Baluze ne songeait plus désormais qu'aux moyens d'épargner la fabuleuse bibliothèque.

Le jeune bibliothécaire luttait pour reprendre ses esprits. En un instant, il se dit qu'il pouvait sauver de la destruction une partie des ouvrages les plus précieux en organisant une chaîne humaine entre l'abreuvoir situé dans la cour et la bibliothèque où crépitaient des flammes de plus en plus vives.

— Des seaux ! Allez chercher tous les seaux que vous pourrez trouver ! cria Etienne Baluze aux gardes du Cardinal accourus devant la porte de la grande salle d'où s'échappait la fumée.

Au même moment, Toussaint Roze, intrigué par le bruit, levait la tête de sa lecture. Son cri resta figé dans sa gorge par le bâillon qu'un des hommes en noir venait de lui enfoncer dans la bouche.

— Attachez-le solidement, dit celui dont la haute taille dominait le pauvre secrétaire particulier. Au besoin, assommez-le ! Et fouillez l'appartement, il n'est peut-être pas seul. Le temps presse.

Terrorisé, Toussaint Roze sentit son sang se glacer quand le regard étrange de l'homme, un œil vert, l'autre marron, se posa sur lui.

Tandis que ses complices se répandaient dans tout l'étage, le chef de la bande entreprit de forcer les tiroirs de l'imposant secrétaire italien. Armé d'une barre de fer, l'agresseur faisait peu de cas des dégâts qu'il occasionnait au revêtement de bois précieux qui recouvrait le meuble. Comme un automate, il enfournait dans un sac dissimulé sous sa cape tous les papiers classés le matin même par Toussaint Roze. Sous la porte, celui-ci vit alors avec effroi s'engouffrer dans les appartements la fumée venue de l'étage inférieur.

C'est alors que la porte du bureau s'ouvrit, livrant passage à l'un des gardes du Cardinal. Monté précipitamment pour avertir le secrétaire, le soldat resta pétrifié une seconde devant le spectacle des meubles renversés et l'allure inquiétante des intrus. Surpris à leur tour par cette irruption inattendue, ils se figèrent sur place, suspendant leurs recherches.

— A moi la garde ! la garde... eut seulement le temps de hurler le soldat.

Sans un mot de plus, il s'affaissa lourdement sur le riche tapis rond qui décorait le centre de la pièce, un poignard enfoncé entre les omoplates. L'assassin se tenait fièrement campé dans l'embrasure de la porte, les jambes écartées et les mains sur les hanches. C'était le plus petit de la bande.

— Merci, le Jeune, lui dit l'homme aux yeux vairons, tout en continuant d'ouvrir un à un les tiroirs et d'en faire disparaître le contenu dans son grand sac en toile.

— Pas d'quoi. Le Tout-Puissant nous protège. Il a guidé ma main, répondit d'une voix d'enfant celui qui venait de tuer avec une incroyable dextérité.

A ces mots, Toussaint Roze s'évanouit.

— Partons, dit le chef de la bande à ses hommes réunis de nouveau dans le bureau de Mazarin. Nous profiterons de la confusion pour filer par là où nous sommes venus. Pensez seulement à enlever vos masques en descendant, et à relever vos capes pour ne pas vous faire trop remarquer dans l'affolement qui doit les occuper en bas.

Sans un regard pour Toussaint Roze, livide et toujours évanoui, les hommes en noir sortirent pour regagner l'escalier et quitter l'appartement privé. Mais à peine arrivés au pied des marches, ils se heurtèrent aux gardes du Cardinal qui formaient une chaîne et se passaient de main en main des seaux pleins. Levant les yeux, le capitaine de la garde prit conscience que les intrus en face de lui sortaient des appartements inaccessibles de Son Eminence. Lâchant son seau, il porta, par réflexe, la main à son épée et dégaina.

— Demi-tour, dit le chef de la bande en remontant précipitamment les escaliers, aussitôt suivi par ses quatre complices.

— A moi la garde ! aboya le capitaine, prêt à s'élancer à la poursuite des fuyards.

— Ne bougez pas ! Je vous ordonne de ne pas bouger. Le feu ! Nous devons éteindre ce feu... haleta Etienne Baluze. Je vous en supplie, continuez ! Le Cardinal ne nous le pardonnerait pas !

La plus grande confusion régnait dans le couloir. Les gardes, les bras ballants, ne savaient plus à qui obéir.

— Trois hommes avec moi ! Les autres, vous restez pour éteindre ce diable de feu, dit le capitaine, comprenant qu'il ne pouvait ainsi abandonner le bibliothécaire.

Toutefois, les ordres contradictoires avaient offert aux hommes en noir une sérieuse avance. Sans perdre une seconde, ils s'étaient rués vers les étages pour gagner les toits.

Douze coups sonnaient au clocher de la nouvelle église Saint-Roch, à quelques rues de là, lorsque quatre des cinq fuyards débouchèrent sur les toits du palais Mazarin.

— Le Jeune... où est le Jeune ? demanda le chef de la bande tout en courant, tandis que sa troupe progressait relativement rapidement malgré le danger et la hauteur.

Derrière eux apparut soudain le visage de l'enfant qui avait tardé à rejoindre ses aînés. Ils ralentirent pour lui permettre de les rejoindre. Sans mot dire, il exhiba une bourse ventrue qu'il avait prélevée au passage dans les poches de Toussaint Roze.

— J'ai trouvé ça aussi, dit-il en brandissant le maroquin en cuir grenat. Il était tombé aux pieds du vieux.

Satisfait de l'audace de sa jeune recrue, le chef fit signe à ses compagnons de le suivre et de se hâter.

— Il faut faire vite. Prenez garde au givre, le toit est glissant. Nous allons passer par le théâtre du Palais-Royal. Nous disparaîtrons en descendant vers la Seine. Pressons, ajouta-t-il en se retournant vers la lucarne distante d'un jet de pierre par laquelle ils s'étaient hissés sur le toit, j'entends les gardes.

L'imposante silhouette du capitaine apparut à cet instant, suivie tant bien que mal par trois soldats peu agiles dans cette situation. Arrivés au-dessus du théâtre en ayant conservé leur avance, les hommes en noir se mirent en quête du passage pour pénétrer dans le bâtiment. Un fracas épouvantable de verre brisé les arrêta net. Le Jeune venait de disparaître brutalement au travers de la verrière sur laquelle il avait marché par mégarde, ou peut-être glissé en dérapant sur le toit gelé. En se penchant au-dessus du trou béant, le chef de la bande vit le corps disloqué du garçon, gisant en contrebas, au beau milieu de la grande scène du nouveau théâtre de Sa Majesté.

— Dépêchons, on ne peut rien pour lui. Dieu l'ait en sa garde, ajouta-t-il en se signant. Il a rejoint le vrai royaume.

Sans autre oraison, l'homme à l'étrange regard fit signe à sa troupe d'avancer afin de rejoindre un passage qu'il indiqua en pointant le doigt. Sous les yeux des gardes qui les poursuivaient, ils s'évanouirent dans l'obscurité des combles.

Pendant que ses complices réussissaient à disparaître, le jeune garçon, transpercé par la souffrance, rampait vers le bord de la scène sur laquelle il venait de s'écraser. Dans un ultime effort, il trouva l'énergie d'extraire de sous sa chemise le maroquin en cuir grenat subtilisé quelques minutes auparavant. L'enfant, à bout de souffle et tordu de douleur, le poussa au fond du trou réservé au souffleur. Epuisé, il laissa sa tête retomber dans la flaque de sang qui s'élargissait à présent sur les lames de bois de la scène, comme un prolongement sinistre du rideau pourpre à demi déplié.

Entrant à cet instant dans la salle, intrigué par le bruit, le concierge du théâtre vit seulement sa main crispée retomber sur l'avant-scène. Horrifié, le vieil homme se rua dans la coulisse pour chercher de l'aide.

— Molière, hurla-t-il, Molière, au secours !

3

Palais du Louvre - dimanche 6 février, deux heures de l'après-midi

LES RIDEAUX tirés, les bougies éteintes à l'exception de deux veilleuses posées au chevet du malade de part et d'autre de son lit, le pare-feu massif derrière lequel on ne distinguait qu'à peine le rougeoiement des braises, les meubles de bois sombre, tout le décor était en place dans la chambre du cardinal Mazarin pour rappeler avec solennité aux rares visiteurs autorisés qu'ici se mourait un homme et que grande était sa puissance. Le silence majestueux n'était troublé que par la respiration inégale du malade et les pas feutrés du serviteur qui, à intervalles réguliers, venait constater que Son Eminence n'avait besoin de rien.

Immobile, adossé à une forêt d'oreillers, l'homme le plus puissant de France, ministre aux ordres incontestés, parrain du roi, paraissait sommeiller. De lui, on n'apercevait que le visage amaigri, au teint cireux, surmonté d'un bonnet rouge cardinalice entouré d'une couronne de mèches blanches, et ses mains qui reposaient sur les draps, émergeant des poignets de dentelle d'une chemise blanche immaculée.

— Mes livres, murmura-t-il. Mes livres, mes papiers, imaginer l'odeur du feu sur mes livres ! poursuivit-il d'une voix lasse où perçait une curieuse émotion. Sa main fit un mouvement de désarroi dans l'air. Et mes tableaux, la Vierge de Bellini, le Raphaël arrivé le mois dernier de Rome... A-t-on seulement fait le compte ?

Dans le silence ambiant, c'est un murmure qui lui répondit :
— Pas encore en totalité, Monseigneur. Mais j'y veille.

Ce souffle émanait d'une forme tassée sur une chaise glissée entre deux grands coffres, à la gauche du lit à baldaquin où reposait le malade. Si intimement fondu avec l'atmosphère du lieu qu'il était presque invisible se tenait là un petit homme maigre, aux bras courts terminés par des mains osseuses qui paraissaient des serres. Vêtu d'un curieux habit d'allure ecclésiastique, le teint pâle, les pommettes hautes, le menton en galoche sous une bouche aux lèvres fines et à la moue méprisante, il était assis, ses mains posées sur ses genoux joints, serrant une liasse de documents. Ses yeux globuleux dardaient sur Mazarin un regard aigu, comme si la tension que renfermait son être s'y était tout entière concentrée.

— Les tableaux sont sauvés, Eminence, un seul cadre a souffert de la chaleur, mais la toile est intacte.

— Approchez, Colbert...

D'un bond, le petit homme était debout et penché dans une posture humble auprès du malade, la tête légèrement de biais, silencieux...

— Suis-je resté longtemps sans connaissance ?

— Non, Monseigneur, répondit le conseiller de l'ombre du Cardinal, quelques heures ont passé depuis que vous avez souhaité vous reposer après l'annonce de l'incendie.

— Que se dit-il de mon état ?

— La vérité, Monseigneur, que vous reposez.

Le Premier ministre du roi de France eut un geste d'agacement :

— Je ne suis pas dupe des airs hypocrites des courtisans, ni des grands mots des médecins.

Il se tut un instant, les yeux fermés, puis reprit d'une voix plus douce :

— Il y a si longtemps que les premiers rêvent de m'enterrer et que les seconds ont peur de me dire la vérité... Simoni, mon astrologue, vous le ferez venir, Colbert. Je n'ai pas d'illusions, je veux savoir de combien de temps je peux encore disposer. On me dit malade, la belle affaire ! On l'écrit dans des libelles, on fait des chansons, on tire des plans sur la comète : jeux d'enfants que tout cela. Ce qui compte, c'est que nous gardions le contrôle du temps. Avez-vous lu ce fabliau de La Fontaine sur la laitière et le pot au lait, que m'a fait tenir Fouquet il y a quelques jours pour me distraire ? Voilà une pièce que mes ennemis devraient méditer... Ne l'avez-vous pas gardée par-devers vous, Colbert ? Je n'ai plus la mémoire des derniers vers : vous en souvenez-vous ?

A l'évocation du nom de La Fontaine et de celui de Fouquet, Colbert s'était raidi. Rien ne transparaissait dans sa voix, pourtant, quand il répondit d'un ton égal, après un instant passé à fourrager dans ses papiers.

— Si fait, Monseigneur, ces vers sont en effet bien vus : « Quel esprit ne bat la campagne / Qui ne fait des châteaux en Espagne / Picrochole, Pyrrhus, la laitière enfin tous / Autant les sages que les fous ». Que Votre Excellence me permette toutefois de regretter que monsieur de La Fontaine n'ait pas le bon goût de borner son ironie à l'illustration des pièces que son protecteur Nicolas Fouquet daigne vous adresser.

Mazarin souleva un sourcil qui valait demande d'explication :

— J'ai là dix feuillets, Monseigneur, de ces libelles orduriers que vous évoquiez, et dans lesquels on retrouve beaucoup de la verve de monsieur de La Fontaine...

Mazarin sourit :

— Allons, Colbert, usez de moins de policiers, de grâce, pour de tels enfantillages : que peut La Fontaine s'il a du talent et que l'on s'en inspire ? Et pensez-vous que Nicolas Fouquet, surintendant des finances de Sa Majesté, s'amuse à ces jeux ?

Vexé, Colbert rangea ses papiers en silence.

— A l'essentiel, Colbert, de quelles informations disposez-vous dans cette enquête ?

— Il semble que la thèse accidentelle soit écartée,

Monseigneur. Du moins est-ce ma conviction, mais je me suis gardé d'en informer quiconque, et l'on croit fermement en ville que ce papier accumulé est source de l'incendie. La populace n'aime guère les livres, Monseigneur. Cette idée est aisée à défendre et nos amis s'attachent à la répandre. Ils s'appuient sur un inventaire partiel des ouvrages détruits...

Le mot arracha un gémissement à Mazarin.

— Dante, Hérodote, une partie de la collection des cartes, de la section de médecine, des Pères de l'Eglise, d'astrologie...

Mazarin leva la main pour interrompre la litanie. Sa tête roulait de droite à gauche et de ses lèvres s'écoulaient des phrases inintelligibles en italien dont Colbert voulait se convaincre qu'elles étaient des prières. Il reprit avec précaution :

— Il y a autre chose Monseigneur, que je crains plus grave. Il semble que l'incendie n'ait été qu'une diversion pour masquer un vol. On a mis le feu volontairement. Un garde a été assassiné. Votre secrétaire, monsieur Roze, a été molesté et ne doit la vie sauve qu'à un miracle...

Le ministre acquiesça en silence. Un rictus apparut sur ses lèvres. Colbert crut que le maître souffrait, puis se ravisa en l'entendant :

— Qui, Colbert ?

— Je ne sais, Monseigneur, et je ne sais pourquoi encore. Mais j'ai mis sur le sujet les moyens les plus importants et mes meilleurs hommes.

Le petit homme s'approcha encore et baissa la voix.

— Loin de moi le désir d'importuner Votre Eminence, mais si j'évoquais à mon tour le nom de Nicolas Fouquet, c'est que des éléments troublants le concernent indirectement.

La voix de Mazarin se fit lasse et sourde :

— Mais encore ? Au fait, Colbert, au fait.

— Nous avons perdu la trace des assaillants dans le nouveau théâtre du Palais-Royal dont le locataire est monsieur Molière qui, bien que sa compagnie ait le beau nom de Théâtre de

Monsieur et relève donc du frère de Sa Majesté, appartient officieusement à Nicolas Fouquet lui aussi...

Mazarin joignit ses mains blanches aux doigts longs et maigres, et, les rapprochant de son visage, égrena soigneusement chacun de ses mots.

— Trêve de suspicion, Colbert, je veux des pistes claires, des noms. Vite. Que disent les témoins ?

— Que les assaillants parlaient sans cesse de Notre Seigneur, qu'il nous ait en sa miséricorde. En l'absence de prisonniers, c'est tout ce dont nous disposons. Le seul homme que ces misérables ont laissé sur place ne nous en dira pas plus. Il est mort avant que nous l'attrapions, sur la scène même du théâtre où répète Molière. On ne peut rien en tirer. C'est un enfant, un mendiant sans doute, un sociétaire de la Cour des Miracles ou de la Gueule du Chien. Avec une croix sur la poitrine cependant, et un chapelet d'olivier à la taille, ce qui n'est pas banal chez ces mendiants qui n'ont de religion que de sorciers.

Mazarin soupira.

— Je crois davantage à cela : du gibier de bûcher fanatique. Oui, cela est possible. Nous avons des espions dans les factions dévotes que nous avons dissoutes ?

Colbert opina de la tête.

— Activez-les. Les jansénistes sont pacifiques, mais ceux-là... Tant pis, ils paieront tous solidairement. Pensez à faire venir le bureau de l'assemblée du clergé pour régler officiellement cette affaire et nettoyer les églises des sectaires qui s'y cachent. Mais d'abord, poussez les feux de l'enquête. Vous avez carte blanche, Colbert, ajouta Mazarin d'un ton ferme.

Puis, devant le sourire carnassier apparu sur le visage de son confident :

— Sur ce sujet précis, Colbert, vous avez carte blanche... Bien, venons-en à l'objet du vol. Je veux tout savoir. Il me faut des détails précis pour avoir une vision claire de ces infamies.

Colbert respira profondément sans répondre.

— Eh bien, Colbert, s'impatienta Mazarin.

— C'est-à-dire, Monseigneur, qu'il y a plus grave encore que l'incendie et que le caractère criminel de celui-ci...

Mazarin pâlit.

— Ces malfaiteurs, Monseigneur, ne visaient pas la bibliothèque, mais vos propres appartements. Ils ont pénétré dans vos appartements, précisa-t-il devant la mine incrédule du ministre.

La colère s'empara peu à peu de Mazarin à mesure qu'il imaginait les assaillants dans les pièces de son domicile, leurs mains sur les meubles précieux choisis et accumulés durant toutes ces années.

— Dans mes murs ! rugit-il. Jusqu'où sont-ils allés ? Ils n'ont pas pénétré dans ma chambre, au moins ?

Colbert baissa les yeux :

— Si fait, Eminence. Et dans votre bureau. C'est là qu'était Roze quand ils l'ont attaqué.

De pâle, Mazarin devint soudain blême. Inquiet, Colbert crut que le Cardinal avait un malaise et fit mine de se lever pour appeler. Mais Mazarin lui intima de rester assis. Il reprit son souffle.

— Continuez. Ils ont pris des papiers, n'est-ce pas ?

Colbert acquiesça.

— Lesquels ? Où ?

Mazarin criait presque.

— Le désordre est important, Eminence, on ne sait pas encore tout, d'autant que Roze classait les papiers conformément au commandement que vous lui aviez donné. Mais ils ont pris beaucoup de notes de comptabilité qui étaient dans les deux coffres scellés contre le mur, cela, Toussaint Roze en est sûr. Il les a vus aussi, avant de perdre connaissance, fracasser le secrétaire de marqueterie...

Colbert s'interrompit devant le soupir glacé du Cardinal.

— Il m'a parlé d'un ou plusieurs portefeuilles de correspondance, deux de cuir fauve et un autre grenat...

Le Cardinal fut traversé d'un long frisson.

— Et aussi quelques dossiers chiffrés. Je lui ai commandé de nous donner un état précis dès que possible.

Figé, le Cardinal resta un long moment sans réagir. Puis il se redressa un peu et hocha doucement la tête.

— Qui est au courant des morts et du vol ?

— Roze, quatre de vos gardes parmi les plus sûrs, Molière et quelques-uns de ses comédiens. Rien de grave de ce côté-là. Les premiers sont fiables et nous avons assez effrayé les saltimbanques en évoquant la raison d'Etat et l'éventualité d'une promenade à la Bastille... La première de la pièce est demain, ils préféreront se taire que de compromettre leur spectacle, je n'ai pas de crainte. Cela filtrera sans doute un jour, mais nous avons un peu de temps devant nous.

— Bien. Ajoutez une gratification de ma part à la troupe. Cela ne nuira pas pour leur clore la bouche. Au reste, ne négligez rien, Colbert : il faut hâter cette recherche. Je veux ces papiers. Nos ennemis sont nombreux, nous le savons. Ils sont puissants, et cela d'autant plus que nous ne connaissons pas tous leurs visages. Il ne faut rien négliger, rien, dans la quête de ce qu'ils ont volé. L'heure est trop grave : la nouvelle de ma maladie, ce vol même, cela prouve que nous ne sommes plus à l'abri. Colbert, de la célérité de nos agents dépendent mes intérêts, et donc les vôtres. Et peut-être avec eux bien plus que cela, murmura le cardinal Mazarin en fixant son interlocuteur.

Colbert se mit debout sans mot dire et s'inclina profondément. Puis il se dirigea vers la porte d'un pas silencieux. Le calme avait déjà repris possession de la pièce lorsque la voix du Cardinal le rattrapa au moment où il ouvrait la porte.

— Colbert !

— Eminence ?

— Récupérez auprès de Roze les papiers de mon cabinet particulier. Trouvez un lieu parfaitement sûr où les mettre à l'abri. Revenez ensuite. Il faut que nous reparlions de mon testament.

Colbert salua de nouveau et sortit à reculons. Lorsqu'il se retourna, la préoccupation le disputait sur ses traits à la plus extrême agitation.

4

Forêt de Fausse-Repose – dimanche 6 février, deux heures de l'après-midi

— TUE ! TUE !

Eperonnant sa monture, le jeune roi sentit l'excitation des derniers moments de la chasse le gagner. Serrant ses rênes court, il lança son cheval blanc sur les pas du maître d'équipage qui dévalait à grandes enjambées la pente d'une fondrière où le sanglier, forcé par les chiens, était venu s'enferrer. La bave aux lèvres, épuisée par les heures de poursuite, la meute se tenait autour de la bête acculée, arc-boutée contre le mur de terre d'où s'échappaient les racines des arbres en surplomb. Tour à tour, un puis deux chiens trop téméraires furent happés par des coups de tête furieux à droite et à gauche. Leurs gémissements, à présent qu'ils gisaient à plusieurs mètres, éventrés, disloqués par les défenses acérées, étaient couverts par les aboiements rauques d'autres chiens rendus fous par le sang. D'un bond, Louis XIV sauta de sa monture et la repoussa d'une claque au poitrail. Inquiets, trois de ses compagnons attendaient de voir quels risques le roi était prêt à courir. Le maître d'équipage revint vers eux. Souriant, le roi tendit seulement la main. L'homme s'inclina et y déposa en le tenant par la lame son coutelas. Puis il recula, tête toujours baissée, ému de la faveur que le souverain venait de lui faire en décidant de tuer la bête avec son arme à lui.

Le roi dégrafa sa cape, dévoilant le baudrier de cuir qui

protégeait sa poitrine.

— Allons, messieurs, dit-il aux hommes qui l'entouraient, allons voir ce que le cochon a dans le ventre.

Arme au poing, suivi d'hommes munis de lances et de deux autres porteurs de mousquets, le petit groupe fit quelques pas en avant et entra sous le couvert des branches gelées.

— Prenez garde, Sire, le sol est givré.

Le roi sourit dédaigneusement.

— N'ayez crainte, monsieur d'Artagnan. Je n'ai guère le pied marin mais dans les bois de Versailles, je n'ai nulle surprise.

Le sanglier tremblait sur ses pattes, exténué par le harcèlement des chiens qui étaient désormais presque à son contact et dont les crocs avaient largement souillé ses crins de traînées rougeâtres.

Le roi s'arrêta et prit une profonde inspiration, humant l'air où le froid paraissait retenir avec plus de force l'odeur de feuillage humide et de sang. Boueux jusqu'à la taille, chaussé, ganté et vêtu de cuir, tête nue, ses cheveux retenus sur sa nuque par un ruban de velours épais, la sueur se mêlant sur son visage à la terre, le roi de France, malgré sa petite taille droite et raide, dégageait une impression mêlée de passion et de morgue.

L'image d'une autre chasse lui revenait en mémoire. Celle d'un petit garçon de quatre ans échappant à la main du mousquetaire qui le surveillait pour courir vers son père avec un sourire émerveillé, ses boucles blondes volant dans l'air froid du matin, ses yeux gonflés d'avoir trop peu dormi ; un petit garçon avec au cœur un mélange d'effroi et de joie en voyant son père essuyer sur le poitrail du cerf son couteau poisseux d'un sang foncé, presque noir. La clairière ressemblait à celles que la chasse venait de traverser. Les arbres étaient les mêmes, moins âgés seulement d'une quinzaine d'années.

Ils étaient rentrés au pas, lui assis contre le pommeau de la selle de son père, le visage blotti contre son gant qui sentait l'odeur forte de la bête, de la sueur et du sang. Il s'était endormi pour se réveiller sur une banquette du pavillon de chasse, au son des voix fortes et des rires, parmi lesquels celui du duc d'Epernon, qui roulait comme un tambour. Au retour, sa gouvernante l'avait lavé à grande eau, poussant des hauts cris à la vue des taches rouges sur son petit pourpoint et sur l'écharpe qui lui ceignait le torse, dans ses cheveux aussi. Et lui avait ri en regardant s'écouler l'eau sur la faïence de la baignoire, rouge sur ce blanc immaculé.

Versailles était toujours là, ces bois, ces odeurs, cette maison où se tenait l'âme de son père, loin de la fureur de la ville, de la haine de Paris et de sa populace, Versailles était toujours là, comme cette promesse à réaliser...

— Sire, un message du Louvre.

Arraché à sa rêverie, le roi toisa l'uniforme bleu frappé d'une croix du mousquetaire apparu à ses côtés. Puis son œil glissa sur le pli que lui tendait l'homme, un genou en terre. Sans un mot, les mâchoires serrées de colère, il fit signe à son voisin de se saisir du pli.

D'Artagnan foudroya du regard le messager qui disparut aussi vite qu'il était arrivé.

— L'ordre émanait de la maison du Cardinal, Sire, et le porteur avait le mot de passe qui donne sauf-conduit sans délai jusqu'à Votre Majesté... se justifia le grand veneur, ordonnateur de la journée et auprès de qui l'homme avait été conduit.

— Je l'imagine, répliqua sèchement le roi, et je souhaite à l'expéditeur de n'avoir point abusé de ce privilège.

Le roi eut encore un regard vers l'agonie du fauve qui se poursuivait, puis se retourna vers le capitaine de sa garde :

— Eh bien, monsieur d'Artagnan, que me vaut d'être ainsi rattrapé par ma charge ?

L'ironie mourut dans sa voix devant l'attitude de D'Artagnan.

— Sire, répondit celui-ci en remettant son coutelas dans l'étui fixé à sa hanche, je crains...

— Ne craignez pas, monsieur, dites.

— Un incendie vient d'avoir lieu, Sire, qui a ravagé le palais Mazarin. La fumée a noirci jusqu'aux fenêtres du Louvre. Il y a des blessés, peut-être des morts.

Le roi pâlit :

— Le Cardinal...

— ... est en aussi bonne santé que le permet sa fatigue de ces derniers jours. Son Eminence n'était pas sur les lieux...

Le roi le coupa d'un geste et appela le valet qui tenait son manteau. Puis il jeta à terre le coutelas, sous l'œil désolé du maître d'équipage qui voyait s'évanouir sa gloire.

— En route, messieurs, dit le roi. Que l'on prépare au plus vite les carrosses.

Le roi et les siens remontèrent en selle et s'élancèrent au galop vers le lieu où l'on avait garé les carrosses et dressé une collation. Les cavaliers, escortés de trente mousquetaires, chevauchaient sans un mot. Descendant la colline, ils s'engagèrent bientôt sur une allée bordée de peupliers. Au loin, on apercevait la couleur rose de la pierre du pavillon de chasse de Versailles. Les toits d'ardoise scintillaient sous le soleil de l'hiver.

5

Palais du Louvre – dimanche 6 février, trois heures de l'après-midi

ASSIS DANS SON LIT, le cardinal Mazarin laissait ses pensées divaguer. Depuis des années, et bien avant que la maladie le contraigne au repos, il appréciait ces instants de calme où son esprit se fixait de lui-même sur des sujets inattendus et lui faisait découvrir des perspectives qui lui étaient restées cachées. Avec contrariété, il dut cependant reconnaître qu'il était en peine, malgré tous ses efforts, de clarifier son sujet de préoccupation.

« Des papiers de comptabilité perdus sont contrariants, pensa-t-il, et certains ne doivent pas se retrouver entre des mains ennemies. Mais ce qui serait plus grave... »

Une sueur glacée coula sur son front blafard.

« Non le péril serait trop grand... »

Un bruit de pas précipités sur le parquet de son antichambre, mêlé à des éclats de voix, lui fit ouvrir les yeux. Dans la pénombre, il entendit encore des foulées plus proches, puis la porte à double battant claqua en s'ouvrant et la lumière l'éblouit. Clignant des yeux, sa main levée en visière pour se protéger, il eut une seconde d'hésitation :

— Holà, qu'est-ce... ?

Son cri cessa lorsqu'il distingua dans la forme lumineuse entrée dans sa chambre le visage de la reine mère.

Le Cardinal sourit en tentant de reprendre le contrôle des battements de son cœur.

— Quelle arrivée, Madame, commenta-t-il en saisissant la

main de la reine debout à son chevet. Vous m'avez fait l'effet d'un spectre...

La reine eut un sourire douloureux. Son teint pâle, ses cheveux noirs tirés en arrière, sa robe stricte, tout en elle respirait la crainte, durcissant ses traits autrefois si beaux et doux.

— Allons, Madame, votre alerte est hors de proportion. Ce n'est pas le feu qui m'a couché dans ce lit, c'est au contraire un manque de feu... intérieur, plaisanta le ministre.

La reine mère secoua la tête sans se départir de son air de tristesse.

— Ne riez pas mon ami, je vous en prie. J'ai fait venir mon médecin personnel, il est dans l'antichambre. Êtes-vous sûr qu'il n'est pas besoin... ?

Tenant toujours sa main, Mazarin fit signe que non.

— Ne craignez pas. Mes forces faiblissent, mais je n'ai pas dit mon dernier mot et je ne cesse pas de veiller sur la France, c'est-à-dire sur vous et sur mon filleul le roi.

Voyant les larmes poindre dans les yeux de la reine, le Cardinal accentua la pression de ses doigts et, se redressant, reprit d'une voix plus ferme :

— N'ayez pas de chagrin, songez à ce que nous avons fait. Nous avons été la France, Madame. Tout ce qui compte est que nos ennemis ne puissent profiter de ma faiblesse pour nous détruire. Nul n'est en droit d'entendre ni de juger la France, son gouvernement et son roi. Toute votre énergie doit être à présent consacrée à ce but : votre fils le roi a besoin de vous pour garantir son trône.

La reine acquiesça doucement. Devant ses yeux, dans le visage du ministre avec qui elle avait partagé tant de peurs, de joies, de victoires et de défaites, elle voyait défiler le cours de cette vie étrange qui était la sienne, reine sans l'avoir désiré d'un pays qui lui avait si longtemps paru effrayant ; femme d'un roi qu'elle n'avait jamais connu et toujours craint ; assiégée dans son propre palais, soupçonnée, épiée, dénoncée ; puis soudain, pour sauver le trône d'un orphelin, son fils, changée en femme de guerre et en chef de parti politique, capable de briser des destins et des familles...

— Jules, murmura-t-elle seulement, avec le ton familier de cette complicité sans laquelle elle n'aurait jamais trouvé la force de résister.

Il l'arrêta, le bout de ses doigts dressé devant les lèvres de la reine.

— Laissez, Madame, je ne voudrais vous imposer le spectacle de ma fatigue...

La reine eut un geste brusque :

— Reposez, mon ami, ordonna-t-elle d'une voix rendue au calme. Je serai à côté.

Les yeux mi-clos, le Cardinal suivit, jusqu'à la porte qui menait à son cabinet privé, la silhouette majestueuse d'une reine de France.

6

Palais du Louvre – dimanche 6 février, quatre heures de l'après-midi

— LE ROI !

D'un pas vif et déterminé, Louis XIV entra dans la chambre à coucher où le cardinal Mazarin était alité. Tout à sa colère, le roi n'avait pas pris le temps de se changer. C'est donc en vêtements de chasse, bottes crottées, gants à la ceinture et chemise boueuse, qu'il s'approcha du lit où son tout-puissant Premier ministre somnolait, adossé à ses oreillers. Une fois de plus, il fut frappé par le teint jaunâtre du malade dont les yeux prenaient cette couleur translucide si particulière. Son cœur se serra à la vue de la nouvelle dégradation intervenue dans son aspect physique. Il s'assit sur la chaise qu'un valet de chambre lui présentait avec hâte, et resta un instant à scruter sous le fard trop accentué de Mazarin l'état exact de sa santé. Comme il s'attardait sur la respiration sifflante du vieil homme, Louis ne put s'empêcher de penser au petit garçon qu'il était en face de Louis XIII, à la veille de sa disparition. Comme Mazarin, le roi était alors un fantôme silencieux et presque transparent. Mais l'homme couché dans ce lit aujourd'hui était alors à ses côtés. C'est lui qui tenait la main du petit garçon intimidé pour le pousser en avant vers ce malade à l'aspect inquiétant et à l'odeur douceâtre écœurante. Comme il était là encore en ce petit matin où il avait fallu fuir Paris pour se réfugier à Saint-Germain. Il avait eu si peur ce jour-là, et n'avait retrouvé son calme qu'en serrant désespérément la main du Cardinal, refusant de la lâcher tout au long du trajet...

La chambre faiblement éclairée, malgré le jour qui baissait, était déserte. Le roi comprit que son Premier ministre avait souhaité s'entretenir avec lui sans témoin.

— Je suis venu vous assurer de mon affection, mon cher parrain. L'incendie m'a été rapporté alors que je chassais du côté de Versailles.

Mazarin esquissa un sourire à ce nom. La chasse, Versailles, il reconnaissait là le goût de son filleul...

— Avez-vous des nouvelles plus précises ? reprit le jeune roi. Quelle est l'ampleur des dégâts causés à votre bibliothèque ? Quel sort le feu a-t-il réservé à votre collection de peinture ? Que sait-on des victimes ?

Mazarin tendit le bras avec familiarité pour arrêter le flot des questions. Il se sentait trop fatigué pour suivre le jeune roi dans la fougue de son élan. Le ministre reprit son souffle pour répondre.

— Sire, votre présence ici m'honore et me réconforte. Le pire s'est produit, et cette journée ne présage rien de bon pour le royaume. Colbert me quitte à l'instant et m'a narré l'agression dans le détail.

— L'agression ?

— Oui, Sire, l'incendie a été provoqué par une bande de gredins masqués. Nul doute qu'ils cherchaient à faire diversion. Mes appartements privés ont été violés, mon bureau a été pillé et des documents de la plus haute importance ont disparu. Je les conservais notamment dans ce magnifique secrétaire d'Italie sur lequel vous aimiez tant jouer étant petit, Sire. Un homme de ma garde a été assassiné, mon secrétaire particulier, Roze, a été molesté.

— Nous retrouverons ces assassins et je les ferai châtier. Je ne l'accepterai pas ! s'emporta le roi, décontenancé par les confidences attristées de son parrain.

Incapable de se maîtriser, il repoussa sa chaise sans ménagement et se mit à tourner à grands pas dans la pièce.

— Comment les gardes de votre palais ont-ils pu laisser faire sans réagir ? Je ferai punir sévèrement leur capitaine et...

— Oublions cela pour l'heure, si vous le permettez, Louis, dit le vieil homme, retrouvant, vis-à-vis du roi, la tonalité douce et tendre de l'époque où il calmait les crises d'emportement du jeune héritier. Votre Majesté, je vous en conjure, nous avons mieux à faire. Je vous implore de me croire. Personne, m'entendez-vous, Sire, personne ne doit savoir que ce vol a réussi, ni surtout que des documents auxquels je tenais ont disparu.

Dans l'exaltation de sa supplique, le Cardinal s'était redressé d'un coup. Son regard perçant, habitué depuis tant d'années à sonder les pensées les plus profondes de ses interlocuteurs, fixait le fond des yeux du roi de France.

A cet instant, une tenture s'écarta doucement du mur derrière le Cardinal. Anne d'Autriche entra.

— Je suis heureuse de vous voir, mon fils, dit-elle en esquissant une révérence.

— Mère, vous êtes là !

Louis XIV regardait avec surprise la reine mère vêtue d'une simple robe noire et d'un collier de perles éclatantes qui contrastaient avec son teint fatigué. Veuve depuis dix-huit ans, la mère du roi portait sur son visage les traces des épreuves surmontées pour garantir le pouvoir de son fils. Le regard qu'elle échangea avec Jules Mazarin était plein de compassion et de tendresse. Louis se sentit rassuré, ainsi entouré des deux êtres qu'il chérissait le plus. Ils avaient traversé ensemble tellement de crises ! Il lui semblait que rien de grave ne pouvait se produire lorsqu'ils étaient ainsi réunis.

— Nous avons des décisions graves et peut-être lourdes de conséquences à prendre, mon fils.

— Parrain, je suis votre souverain et je dois savoir ce que contenaient les documents disparus. Cela semble si dramatique, tout à coup. Avez-vous la moindre idée de qui pourrait avoir commis cette folie, et pourquoi ?

Le vieux prince de l'Eglise ferma les yeux et inspira profondément avant de répondre d'une voix faible et essoufflée.

— Votre Majesté a le droit d'exiger la vérité. L'un et l'autre, vous n'ignorez pas que ma vie s'est usée pour préserver le royaume et offrir à mon roi un avenir serein dans un pays réconcilié. Mais les ennemis ne manquent pas et je crains que d'étranges coalitions ne se forment actuellement, cherchant sans aucun doute à profiter de l'abattement qui m'atteint. La mort rôde autour de moi et son arrivée libère les forces du mal. Nos ennemis ont, me dit-on, infiltré tous les lieux du pouvoir, y compris ce palais !

Après une nouvelle inspiration et un profond soupir, le Cardinal reprit :

— Je conservais dans mon bureau privé de nombreux papiers utiles à la bonne organisation de ma succession et attestant des sources de ma fortune. J'y avais aussi caché certains parchemins anciens recelant, paraît-il, de lourds secrets. Les assassins n'ont rien pris d'autre de précieux dans mes appartements, selon le rapport fait par Colbert. J'en déduis qu'il s'agissait uniquement de s'emparer de ces dossiers.

S'interrompant un instant pour reprendre des forces, le malade poursuivit :

— Toussaint Roze a entendu l'assassin du garde remercier, devant lui, le Tout-Puissant. Le pauvre homme en tremblait encore, m'a-t-on dit, et semblait considérer qu'il avait eu à faire à des fanatiques religieux.

— Si c'est le cas, monsieur le Cardinal, nous devons assurer votre protection. Rien ne dit que vous n'étiez pas vous-même visé par cette action insensée. Quoi qu'il en soit, vous ne pouvez retourner dans votre palais. L'incendie aura rendu vos appartements inutilisables. Vous resterez ici, et je ferai doubler la garde.

— Je ne suis pas sûre, Louis, que ce soit la solution, murmura la reine mère en se rapprochant du roi afin de lui parler de telle manière que Mazarin, qui semblait de nouveau gagné par le sommeil, ne les entende point.

— Selon Colbert, nos ennemis auraient même investi le Louvre. Aussi, il me semble que Vincennes serait mieux adapté à la situation. D'autant que, vous le savez bien, j'y ai mes appartements. Le Cardinal y sera plus en sécurité. Les semaines à venir risquent fort d'être cruelles à traverser pour lui.

— Soit ! C'est sans doute plus sage. Je vais donner des ordres à d'Artagnan afin que les mousquetaires viennent à Vincennes, en renfort de la garde cardinalesque autour de vos appartements et de ceux de Son Eminence. Il vous faut partir au plus vite, Madame. Je vais mettre à profit les moments qui viennent pour en savoir plus sur cette affaire. Je dois recevoir Fouquet dans l'heure, dit le roi déjà sur le départ.

En entendant le nom du surintendant des finances, Mazarin eut un sursaut. Ouvrant les yeux, il vit la porte se refermer sur la silhouette nerveuse du jeune roi.

7

Théâtre du Palais-Royal – dimanche 6 février, en milieu d'après-midi

— JE SAIS que vous pouvez, Prince, en vengeant nos droits / Faire par votre amour parler cent beaux exploits. / Mais ce n'est pas assez pour le prix qu'il espère / Que l'aveu d'un Etat, et la faveur d'un frère. / Done Elvire n'est pas...

— Non, non, ET NON !

Pour la troisième fois depuis le début de la répétition de l'après-midi, Molière bondit hors de son fauteuil, interrompant la tirade. Madeleine Béjart le regarda avec surprise. De dépit, elle lâcha la main de dom Garcie qu'elle venait de prendre pour mieux interpréter ce passage de la scène III. Les autres comédiens, pétrifiés sur la scène du Palais-Royal, semblaient eux aussi décontenancés par la réaction du maître. Il est vrai que Molière était particulièrement irascible ce dimanche. Etait-ce la découverte macabre de l'enfant qui avait fracassé la verrière quelques heures auparavant, ou les souvenirs de la répétition générale houleuse de l'avant-veille ? Semblant plus maigre encore qu'à l'habitude, le visage agité de tics nerveux sous un curieux petit bonnet de toile, la voix rauque, le comédien déployait en tous sens ses grands bras, comme pour soutenir les indications défaillantes qu'il donnait de la voix.

— Ma mie, vous m'obligez à une mise au point de plus. Combien de fois devrai-je me répéter ? Done Elvire ne doit rien laisser paraître de son amour pour dom Garcie. C'est pourtant évident ! C'est l'essence même de mon œuvre que vous semblez, à dessein, mépriser. Pourquoi, ainsi, s'emparer de la main de Garcie ? Reprenez-vous, madame, dit l'auteur, écumant de rage.

— Mais, mon ami...

— Cessez, je vous prie, de me contredire. Vous savez parfaitement quel prix j'attache au succès de *Dom Garcie de Navarre*. Je n'ai pas usé mes jours et mes nuits à ciseler ce texte pour vous laisser, sans réagir, dévoyer le sens profond de ma pièce. Devant Monsieur demain, devant tout ce que Paris compte d'amateurs de théâtre, peut-être devant le roi, je n'ose imaginer ce qu'il adviendra si nous continuons d'être aussi médiocres. Si j'ai décidé de reprendre nos répétitions aujourd'hui, c'est bien en raison de vos faiblesses et de celles de vos camarades. Nous ne sommes plus à Pézenas, que diable ! Notre devoir, entendez-vous, est de nous hisser à la hauteur de ce lieu et à la hauteur de nos commanditaires !

Bouleversée, l'actrice fondit en larmes et se précipita vers les coulisses, incapable d'affronter devant ses camarades la honte née des critiques si injustes et excessives de celui qu'elle aimait infiniment.

— Reprenez, hurla Molière, peu soucieux du chagrin de Madeleine.

Face au désarroi des autres acteurs privés de done Elvire, il se tourna vers le jeune homme affairé à ses côtés à rédiger un courrier qu'il venait de lui dicter.

— Mon jeune ami, réjouissez-vous. Votre heure est arrivée. Vous avez l'outrecuidance de vouloir jouer la comédie ? Vous vous croyez sans doute, par la seule grâce divine, déjà au sommet de cet art ? Eh bien, quittez votre banc et vos lustrines, monsieur mon secrétaire ! Montez donc sur la scène et dévoilez-nous enfin ce talent en remplaçant cette pauvre Madeleine. Au moins le temps qu'elle essuie ses larmes. Nous n'avons pas de temps à perdre avec les humeurs féminines.

En prenant le manuscrit que lui tendait le maître, Gabriel frissonna devant la chance qui lui était offerte.

Âgé d'à peine vingt ans, le jeune homme était fort beau, grand, brun, les yeux d'un vert clair magnifique. Sans recommandation particulière, il était entré, voilà un mois, au service de Molière. Le maître s'était laissé amuser par l'enthousiasme et la candeur de ce garçon si séduisant, qui l'avait abordé un jour devant le théâtre pour lui faire part tout de go de son brûlant désir de rejoindre sa troupe. Les mots se précipitaient dans sa bouche lorsqu'il évoquait le souvenir d'une représentation à laquelle il avait assisté, en Anjou, quelques années auparavant. Petit garçon, il avait été ébloui au point de s'imaginer une vocation. Les années avaient passé. La fièvre ne l'avait pas quitté.

Molière avait vu là l'occasion de s'offrir un secrétaire particulier à bon compte. Gabriel s'était rapidement intégré à la prestigieuse compagnie, où régnait la plus joyeuse atmosphère de désordre. Les femmes avaient été séduites par son physique athlétique et son sourire aimable. Les hommes enchantés de trouver en lui un camarade serviable et d'humeur égale. Quant à Molière, il appréciait au quotidien le sérieux, le talent de plume et la belle éducation du garçon dont il ne savait pas grand-chose, si ce n'est l'origine provinciale. Toutefois, il doutait fort de sa vocation de comédien et soupçonnait Gabriel d'être un fils de bonne famille en rupture avec les siens.

En gagnant la scène d'un pas rapide, Gabriel sentit son cœur battre dans sa poitrine. Ce dont il rêvait depuis sa plus tendre enfance allait se produire. Né dans une famille noble et fortunée d'Amboise, il avait été éduqué par un oncle qui s'était substitué à son père, disparu alors qu'il était très jeune et dont il avait peu de souvenir. Pourvu d'une excellente éducation et ayant fréquenté les meilleures familles de Touraine, Gabriel de Pontbriand avait grandi dans l'insouciance de son âge et le romanesque de ses nombreuses lectures. Jusqu'à cette représentation qui lui avait ouvert les yeux sur la possibilité d'une autre vie que celle, toute tracée, à laquelle sa famille le destinait. En fuyant Amboise et la colère de son oncle et tuteur pour entrer au service de l'auteur des *Précieuses ridicules,* il avait échappé au séjour en prison que lui promettait sa famille, décidée à le remettre au pas et à chasser ces rêves dont la seule évocation faisait grincer les dents de son oncle, ressassant à voix basse des imprécations contre « ces têtes folles comme celle de son père ». Par son audace, Gabriel avait aussi prouvé combien il fallait de détermination pour forcer le destin lorsqu'on avait vingt ans en cette année 1661. Lui, l'orphelin de père, élevé par un oncle sévère, lui, promis à un destin de notable titulaire d'une charge publique, passant ses jours à regarder rentrer dans ses caisses le produit des impôts et à envoyer en prison les mauvais payeurs, allait enfin accomplir ce qui peuplait ses rêves d'enfant !

« Jouer, se dit-il en prenant la place de Madeleine Béjart, jouer enfin... »

— Je sais que vous pouvez, Prince, en vengeant nos droits / Faire par votre amour parler cent beaux exploits...

Quelques instants après, Madeleine Béjart revint à sa place, les joues encore rouges de sa crise de larmes. La répétition put reprendre son cours normal. Gabriel était conscient de s'être sorti pour le moins dignement de cette première épreuve. Un peu dépité tout de même de la brièveté de sa prestation, il se glissa dans le trou du souffleur afin d'observer sans gêner la suite de la scène reprise par les quatre comédiens.

— Quand vous saurez m'aimer comme il faut que l'on m'aime, murmurait donc Elvire.

— Et que peut-on, hélas ! observer sous les cieux / Qui ne cède à l'ardeur que m'inspirent vos yeux ? répondait le prince du royaume de Navarre campé par Lagrange.

Molière semblait désormais absent, les yeux comme perdus dans les peintures des plafonds du théâtre flambant neuf que le roi mettait à sa disposition. Cette consécration lui donnait, certaines nuits, des sueurs froides. Serait-il à la hauteur de cette nouvelle dignité ? Malgré le succès du *Docteur amoureux* qui l'avait mis en faveur auprès de Louis XIV et de Monsieur, frère du roi, Molière craignait les conséquences d'un éventuel échec de *Dom Garcie de Navarre*. L'avant-veille, de nombreux sifflets n'avaient-ils pas accompagné la première représentation publique ? Pourtant l'auteur avait eu l'étrange sentiment qu'il s'agissait d'une claque organisée par des spectateurs hostiles habilement répartis dans la salle. Qui pouvait ainsi lui en vouloir ? « À moins, se dit-il, qu'on ne cherche à travers moi une autre cible ? » Il songea alors à Nicolas Fouquet, son généreux et fidèle mécène. « Peut-être est-il temps d'envisager d'autres protections », pensa Molière en écoutant la fin de l'acte I.

Gabriel rêvait lui aussi du fond de son refuge, les yeux grands ouverts, la tête appuyée sur ses bras croisés au bord de la scène. Tout en observant les comédiens, il gardait des répliques échangées quelques instants plus tôt un mélange subtil d'émotion et de nostalgie. Tandis qu'il se promettait, à la première occasion, d'obtenir de son maître une nouvelle chance de monter sur scène, il sentit sous sa botte un objet plat. La chose l'intrigua. En s'agenouillant dans l'espace étroit réservé au souffleur, il découvrit un impressionnant porte-document grenat. « Drôle d'endroit pour ranger ses papiers », se dit Gabriel, en ramassant l'objet en cuir. A la lumière de la scène, il l'examina discrètement et fut aussitôt frappé d'y trouver les armes du cardinal Mazarin.

La voix de Molière l'arracha à sa découverte :

— L'heure avance, mes enfants ! Si nous voulons être prêts ce soir, il ne faut plus tarder !

Dans un réflexe de protection, Gabriel dissimula sous son épaisse chemise blanche la pochette de cuir, bien décidé à l'ouvrir et à en découvrir le contenu plus au calme.

— Allons, dit le maître aux comédiens tous soucieux et inquiets de connaître son sentiment à l'issue du premier acte. C'est mieux ! Enfin mes paroles ont porté et vous vous êtes saisi des masques de l'âme profonde de mes personnages. Essayez maintenant d'en dévoiler les sentiments réels. Nous reprendrons dans une heure. Inutile d'ajouter le froid aux possibles récriminations du public ! Il nous faut laisser la place aux ouvriers qui viennent réparer cette maudite verrière, dit-il en brandissant un poing rageur vers la voûte fracassée.

Heureux de la nouvelle humeur de l'auteur de la pièce, les comédiens quittèrent la grande salle de spectacle pour regagner les loges et prendre un repos bref, mais bien mérité.

— Monsieur, restez. Nous devons travailler, dit Molière à son secrétaire qui s'extrayait avec souplesse de son trou. Il nous faut préparer les comptes de la troupe au plus vite. Je les ferai porter à monsieur le surintendant des finances dès demain. Par les temps troublés qui s'annoncent, mieux vaut en effet tenir que courir !

8

Théâtre du Palais-Royal – dimanche 6 février, six heures du soir

LA FOULE se pressait aux abords du théâtre. Joyeuse, bigarrée, elle se composait autant de marchands de tous acabits, de camelots et d'artistes de rue que de spectateurs en puissance. Ceux qui étaient là, gens du peuple pour la plupart, attendaient un autre spectacle : celui des Grands et des personnages de la Cour, dont l'arrivée donnait lieu à des bousculades, chacun voulant apercevoir les habits et les visages, beaucoup espérant secrètement quelque générosité sous forme de pièces jetées à la foule. Un murmure courut, rumeur chuchotée qui remontait depuis la Seine :

– Condé, Condé !

Puis la clameur submergea les chuchotements, lancée à pleins poumons par la petite troupe en guenilles qui escortait en courant le carrosse du prince dont elle avait reconnu les armes sur le pont du Louvre. Le mouvement de foule jeta les premiers rangs entassés contre la colonnade jusque sous le péristyle, où ils se heurtèrent aux sergents de ville placés là pour éviter toute intrusion. A coups de poing et de botte, ceux-ci repoussèrent les malheureux bousculés, provoquant un début d'échauffourée. Elle cessa comme par enchantement et un corridor s'ouvrit dans la foule, garanti par deux rangs de hallebardiers qui se servaient de leurs armes comme de rambardes entrecroisées pour contenir les curieux. Un ou deux enfants grimpés sur les socles des colonnes virent alors sortir du carrosse arrêté un géant à la moue hautaine, les traits taillés à la serpe, le cou puissant. Dominant la foule de presque toute une tête, le prince révolté, celui qui avait osé quinze ans auparavant défier l'autorité royale, s'avança à grands pas et s'engouffra dans le théâtre sans un regard pour les passants qui scandaient son nom.

— Bien égal à lui-même, chuchota d'une voix craintive une vieille femme campée au premier rang des badauds. Tout Condé qu'il est, il ne changera jamais avec les Parisiens... Toujours lointain, toujours distant...

Mais déjà, l'attention courait vers un autre cortège. La place s'animait. Le ballet des voitures qui déposaient leurs passagers et repartaient se garer à l'écart se faisait plus intense. Les cris d'admiration se mêlaient aux plaisanteries, les rires aux exclamations.

— Les gueux, soupira Mazarin d'une voix lasse en rabattant le rideau de portière de son carrosse, glissé incognito dans le cortège des voitures qui allaient au spectacle, regardez-les se distraire. La grande affaire que voilà, un spectacle de baladins...

— Allons, glissa Colbert à son maître à côté duquel il avait pris place. Ne tardons plus, Eminence. Plus tôt nous serons à Vincennes, et plus tôt vous serez délivré de la fatigue du voyage et du bruit.

Mazarin, à qui chaque cahot sur les pavés disjoints arrachait un rictus de souffrance, acquiesça sans mot dire. Tendant les bras, il s'efforça de sourire aux trois jeunes femmes assises en face d'eux.

— Adieu, mes grâces, allez à la frivolité. Elle est de votre âge et votre vieil oncle n'a pas le droit de vous arracher à la vie sous prétexte qu'elle le quitte...

Ses trois nièces se récrièrent à l'unisson en courbant la tête pour recevoir la bénédiction du vieillard. Leurs têtes jointes constituaient sous ses paumes une forêt de cheveux d'un noir de jais dont les coiffures en bandeaux qu'elles avaient adoptées à l'unisson ce soir renforçaient encore l'incroyable densité.

Comme Mazarin retirait ses mains, Colbert frappa derrière lui pour indiquer au cocher de s'arrêter. La portière s'ouvrit sur la clameur et les couleurs des badauds éclairés déjà par les premiers flambeaux. Saisi, Mazarin cligna des paupières. Dernière à descendre, Hortense pressa fugitivement la main de son oncle et la porta à ses lèvres. Puis elle sauta prestement à terre, appuyée sur la main du postillon, et disparut, happée par la foule.

Précédé de quelques gardes, le carrosse repartit, de nouveau baigné de silence. Seul bientôt résonna le pas des chevaux.

— Quatre mois, Colbert, ils ont dit qu'il me restait quatre mois. Et je dis, moi, quatre semaines, pas plus. Je connais les médecins... L'astrologue a dit que le péril était grand sur cette lune et plus grand encore sur la prochaine. Je préfère son demi-mensonge à la courtisanerie de ces bouchers qui me saignent tant et plus... Ils ont trop peur de me perdre.

A la surprise de Colbert, Mazarin attrapa son bras et le serra avec force.

— Nous n'avons plus de temps. Il faut que je pense à ma gloire et à l'avenir. Dès que nous serons à Vincennes, allez chercher Roze. L'heure est venue de coucher sur le papier notre travail.

Les doigts du vieil homme se relâchèrent et il parut s'assoupir sous le ballottement de la voiture. Colbert ferma lui aussi les yeux, souriant intérieurement à la pensée de ces têtes frivoles et absurdes entassées dans ce théâtre surchauffé. « Pauvres fous, pensa-t-il, que de temps perdu pour un spectacle qui ne vivra pas huit jours à l'affiche. »

Sur cette pensée pleine de fiel, il s'endormit.

Des trois nièces du Cardinal, deux portaient encore pour quelques jours le nom de Mancini. Toutes trois vêtues de toilettes de même inspiration qui différaient seulement par leur couleur dominante – vert pour Marie, rouge pour Hortense et or pour Olympe, coiffées de tresses qui encadraient l'ovale de leurs visages et retenaient sur la nuque le poids de leur chevelure, elles offraient un spectacle déstabilisant tant, au premier regard, elles semblaient des répliques coulées dans un même moule. Seule une observation attentive permettait de discerner les nuances qui les distinguaient : la douceur des traits de Marie, la plus jeune, dont la passion réciproque pour le jeune roi Louis XIV avait défrayé la chronique ; la tristesse élégante d'Hortense, la préférée du Cardinal et la moins jolie des trois ; le pas décidé, la froideur et la peau plus pâle d'Olympe, que toute la Cour avait appris à craindre. Qui croisait son regard n'oubliait plus le feu sombre de sa prunelle, ce petit brasier qui surveillait sans cesse autour d'elle les attitudes, les regards, les sourires, et coulait sur ses sœurs des yeux dont on ne savait s'ils étaient protecteurs ou menaçants. Des murmures d'admiration et un silence inquiet rappelant leur proximité avec le Premier ministre ponctuèrent leur montée du perron. Tête haute, elles entrèrent dans le théâtre, saluant les visages connus sans dévier du chemin qui les conduisait à la loge que leur oncle n'occupait jamais. La salle était presque pleine et la tension perceptible. Les loges parlaient à voix basse, entretenant un bruit de fond auquel répondaient les cris plus spontanés du parterre populaire.

— Regarde, Olympe, dit Hortense en se tournant vers sa sœur aînée, quelle est cette jeune personne blonde qui porte cette robe bleu de France ? Celle qui vient d'entrer dans la loge de Monsieur, ajouta-t-elle en esquissant un geste d'éventail.

— J'ai vu, répliqua sèchement Olympe.

La nièce du Cardinal avait devancé le parterre qui mit une seconde encore à identifier une présence nouvelle dans la loge du frère du roi. Un murmure parcourut la salle, comme un frisson soudain, détournant même l'attention du rideau rouge baissé sur l'avant-scène.

La jeune fille blonde n'avait rien remarqué des regards de la salle. La tête légèrement penchée, les doigts de sa main jouant sur le velours sombre de sa robe, elle semblait abîmée dans ses pensées. Sa peau blanche contrastait vivement avec le rouge sombre de ses lèvres. A chaque respiration, sa chair frémissait à la naissance du cou et sous les épaules dont le liseré de sa robe suivait la courbe gracile. Les pommettes hautes sur les joues creuses d'une enfant qui aurait grandi trop vite trahissaient son jeune âge. Sous les reflets des candélabres d'argent fixés aux cloisons des loges, il irradiait d'elle une impression d'élégance et de vitalité. Ses cheveux blonds tirés en un lourd chignon pesaient au-dessus de sa nuque dont ils soulignaient la finesse. En sentant les yeux braqués sur elle, elle sursauta presque et rougit légèrement. Puis elle se leva et sortit prestement de la loge malgré une curieuse démarche oscillante, pour se soustraire à l'attention de la salle. A l'instant où elle disparut, l'atmosphère perdit de son intensité.

Olympe Mancini eut une moue hautaine en la regardant s'éloigner.

— C'est la petite oie blanche qu'un caprice a attachée à la maison de la future épouse de Monsieur.

— Comme elle est belle, commenta Marie dans un sourire.

Sa sœur aînée la toisa de son regard noir.

— Et tu sais comment elle s'appelle ? demanda Hortense

Olympe prit un air exaspéré comme on frappait les trois coups. Des valets se dépêchaient de moucher les grands lustres.

— On m'a dit qu'elle se nommait Louise de La Vallière, consentit à répondre Olympe.

Le rideau rouge frémit et commença à s'élever.

9

Théâtre du Palais-Royal – dimanche 6 février, neuf heures du soir

UN VOILE de nuages bas recouvrait à présent le ciel de Paris, annonciateur de neige. Le froid vif saisissait les spectateurs qui quittaient le théâtre, pressant le pas pour rejoindre les voitures massées en file au bas des marches du perron. De rares groupes isolés s'attardaient en frissonnant sous le péristyle pour quelques mots d'au revoir vite expédiés. Seul parmi les passants, un groupe d'une dizaine d'hommes ne semblait ni sensible à la fraîcheur de l'air, ni pressé de rentrer. Leurs éclats de rire résonnaient sous la colonnade. Ils ponctuaient les phrases et les gestes d'un petit homme gras, à la tête ronde couverte d'une perruque bouclée, aux yeux bleus porcins enfoncés au-dessus d'un curieux nez retroussé. Ses habits de soie colorés et ses chaussures à boucle tranchaient sur les vêtements grossiers, les bottes et les capes de soldats de ceux qui l'entouraient.

— A la santé de monsieur Molière ! lança-t-il avec un gloussement mauvais en soulevant la bouteille de vin qu'il tenait à la main.

Il l'entrechoqua contre deux autres qui circulaient parmi ses compagnons de beuverie et essuya ses lèvres sur la manche de soie de son pourpoint.

— La peste soit du saltimbanque ! Du moins ne nous ennuiera-t-il plus longtemps avec cette pièce-là, reprit-il comme pour lui-même. Allons mes maîtres, vous avez gagné votre soirée, ajouta-t-il en soupesant une bourse attachée à sa taille, au ravissement de ses comparses embauchés pour siffler et perturber la pièce.

Toujours riant aux éclats, le petit groupe poursuivit sa route sous les colonnes, dévisageant sans gêne les passants qui se hâtaient. Au coin du théâtre, les hommes de main s'arrêtèrent un instant pour jeter les bouteilles vides, puis entreprirent de lancer leurs dernières pommes pourries sur le mur qui leur faisait face.

L'homme à la perruque les regarda faire d'un peu plus loin, continuant de jeter à droite et à gauche des regards perçants, comme à la recherche d'un nouvel exutoire à son envie de nuire.

— Vous osez encore vous montrer ? assena-t-il, goguenard, à la silhouette qui venait de surgir de la porte dérobée par laquelle entraient les artistes, à l'arrière du bâtiment.

La lumière d'une lanterne de carrosse éclairant au passage le visage de la jeune femme interpellée fit naître une expression salace sur ses traits adipeux.

— A moins que tu n'aies d'autres talents, ma fille ? l'apostropha-t-il en s'avançant.

Figée sur place par l'avancée menaçante du groupe, la jeune fille rabattit son châle autour de ses épaules et jeta un regard inquiet autour d'elle.

— Ce n'est pas pour cette scène-là que tu es faite ! Veux-tu que nous te montrions une autre forme de spectacle ?

Le sourire cruel des hommes qui l'encerclaient presque fit passer un éclair de panique dans les yeux de la comédienne.

— Personne pour te raccompagner, malheureuse ? poursuivait le gros homme d'un ton doucereux en frottant ses mains grasses l'une contre l'autre. Et elle frissonne, la pauvre ! C'est le froid, ma jolie ?

— Non, monsieur, c'est l'inconfort de votre grossièreté.

La voix fit sursauter l'homme à la perruque. Ses yeux se plissèrent pour identifier l'ombre apparue à son tour dans l'embrasure de l'entrée des artistes et qui venait de parler.

— De quoi te mêles-tu ? lança-t-il d'un ton agressif.

— Viens, Julie, dit Gabriel en s'avançant vers la jeune fille, rentrons un instant.

Menaçant, l'homme s'interposa et dressa sa canne à pommeau vers la poitrine de Gabriel.

— Halte-là, le drôle, ne sais-tu pas que l'on n'interrompt pas une conversation, et qu'un manant de ton espèce ne devrait pas même m'adresser la parole ?

Gabriel serra les mâchoires et attrapa la jeune fille par le bras pour la faire passer derrière lui. Autour du groupe, les passants hésitaient. Les valets pressaient leurs maîtres de s'écarter de la scène.

— Je n'entends pas de conversation mais des propos de boisson, railla le jeune secrétaire. Et c'est parce que telle est la raison de votre comportement odieux que je veux bien vous faire une faveur et les oublier.

L'homme pâlit et se retourna en s'agitant vers ses compagnons de beuverie.

— Mais je vais te faire bastonner, maraud... gronda-t-il en faisant face de nouveau à Gabriel.

Vivement, celui-ci saisit la canne dressée et l'arracha à son propriétaire. D'un moulinet, il le cingla sur le côté de la tête. Sonné, l'homme bascula en arrière et se retrouva assis sur le pavé boueux, gémissant et se tenant l'oreille d'où coulait un sang qui gouttait sur la perruque désormais de travers.

Les autres hésitèrent un instant avant de se précipiter pour le relever, manifestement inquiets des conséquences de cet épisode final sur la générosité de l'homme. Gabriel en profita pour bondir à l'abri de la porte, jetant en guise d'adieu la canne qui retomba sur le ventre du gros homme à terre.

La porte claqua. L'adversaire de Gabriel se releva avec peine, en repoussant ses compagnons qu'il entreprit de malmener à son tour.

Par un œilleton, Gabriel le regarda partir en boitillant vers une voiture garée à l'écart, serrant un mouchoir sur son oreille.

— Le porc, dit-il en se retournant vers la jeune fille encore tremblante.

Elle lui sourit.

— Quelle horrible soirée... Merci Gabriel, mais tu es fou. Tu ne sais pas qui est cet homme ?

— Je sais seulement que c'est un malotru qui méritait une leçon...

Elle lui prit la main.

— Petit provincial qui joue les chevaliers ! Si tu veux être comédien, il va falloir être plus sage.

Il la regarda avec étonnement.

— Cet homme, c'est le sieur Berryer, une créature de Colbert, qui est lui-même le secrétaire du cardinal Mazarin. C'est un homme à craindre et un bien puissant ennemi pour un saltimbanque.

Gabriel haussa les épaules.

— Berryer, tu t'es battu avec Berryer ?

En chemise, Molière, le visage défait, les yeux rouges, se dressa soudain devant son secrétaire. Il l'attrapa par la nuque et le secoua affectueusement.

— Pauvre fou, dit-il d'un ton qui hésitait entre la colère et le rire. Sais-tu qui tu viens de provoquer ? Le commanditaire de la clique responsable des sifflets de ce soir. L'un de ceux qui ont décidé que nous échouerions parce que nous n'appartenons pas au bon camp à leurs yeux.

Il soupira et lâcha Gabriel en lui assenant une dernière bourrade.

— Au point où nous en sommes... Je sais que les amis de monsieur Colbert ne m'aiment guère. Non pas que mon théâtre leur déplaise, mais l'argent qui nous fait vivre n'est pas à leur goût... Allons mes amis, dit-il à la cantonade, nous penserons à tout cela demain. Et vous, monsieur mon secrétaire, moins de chevalerie et plus de comptabilité, de grâce !

Dans l'espace fermé d'un des derniers carrosses restés sur la place, une jeune femme se pencha vers sa voisine.

— Louise, à quoi rêves-tu ?

Laissant retomber le rideau de sa fenêtre, Louise de La Vallière détourna les yeux de la petite entrée des artistes qu'elle n'avait pas quitté du regard pendant toute la scène, observant attentivement le comportement de Gabriel.

— A rien, dit-elle en secouant sa jolie tête, à rien.

10

Mont Louis – dimanche 6 février, dix heures du soir

QUATRE HOMMES, dissimulés sous des capes noires, marchaient depuis une bonne heure des bords de la Seine vers les murs marquant la limite entre la ville et la campagne alentour. Frissonnant sous la morsure du froid et de la neige qui tombait maintenant en gros flocons, ils avançaient l'un derrière l'autre vers le nord, dans un alignement quasi parfait, en silence. La petite troupe était guidée par un grand diable qui serrait contre lui un immense sac de toile.

— Hé, Monseigneur, où files-tu ainsi ? Je peux te réchauffer si tu le veux, dit une voix rendue tremblante par le froid ambiant.

Elle semblait appartenir à la main gantée de dentelles dépenaillées qui venait d'attraper et de bloquer le sac pour mieux interpeller son porteur.

Sans qu'un mot soit prononcé, une lame de poignard effilée s'enfonça dans l'ombre à la recherche de celle qui arrêtait ainsi la progression du groupe. Le bruit sourd d'un corps heurtant le pavé indiqua au tueur qu'il avait visé juste. La pauvre fille de joie n'eut pas le temps de contempler le regard vert et marron si particulier de celui qui venait de lui ôter la vie. La neige allait se charger de recouvrir la gamine. Il y avait dans Paris, l'assassin le savait, tellement de femmes obligées par la misère d'offrir leur corps aux passants que personne ne risquait de pleurer cette disparition ni même de réclamer le frêle cadavre recroquevillé sur le sol. Reprenant, toujours sans un mot, leur progression, les quatre hommes se dirigeaient maintenant à grands pas vers la porte Saint-Antoine, où se bousculaient les voitures à bras des paysans soucieux de quitter les faubourgs avant que la neige leur interdise de rejoindre leurs familles. La campagne blanchie par les flocons s'éclairait d'une clarté nouvelle, somme toute rassurante pour ceux qui sortaient des ruelles peu éclairées de la ville.

— Pressons, dit l'homme au sac qui marchait toujours en tête. Ce serait dommage de faire attendre ces messieurs.

Leur marche devenait de plus en plus difficile alors que le revêtement neigeux épaississait. Au loin, ils aperçurent le contour de la colline de Champ-l'Evêque que certains appelaient aussi le Mont-aux-Vignes. Peu à peu se dessinait à l'horizon le but ultime de leur promenade nocturne.

— La folie Regnault. C'est là ! dit le chef de la bande en montrant du doigt la magnifique propriété qui se dressait devant eux.

Voilà trente-cinq ans que l'ancien domaine du riche commerçant en épices Regnault de Wandonne était devenu, après de multiples travaux, une magnifique maison de repos et d'agrément pour les jésuites. Les hommes de foi venaient nombreux finir leur vie ou se reposer dans la quiétude de la campagne. Un potager et des terres fruitières offraient, à la belle saison, des sources appréciables de revenus et d'activités pour les plus valides de la communauté. Un jardin planté d'essences rares permettait aussi aux pères jésuites convalescents de trouver le calme propice à leur rétablissement. L'ensemble, paisible et agréable, était dirigé par le père de La Chaise. C'est ici qu'au plus fort des troubles de la Fronde, alors que les troupes armées par la noblesse révoltée contre le pouvoir royal menaçaient de s'emparer du pouvoir, le cardinal Mazarin avait conduit le jeune Louis XIV, âgé de quatorze ans. De cette position dominant une partie de Paris, ils avaient assisté aux violents combats du faubourg Saint-Antoine. Et c'est après cette visite que les jésuites avaient reçu du roi l'autorisation exceptionnelle d'appeler leur colline Mont-Louis.

Arrivés à la porte principale, les visiteurs nocturnes ne s'attardèrent pas à contempler le paysage offrant pourtant une vue superbe et enneigée sur la capitale. Ils longèrent le mur d'enceinte pour arriver finalement sur l'arrière des bâtiments, là où se dressait une chapelle dédiée à saint Côme.

— Attendons, ordonna l'homme, de plus en plus soucieux de protéger son sac de la neige et de l'humidité.

Les quatre compères s'adossèrent alors au mur afin d'éviter les tourbillons de flocons. Les hommes étaient parfaitement immobiles, malgré le froid et la fatigue. Seul un imperceptible mouvement des lèvres trahissait leur entrée en prières.

— Kyrie eleison, Christe eleison, Kyrie eleison...

Les voix puissantes des jésuites qui assistaient à la messe s'élevaient vers les voûtes de Saint-Côme. C'est le père de La Chaise qui célébrait lui-même l'office, comme il le faisait chaque jour. L'assistance était disparate, pères résidants, paysans du domaine et leurs familles. Au fond de la chapelle, près de la statue du saint patron de l'endroit éclairée par quelques chandeliers aux flammes vacillantes, se tenaient une dizaine d'hommes. Personne ne semblait faire attention à ce groupe absorbé par la prière et le recueillement.

— Salve Regina, Mater misericordiae, Vita dulcedo et spes nostra salve...

Au moment où l'assistance entonnait le chant de dévotion à la Vierge, l'un des jésuites sortit par une porte latérale de Saint-Côme et s'approcha des quatre hommes toujours adossés au mur extérieur de la chapelle.

— Suivez-moi, il est temps.

Derrière la chapelle, les hommes descendirent trois marches conduisant à une cave enterrée sous le chœur de Saint-Côme. La pièce était vaste et éclairée par de grandes torchères dont l'avantage était aussi de réchauffer l'endroit. Au centre, une immense table en forme de croix entourée de hautes chaises formait le seul mobilier. Au mur, un simple crucifix en bois d'olivier. Puis, le groupe du fond de la chapelle entra à son tour et s'installa en ordre autour de la table.

— La croix de Jésus est notre seule fierté.

Cette phrase prononcée d'une voix conjointe et vigoureuse ouvrait la séance et autorisait chacun à s'asseoir. Seuls les quatre hommes venus de Paris se tenaient debout face à l'assemblée. Le chef de la bande déposa avec une extrême précaution le contenu de son sac sur la table. En voyant le produit de son cambriolage, un rictus se dessina sur son visage.

— Notre Seigneur nous a soutenus dans notre sainte mission, messieurs, voici les documents prélevés il y a quelques heures dans le bureau de Son Eminence.

— Merci, dit le plus âgé dont le visage était en grande partie dissimulé sous un chapeau de feutre noir. Toutefois, je sais que tu as fait couler le sang et que tu as perdu un homme. Notre Seigneur l'a accueilli à sa droite en martyr, j'en suis sûr, mais ton manque de discrétion va nous porter préjudice. Cet après-midi, au Louvre, les soupçons se portaient déjà vers nous en raison de ta maladresse.

L'homme aux yeux vairons blêmit et baissa la tête. Ces reproches étaient inattendus pour lui.

— Je... je... balbutia-t-il en reculant.

— Il suffit, nous en reparlerons, coupa sèchement son interlocuteur. Simon Pierre, reconduis-les.

Le jésuite qui les avait précédés acquiesça d'un signe de tête et, ouvrant la porte, fit signe aux quatre hommes de sortir.

— Mes frères, notre lutte va prendre une autre dimension, dit le doyen, considérant que désormais la séance pouvait se tenir en toute discrétion. Mazarin a peur, et j'ai le sentiment que ces documents vont confirmer mes doutes. L'argent est le seul sujet de ses agitations. Il sent le jugement dernier arriver. Ce chien fera tout pour dissimuler ses turpitudes. Plus que jamais, le Tout-Puissant nous appelle pour nettoyer le royaume. J'ai appris tout à l'heure, avant mon départ du Louvre, que Jules

Mazarin partirait dès ce soir s'enfermer à Vincennes. La reine mère le suivra.

— Doit-on encore tolérer ce dont se gausse tout Paris ? éructa un des conjurés qui brandissait un libelle ramassé un peu plus tôt dans l'Ile de la Cité.

Le texte, comme de nombreux autres depuis plusieurs années, dénonçait avec une terrible cruauté les relations intimes entre Jules Mazarin et Anne d'Autriche.

— Bien sûr que non, coupa le chef des dévots, c'est justement tout le sens de l'expédition de ce matin que de nous procurer la preuve éclatante de cette infamie. Le contrat de leur mariage secret nous est indispensable pour dessiller les yeux de la populace et faire éclater un scandale tel qu'il justifiera l'élimination de l'Italien !

— Il se montre d'ailleurs de plus en plus despote, reprit l'homme au chapeau, il préside désormais le conseil des ministres dans sa chambre pendant qu'on lui fait la barbe !

— Il faut agir, Dieu nous le commande, dit un autre.

Les hochements de tête et les murmures parcouraient l'assemblée autour de cette impressionnante table en forme de croix, venant renforcer l'exaspération de ceux que le Cardinal avait, sans les connaître, qualifiés de « gibier de bûcher fanatique » l'après-midi même.

— Nous devons marquer les esprits, reprit celui qui venait de parler. Je propose de juger Mazarin au nom de la morale chrétienne. Il doit payer pour ses crimes. Nous prouverons ainsi à tout le royaume que le bras de la justice divine a le pouvoir de frapper y compris les plus puissants. Mes frères, prenons exemple sur nos aînés qui ont su armer le bras de Ravaillac.

— Tout est envisageable, dit le plus âgé qui venait d'examiner rapidement les documents volés. Mais je crains, après un premier regard sur ce qui vient de nous être livré, qu'il ne nous manque l'élément essentiel pour instruire ce procès. Je ne trouve là aucune trace du contrat de mariage entre Mazarin et Anne d'Autriche ! Nos hommes se sont vraiment montrés incapables dans leur sainte mission !

Serrant les mâchoires, il laissa la liasse de documents retomber sur la table devant lui.

— Retourne les chercher, Simon Pierre, ordonna-t-il.

Un lourd silence envahit la pièce tandis que les conjurés attendaient que les hommes de main reviennent sur leurs pas. Enfin, la porte grinça de nouveau et l'homme aux yeux vairons franchit seul le seuil. Il s'arrêta à quelques mètres de la table.

— Souviens-toi et tâche de répondre juste, lui intima le mystérieux meneur, as-tu bien pris soin de t'emparer de tous les documents que contenait le secrétaire en marqueterie ? As-tu fouillé les tiroirs secrets ?

— Pas une pièce de bois qui ait échappé à la fouille, répondit-il sans hésiter.

Dans son regard brillait à présent une lueur de défi, presque de colère. L'homme au chapeau se radoucit :

— L'affaire est d'importance, il nous manque un élément précieux... Es-tu sûr vraiment de n'avoir rien oublié, et de n'avoir omis dans ton récit aucun fait susceptible de nous éclairer sur cette absence ?

L'homme aux yeux vairons sembla déstabilisé de nouveau. Il fouilla dans sa mémoire un instant puis leva la main en cherchant ses mots.

— Peut-être, oui, quand le Jeune est tombé... Celui qui est mort, il a fait une chute, reprit-il. Il avait des documents en main, un portefeuille de cuir. Oui, j'en suis sûr maintenant, il les avait en main en courant sur la verrière...

Il s'arrêta devant un geste impératif de son vis-à-vis.

— Va, dit seulement celui-ci. Va retrouver tes frères et attends de mes nouvelles. Et surtout pas un bruit, pas un geste supplémentaire qui te fasse repérer. Ou bien gare, conclut-il d'un ton menaçant.

L'homme sorti, il s'assit et jeta un regard circulaire à ses compagnons.

— Il n'y a pas un instant à perdre. Il nous faut poursuivre

nos recherches et retrouver les pièces perdues aujourd'hui. Quant à Mazarin, rassurez-vous, il paiera en temps et en heure. Lui et sa famille de vautours devront rendre compte tôt ou tard de l'origine de leur fortune et de leur néfaste influence sur la Cour et le royaume. Au nom de notre foi, nous devons continuer d'œuvrer pour faire naître des temps nouveaux.

En prononçant ces derniers mots, l'homme âgé se leva, donnant le signal de la fin de l'assemblée.

— Prions, dit-il en joignant les mains. Pater noster qui es in coelis...

Tandis que les dévots poursuivaient leur prière, Simon Pierre, qui avait raccompagné à la grille du domaine de Mont-Louis les quatre cambrioleurs, éteignit les unes après les autres les torchères, plongeant peu à peu la salle dans la nuit. Il ouvrit la porte, faisant s'engouffrer un vent froid. La neige avait cessé de tomber.

— ... sed libera nos a malo.

Le plus âgé, dont le visage restait à moitié dissimulé sous cet étrange chapeau, souhaita à ses frères un retour paisible. Et c'est d'une seule voix que les ennemis du cardinal Mazarin réitérèrent leur engagement commun.

— La croix de Jésus est notre seule fierté !

11

Rue des Lions Saint-Paul – lundi 7 février, onze heures du matin

— POUVEZ-VOUS m'indiquer le domicile de monsieur de Pontbriand, je vous prie ?
L'enfant au pantalon déchiré assis sur le pas de la porte de la maison de la rue des Lions Saint-Paul leva la tête, grandement étonné. La présence ici, en cette fin de matinée, d'une aussi jolie jeune femme avait effectivement quelque chose d'inhabituel. Il détailla avec effronterie la robe de la demoiselle ainsi aventurée, seule et à pied, dans ce quartier modeste délimité au nord par la rue Saint-Antoine et au sud par la Seine. Il rougit en découvrant le visage de celle qui le regardait au fond des yeux avec un magnifique sourire.
— Connais pas ! Allez plutôt le chercher du côté de l'hôtel Saint-Paul où vit la noblesse. Dans cette rue, princesse, vous ne trouverez que tailleurs de pierre, charpentiers ou menuisiers et point de « Pont je ne sais quoi » !
— Mais enfin, reprit la demoiselle d'une voix douce, je suis sûre de l'adresse. C'est très important pour moi. Es-tu sûr de ne pas connaître Gabriel de Pontbriand ?
— Ah... si fait, répondit le jeune garçon, heureux d'avoir deviné. Bien sûr, ici, tout le monde connaît Gabriel. C'est un comédien de la troupe du grand Molière. A ct'heure, vous le trouverez chez lui. Sa chambre est sous les toits. Montez l'escalier jusqu'en haut, il n'y a qu'une porte. Vous ne pouvez pas vous tromper.

— Merci, charmant garçon, dit la jeune fille en s'engouffrant dans l'immeuble tandis que l'enfant restait coi d'avoir ainsi appris le noble patronyme de son ami Gabriel.

Assis à une table de bois sombre, celui-ci achevait au même instant l'examen des papiers extraits du porte-document grenat trouvé la veille. Sa lecture le laissait perplexe. Il s'agissait de toute évidence de textes codés, incompréhensibles. Retournant le maroquin afin de vérifier les armes incrustées dans la fleur du cuir, le jeune homme blêmit en prenant conscience de l'énormité de la chose : il avait entre les mains des papiers appartenant manifestement au cardinal Mazarin, dont il reconnaissait le blason. Interdit, Gabriel parcourut, un à un, chaque parchemin, afin de tenter d'y déceler un indice. Le seul élément accessible à sa compréhension était la signature apposée au bas de chaque liasse. Les noms des rédacteurs apparaissaient clairement en toutes lettres, sans doute, pensa-t-il, afin d'éviter qu'un lecteur, connaissant le signataire, ne pût trop facilement percer le code de l'ensemble.
C'est alors que le jeune homme se figea et devint livide. Tremblant, il ouvrit la bouche d'où s'échappa, dans un souffle, un murmure prononcé comme pour rendre sa découverte plus réelle.
— Mon père !
Au bas du papier tombant de sa main droite, il venait de lire la signature « Brother André de Pontbriand ».

A ce moment précis, des coups frappés à sa porte obligèrent Gabriel à retrouver ses esprits.
Camouflant en toute hâte les documents sous son lit, le jeune homme se saisit du texte de la pièce pour se donner une contenance.
— Entrez, dit-il enfin.
Le visage qui apparut dans l'encadrement de la porte, lorsque deux mains blanches rabattirent la capuche qui le laissait dans

l'ombre, arracha à Gabriel un cri de stupéfaction :

— Louise !

— Remets-toi mon ami, tu es blanc comme un mort, répondit Louise de La Vallière d'une voix moqueuse, ravie de l'effet de sa visite à celui qu'elle n'avait pas vu depuis sept mois.

— Louise de La Vallière ! Quelle surprise, reprit Gabriel qui retrouvait peu à peu des couleurs avec le désir de faire désormais bonne figure face à sa si jolie amie. Mais ne reste pas debout. Prends ce fauteuil, dit-il en indiquant le siège le plus confortable qu'il possédait.

La chambre était modeste et sans fantaisie mais d'une dimension raisonnable. Les murs en plâtre et en bois étaient propres. Dans un angle, un lit de fer faisait face à une petite table et deux chaises. Une armoire complétait le mobilier ennobli par un fauteuil de velours usé, au pied cassé, calé sur de vieux livres. A défaut d'une bibliothèque, des livres en nombre impressionnant s'égaillaient un peu partout. Gabriel vivait là depuis son arrivée à l'automne 1660, après sa fuite. D'une nature optimiste mâtinée d'un caractère déterminé et aventurier, il s'était installé du jour au lendemain dans cette chambre sans luxe et sans confort qu'il finançait désormais avec les maigres revenus de son emploi auprès de Molière. Heureusement, sa jovialité naturelle et son enthousiasme communicatif lui avaient permis de se lier d'amitiés multiples, en particulier dans ce quartier populaire où il aimait tant vivre. Sa séduction naturelle lui avait aussi ouvert les portes de l'univers, nouveau pour lui, des plaisirs liés aux conquêtes féminines. Comédien dans l'âme, il aimait charmer et se délectait d'user de ce talent pour son seul public du moment : celui des jeunes femmes dont les yeux brillaient à sa vue...

— La surprise fut d'abord mienne, lorsque je t'aperçus hier au soir, devant le théâtre du Palais-Royal, en compagnie des comédiens de la troupe de monsieur Molière, expliqua Louise.

Je ne te savais pas dans la capitale ni ne t'imaginais dans un tel dénuement, remarqua-t-elle en balayant d'un regard attristé la pauvre chambre. Et je ne te connaissais pas si chevaleresque et batailleur, ajouta-t-elle en riant.

Gabriel sourit à son tour sous la moquerie, tout au plaisir inattendu de ces retrouvailles : Louise de La Vallière, Louise qu'il connaissait depuis toujours... Ils avaient si souvent parcouru ensemble les chemins de la campagne de Touraine en compagnie des jeunes gens bien nés d'Amboise... Avec Louise, il avait d'un seul coup l'impression de retrouver son cher pays et la douceur de son enfance.

Encore sous le choc de la surprise, il détaillait le luxe de sa toilette, les tissus chatoyants de sa robe et de la veste moirée qu'elle portait négligemment jetée sur ses épaules. Il retrouvait l'éclat de son teint, la couleur profonde de son regard, les reflets jouant dans ses cheveux au gré des mouvements gracieux de son cou.

— Aussi ce matin je me suis rendue au théâtre, poursuivait Louise sans se soucier de l'insistance de son regard. Et j'ai mené mon enquête. Avec deux sourires et quelques pièces, le brave concierge m'a renseignée. Voilà comment je t'ai retrouvé. Mais tu me dois maintenant des explications. Pourquoi ce départ si soudain l'an passé ? Personne ne semble te connaître autrement que sous le nom de Gabriel. Pourquoi te dissimuler dans cette chambre dont ne voudrait même pas un moine ?

Gabriel s'assit à son tour en face de son amie, et lui raconta dans le détail les mois passés. Il répondit à toutes ses questions et ne cacha rien de sa situation. Ces confidences l'apaisaient. Il apprit que Louise était arrivée en janvier à la Cour afin de devenir dame de compagnie auprès de la future femme de Monsieur frère du roi. La représentation de *Dom Garcie* lui avait offert sa première sortie et elle était impatiente d'être prochainement présentée officiellement à Louis XIV et à la reine. Les deux amis éprouvaient un véritable bonheur de s'être retrouvés si loin de leurs attaches. La conversation se prolongea fort longtemps autour des souvenirs des joyeux moments de leur jeunesse. Celle de deux orphelins n'ayant pratiquement pas connu leur père, élevés pour l'un par son oncle, pour l'autre par son beau-père, sous le regard vigilant et chaleureux du frère du roi Louis XIII, Gaston d'Orléans, dont le parrainage après sa mort continuait de bénéficier à la jeune fille. Ne venait-il pas de lui ouvrir les portes de la Cour ?

— Mais raconte-moi, s'enflammait Gabriel, qui as-tu vu ? Et comment est la vie de la Cour ?

Patiemment, Louise racontait les fastes et les ennuis de son existence nouvelle, les moments d'oisiveté et la pesanteur de l'étiquette. Elle décrivait une vie faite d'espoir et d'incertitude, de grandeur et de mesquinerie.

— Hier, nous avons passé quatre heures à coudre et à découdre des parements prévus pour le trousseau de Mademoiselle Henriette d'Angleterre, au motif que les couleurs retenues initialement approchaient trop les couleurs des partisans anglais de la république et risquaient de déplaire à la Cour d'Angleterre...

— Tu es heureuse ? coupa soudain Gabriel en lui prenant la main.

Louise baissa les yeux comme pour chercher ses doigts si fins perdus entre les mains nerveuses et larges de Gabriel. Puis elle releva le regard pour croiser le sien.

— Je ne sais pas si je suis heureuse, répondit-elle. Mais j'ai de nouveau le cœur qui bat, je vais de surprise en surprise, et j'ai l'impression que tout est possible ! Tu sais, c'est étrange, ici la nuit, je rêve parfois des prairies où nous nous promenions. Et dans ces rêves, elles me manquent, alors qu'avant d'arriver à la Cour, les derniers temps, elles m'ennuyaient à périr.

Gabriel la suivit des yeux tandis qu'elle se levait tout à coup, l'air songeur.

— Ces prairies, je les aimais avec toi, quand le bout du champ derrière le manoir de ton oncle nous paraissait les Amériques et que nous racontions l'histoire des licornes qui se cachaient dans les bois du château où j'habitais. Tu te souviens ? Quand tu es parti, les licornes avaient disparu depuis longtemps. Eh bien, depuis que je suis là, c'est comme si je retrouvais un monde inconnu. C'est si beau un monde nouveau : c'est impressionnant, effrayant parfois, mais c'est merveilleux, tu ne trouves pas ?

— Ma situation est différente, marquise, répondit Gabriel d'un ton moqueur, tu habites un palais et moi une masure...

Il était près de deux heures de l'après-midi quand Louise prit congé. Gabriel la raccompagna jusqu'à la rue, en lui faisant promettre de se revoir dès que possible. Tandis que le jeune homme la regardait s'éloigner avec émotion, il songea de nouveau à cette incroyable découverte de la signature de son propre père sur les papiers codés du Cardinal. Tout se mélangeait dans sa tête, lui donnant un sentiment de vertige.

Perdu dans ses pensées, Gabriel ne remarqua pas l'homme qui l'observait avec attention, dissimulé dans la porte cochère, de l'autre côté de la rue des Lions Saint-Paul.

12

Rome – mardi 8 février, onze heures du matin

ARRIVÉ PAR la Via Giulia, un peu en avance sur l'heure du rendez-vous, François d'Orbay prit le temps de détailler le palais où il devait retrouver l'archevêque de Paris. En cette belle matinée ensoleillée, l'architecte parisien ne se lassait pas d'admirer le deuxième étage et la corniche dessinée par Michel-Ange lui-même. Au pied de l'immeuble, il contempla un instant l'harmonie si particulière de cette façade construite, disait-on, avec des matériaux prélevés sur les ruines antiques de la ville. Le plus vaste palais particulier de Rome dégageait une allure à la fois austère et imposante, sans doute à l'image de son premier propriétaire le pape Jules III, pensa d'Orbay.

— Veuillez prévenir Son Excellence que monsieur François d'Orbay est arrivé, dit le visiteur à l'homme en livrée rouge qui venait de lui ouvrir, avec cérémonie, la porte du palais Farnèse.

— Monsieur est attendu, répondit le domestique en français mais avec un fort accent italien. Si monsieur veut bien me suivre.

En pénétrant dans le bâtiment, d'Orbay admira encore le jardin intérieur qui constituait, à lui seul, l'un des chefs-d'œuvre du lieu. Dans la grande galerie, il ne put s'empêcher de s'arrêter un instant, ébloui par la somptuosité lumineuse de la voûte peinte un siècle plus tôt par Carrache. Ce décor baroque directement inspiré de la mythologie rayonnait d'une gaieté colorée proprement fascinante. Arrivé devant la porte du bureau de Paul de Gondi, l'architecte reprit ses esprits. Il n'était pas venu ce matin pour la beauté des richesses du palais occupé par l'archevêque de Paris.

— Monsieur François d'Orbay, annonça le domestique en s'effaçant pour laisser passer le visiteur.

Celui-ci s'inclina profondément. Lorsqu'il releva les yeux, il fut impressionné, comme à chacune de leurs rencontres, par l'allure alerte, presque juvénile, de son hôte. Vêtu simplement d'une soutane, Paul de Gondi s'était levé pour accueillir son visiteur et s'avançait vers lui avec, sur le visage qu'éclairaient des yeux noirs et perçants, un large sourire de bienvenue. « Dire que c'est là l'homme qui a fait trembler le roi de France, forcé Mazarin à l'exil et failli prendre le pouvoir, l'inspirateur des plus grands complots du siècle, l'ancien prisonnier évadé du château de Nantes ! pensa d'Orbay. Nul ne croirait qu'il a quarante-huit ans ! »

Exilé à Rome depuis l'échec de la révolte de la Fronde, Gondi avait conservé, malgré ses nombreuses et épuisantes errances des années passées, la noble prestance de ceux qui aiment éblouir. Le brillant étudiant en théologie d'autrefois avait aussi gardé de cette fréquentation assidue des hommes de grande foi une sorte d'onctuosité dans l'allure, qui le rendait encore plus séduisant. Les deux hommes se connaissaient pour s'être fréquentés lors du séjour romain de l'architecte l'année précédente.

— Comme je suis heureux de vous revoir à Rome, mon cher d'Orbay ! Quand êtes-vous arrivé ? Avez-vous fait un voyage agréable ? Quelles sont les nouvelles de notre capitale ?

L'archevêque serra vigoureusement les mains de François d'Orbay dans les siennes. Un peu décontenancé par cette volubilité et surpris par une manifestation pour le moins inattendue d'affection, l'architecte ne savait pas à quelle interrogation répondre en premier.

— Merci mille fois de m'accueillir ce matin, Monseigneur. Je me réjouis aussi de vous revoir en cette ville et surtout de vous retrouver en belle santé.

— Mais asseyez-vous donc, dit Paul de Gondi en indiquant un fauteuil.

— Monseigneur, je suis venu, ainsi que nous en avions convenu, afin de vous montrer des esquisses pour les paravents peints que vous souhaiteriez voir réaliser, dit l'architecte en sortant de son sac un rouleau qu'il tendit à l'archevêque.

— Fort bien, fort bien, dit Gondi en examinant avec soin les dessins au fusain représentant ses héros préférés de la Grèce antique. Quand pourrez-vous faire travailler ces compagnons dont vous m'avez tellement vanté les talents ? Je suis impatient, maintenant que j'ai vu ces ébauches, d'admirer le résultat final et d'en disposer ici même.

— Monseigneur, votre impatience me flatte et j'imagine pouvoir satisfaire votre attente d'ici l'été.

— Fort bien, fort bien. On me dit que Mazarin est au plus mal ? interrogea l'archevêque, changeant brusquement de sujet. A-t-on vraiment un espoir que le royaume de France soit prochainement débarrassé de cette canaille ?

— Monseigneur, depuis quelques jours, le Premier ministre ne quitte plus la chambre et il a donné l'ordre à son secrétariat de mettre de l'ordre dans ses papiers...

— Pour mieux dissimuler l'origine inavouable de sa fortune ! interrompit Gondi avec une exaltation soudaine. Par la grâce de Dieu, je vais enfin être vengé de toutes ces années d'injustice. Vos propos confirment mes informations. Vous savez, j'ai gardé de solides amitiés jusqu'aux portes des appartements du roi.

L'architecte se dit qu'il avait eu raison de solliciter cette audience. Malgré son exil, celui qui avait été au premier rang des frondeurs de 1648 gardait manifestement des yeux et des oreilles partout dans Paris.

« Reste à savoir si l'archevêque de Paris est capable d'ourdir un nouveau complot en fédérant les nostalgiques de la Fronde et de venir jouer les chiens dans notre jeu de quilles », songea d'Orbay.

— Toutefois, je crains que Mazarin ne réussisse, une fois de plus, à manipuler le destin, reprit l'archevêque dont le visage exprimait tout à coup l'inquiétude. Ce gredin va user ses dernières forces pour piller les caisses de l'Etat. Vous verrez, il fera disparaître dans les poches de sa famille tout ou partie de son immense fortune. Il doit déjà détruire les papiers compromettants.

Il s'interrompit une seconde, comme pour réfléchir à quelque point compliqué, puis changea de nouveau de sujet :

— Mes amis parisiens sont persuadés que les réseaux religieux les plus engagés seraient réactivés. Avez-vous des informations à ce sujet ?

Prudent, d'Orbay ne répondit pas immédiatement.

— Tout Paris s'agite, Monseigneur. Les victimes de Mazarin sont tellement nombreuses depuis toutes ces années. Il est difficile de déterminer si un camp peut l'emporter sur l'autre. La Cour s'interroge, quant à elle, sur les capacités du jeune roi à manœuvrer seul une fois son parrain disparu. Dans les salons, chacun bavarde à profusion des influences qui viendront supplanter l'Italien dans l'esprit du souverain.

— Le peuple ? interrogea encore Gondi. Que chante le peuple ? Que dit-il ? Que gronde-t-il ?

— Son humeur est difficile à saisir. Mazarin lui-même a cessé, je crois, de percevoir avec la même netteté les infléchissements de l'âme des sujets du roi de France. Comme si une époque s'achevait, comme si d'autres aspirations naissaient. En vingt ans, l'Europe a connu plus de révoltes d'envergure qu'au cours des cent dernières années. Des révoltes pour beaucoup imprévues, sans famine, sans impôts excessifs. Je crois personnellement que l'avenir du royaume dépendra pour une part de la capacité des futurs Mazarin à comprendre ces évolutions.

— Et comment se porte le bon monsieur Colbert ?

— Il déploie, comme à l'accoutumée, tout son savoir-faire au service de son maître, répondit François d'Orbay.

L'archevêque hochait la tête et semblait de nouveau se perdre dans ses pensées.

— Vous avez raison. La mort de Mazarin va entraîner de profonds bouleversements. Tout dépend ce qu'il adviendra du pouvoir... relança d'Orbay. Le poste de Premier ministre sera demain vacant, mais les candidats peuvent se révéler nombreux.

La voix de l'archevêque se fit plus sourde.

— Nicolas Fouquet, par exemple... On me dit qu'il arme actuellement des troupes dans ses terres de Belle-Île. Mais sans doute vous, qui êtes l'architecte du château que le surintendant des finances fait construire à Vaux-le-Vicomte, en savez-vous plus que moi à ce propos, mon cher d'Orbay ?

L'architecte comprit dans cette réponse que leur conversation sur l'avenir du royaume n'irait pas plus loin.

— Je crains, Monseigneur, de ne disposer d'aucune information à ce sujet.

Paul de Gondi n'avait manifestement aucune envie de s'exposer à propos de Fouquet, ni d'ailleurs de livrer ses intentions pour l'avenir. Pendant que la conversation se poursuivait sur des sujets plus légers, l'architecte se dit que son hôte était resté fidèle à sa légende : un homme prudent, très bien informé, mais surtout bouffi par l'orgueil.

Lorsqu'il quitta le palais Farnèse, au moment où les cloches de Sainte-Béatrice sonnaient les douze coups de midi, François d'Orbay était persuadé de l'absence de stratégie claire chez les anciens frondeurs à l'approche de la mort de leur vieil ennemi italien.

« Voilà qui devrait nous simplifier la tâche », se dit-il en se retournant pour admirer une dernière fois l'ordonnancement de la façade du palais.

13

Vaux-le-Vicomte – dimanche 13 février, dix heures du matin

LA POUSSIÈRE soulevée par les vingt cavaliers de l'escorte tourbillonnait autour des montures, rendant méconnaissable l'habit bleu des chevau-légers, et brouillant même la vue des passagers du carrosse qui cheminait à marche forcée sur la route de Fontainebleau. Vêtu d'un manteau pourpre et or, chaussé de bottes cavalières de cuir noir, l'homme assis à la place d'honneur essayait cependant de discerner le paysage tout en réchauffant ses mains, dont il avait ôté les gants, à la chaleur d'un brasero posé au milieu du plancher.

Assis à la droite de Fouquet, François d'Orbay frissonna en constatant que le froid sec du matin commençait de percer chaussures et habits.

— Nous approchons, glissa-t-il en se penchant vers son voisin. Voyez, on aperçoit les bornes de l'ancien village de Vaux, à droite Les Jumeaux, et à gauche Maison-Rouge et la colline où s'élevait le vieux château, dont les pierres nous ont servi de fondations. Le domaine est tout proche à présent.

Nicolas Fouquet remit ses gants posément, faisant jouer ses doigts pour ajuster exactement les pièces sur mesure.

— Laissez, monsieur d'Orbay, le froid n'est pas si vif et le trajet me repose, puisque je sais qu'au lieu des soucis qui font le quotidien, son issue va m'offrir un spectacle qui me réjouit.

Pendant un instant, Fouquet parut plongé dans ses pensées, ses traits réguliers détendus, ses yeux verts mi-clos.

Assis sur la banquette d'en face, son jeune secrétaire rompit le silence :

— Robillard, Le Vau et Le Brun sont déjà sur place qui nous attendent. Puget est absent, il est parti prendre livraison des marbres dont nous avons parlé...

— C'est bien, c'est bien, interrompit le surintendant des finances. Nous verrons cela sur place en visitant les jardins. Pas de nouvelles de Son Eminence, donc ?

— Le courrier doit nous rejoindre à Vaux, monsieur ; j'ai demandé un rapport établi à l'aube, et qui nous soit porté sans retard. J'ai ordonné qu'on y joigne aussi les courriers de la maison du roi, s'il s'en trouve.

Fouquet acquiesça d'un mouvement de paupières, frissonna, puis se retourna en souriant vers l'architecte recroquevillé à côté de lui :

— Alors, monsieur d'Orbay, est-il loin encore votre palais des neiges ? Monsieur Le Vau, votre beau-père, va être gelé à force de nous attendre avant que nous ne soyons rendus !

Le quatrième passager sourit.

— Ça, Nicolas, quelle idée aussi que ce Vaux, lâcha-t-il d'un ton plaintif. Pour un peu monsieur d'Orbay, c'est en Nouvelle-France que vous partiez construire le château de Son Excellence, à Québec ou à Sainte-Louise...

Fouquet sourit à son tour.

— Brisons là. Monsieur d'Orbay, si vous voulez un conseil, évitez de fréquenter les poètes, ou abdiquez toute conversation sérieuse. Pour ma part, si monsieur de La Fontaine ne me laissait seul quelques instants de temps à autre, je ne sais comment je remplirais ma charge.

— Place pour monsieur le surintendant, place !

Le cri s'était élevé comme le cortège ralentissait brusquement. Il y eut des bruits de bousculade, un cheval hennit. Soulevant le rideau qui cachait aux passants l'intérieur du carrosse et coupait un peu les courants d'air glacés, Fouquet coula un regard au-dehors, posant un œil sombre sur les cavaliers qui aboyaient sur la foule.

— Ce sont des tailleurs de pierre qui roulent des blocs pour l'achèvement du portail, Monseigneur, commenta d'Orbay.

— Quel besoin de beugler ainsi, ne peut-on pas attendre un instant, le temps qu'ils s'écartent ! gronda Fouquet en laissant retomber le rideau. Sommes-nous si pressés qu'il faille sans cesse être odieux ! Vraiment, c'est à croire qu'ils veulent me rendre impopulaire...

Le carrosse passa lentement au milieu du groupe d'ouvriers maugréant à voix basse. La petite troupe avançait à présent sur une allée bordée de jeunes marronniers, les sabots claquant sur la pierre des pavés fraîchement posés.

— Ils ont encore grandi, constata Fouquet avec satisfaction, même la mauvaise saison, rien ne les arrête.

Le secrétaire assis en face du ministre s'apprêtait à profiter du silence qui suivit pour prendre la parole. Charitablement, La Fontaine lui posa la main sur le bras au moment où il le levait, ouvrant déjà la bouche. Étonné, il regarda le poète qui lui fit signe lèvres serrées, dans un petit sourire, de ne pas commettre cet impair. Depuis des années qu'il fréquentait le surintendant, il avait appris à observer les signes de la disponibilité, et ceux qui signifiaient qu'il ne fallait à aucun prix interrompre un des rares instants de repos que s'accordait Fouquet. Parmi ceux-là figurait au tout premier rang la catégorie qu'en son for intérieur La Fontaine avait baptisée « Les songes de Vaux ». Plusieurs fois déjà, il avait vu celui qu'il considérait comme son ami bien plus que son protecteur s'abîmer ainsi dans ses pensées, au cours des trajets qu'il effectuait à intervalles réguliers depuis sa résidence de Saint-Mandé pour aller surveiller l'avancement des travaux du château. Ces absences intervenaient presque toujours tandis que le carrosse ralentissait avant de virer à droite, pour s'arrêter enfin juste en face de la grande grille de fer forgé frappée aux armes du surintendant.

La lumière jaillit par la porte comme le postillon l'ouvrait en se hâtant de déployer le marchepied. Éblouis, les passagers restèrent encore immobiles une seconde, puis Fouquet se leva à demi pour s'extraire du véhicule. L'un après l'autre, les quatre hommes descendirent. La Fontaine, qui fermait la marche, sentit le froid lui piquer le visage. Voyant que Fouquet était resté immobile, il tourna lui aussi le regard vers le corps majestueux du château. La finesse de la construction était soulignée par l'épaisseur des barreaux de la grille par laquelle les visiteurs l'observaient. La lumière rayonnait sur les sculptures de la façade et s'abaissait en un halo doré sur la perspective des jardins que l'on devinait au loin, comme par transparence, au travers des immenses fenêtres. La Fontaine constata sans surprise combien cette vue était un émerveillement sans cesse renouvelé. Il ressentait ce choc dans la poitrine, en constatant les progrès, les détails ajoutés depuis sa dernière visite. Était-ce le froid ou l'émotion ? Un frisson le parcourut tout à coup. Le château nimbé de lumière froide lui paraissait plus beau encore que dans son souvenir.

Le ballet des serviteurs pressés, qui se battaient presque pour ouvrir la grille, contrastait avec le pas lent de Fouquet. Lui, si accoutumé à vivre dans l'urgence, courant sans cesse, épuisant ses collaborateurs de questions et d'idées nouvelles, semblait tout à coup baigner dans une joie calme et sereine. Cinq ans s'étaient écoulés depuis que, contre toute attente, le ministre avait pris la décision d'édifier sur ce lieu un château. Cinq ans pour recruter les meilleurs dans chaque corps de métier, les jardiniers les plus experts, les architectes les plus talentueux, dont d'Orbay, si jeune et si brillant. Fidèle à son habitude, Fouquet avait regardé son rêve se construire, supervisant mais laissant les hommes de l'art donner libre jeu à leurs envies. La décision d'abandonner la structure classique du corps central et des deux ailes attachées, l'agencement des jardins, jusqu'à la forme étrange de ce dôme apparu au centre de l'édifice quelques jours auparavant : à chaque étape, la joie manifeste de Fouquet apparaissait à La Fontaine proportionnelle à sa satisfaction de voir combien le projet était fidèle à sa commande sans cesser de le surprendre.

La voix de D'Orbay ramena comme à regret le surintendant à la réalité.

— Nous allons passer par l'entrée centrale. Voyez, les colonnades sont prêtes à être posées et là, oh ! prenez garde à ne pas vous tordre la cheville, ces planches au sol vont disparaître très bientôt, dès que les marbres vert et blanc que je suis allé sélectionner en Italie auront été convoyés jusqu'ici.

— Ces cabanes n'étaient pas là ? observa le surintendant en désignant à sa gauche deux baraquements le long du mur des communs.

— C'est une orangerie provisoire, expliqua d'Orbay. Les arbres sont arrivés récemment, mais l'orangerie n'est pas encore construite, et ils supporteraient le froid moins bien que nous. Ainsi, ils sont à l'abri et les fenêtres leur garantissent assez de lumière.

— Ingénieux, murmura Fouquet. Est-ce là que l'on garde toutes les plantes ? ajouta-t-il en baissant la voix, prenant d'Orbay par le bras.

L'architecte acquiesça d'un hochement de tête.

— Seulement pour les faire grandir avant de les replanter, répondit-il sur le même ton discret. J'ai pu là aussi m'assurer que toutes les essences que nous attendions étaient bien arrivées.

Ils traversèrent le hall d'accueil, les salons d'apparat, et se dirigèrent vers le perron donnant sur les jardins. Fouquet, qui avait accéléré le pas, s'arrêta.

— Est-ce que quelque chose n'a pas changé ? interrogea La Fontaine.

— Si fait, monsieur de La Fontaine, répondit d'Orbay. C'est que depuis la dernière visite de Son Excellence, j'ai fait adresser au chantier des plans de modification pour la structure centrale de la voûte. C'est cet arrondi que vous avez observé juste au-dessus de vos têtes et qui masque la charpente. Ce sont en fait deux dômes superposés dont j'ai puisé l'idée l'an dernier à

Rome aux sources des plus grands maîtres.

— Je serais curieux d'en connaître les détails, remarqua La Fontaine en levant la tête.

Au-dessus de lui, à dix mètres du sol, l'élégant arrondi porté par quatorze statues, et sur lequel on distinguait déjà la préparation au crayon du décor destiné à l'agrémenter, semblait suspendu dans les airs.

14

Domicile de Jean-Baptiste Colbert – dimanche 13 février, cinq heures du soir

ASSIS À SON BUREAU depuis deux bonnes heures, Colbert soupira de fatigue et frotta ses gros yeux. Avec sa minutie habituelle, il examinait un à un les documents comptables que lui avait remis le Cardinal avant de partir pour Vincennes. La pièce où il travaillait était vaste et bénéficiait de la clarté offerte par deux grandes fenêtres avec une vue superbe sur les jardins. Mais, en cette fin de journée de février, le jour disparaissait fort tôt, aussi avait-il demandé des chandeliers supplémentaires pour éclairer son travail. Le feu crépitait dans la cheminée derrière lui, réchauffant son dos d'une douce chaleur. L'homme était frileux, et l'absence de mouvement l'engourdissait de froid. Le fidèle collaborateur, qui avait su en quelques années se rendre indispensable à Son Eminence, n'ignorait plus en effet que le temps lui était désormais compté. Pire, il avait le désagréable sentiment de voir se resserrer chaque jour davantage sur son épaule une main froide et inquiétante. « Tout repose sur moi », pensait-il par intermittence, avec un sentiment mêlé de crainte et d'excitation.

Depuis que Mazarin avait décidé de mettre ses affaires en ordre avant de capituler face à la maladie, Colbert, une fois encore, s'était imposé pour accomplir seul cette besogne harassante dont il escomptait bien tirer de nombreux avantages.

Son ambition restait discrète aux yeux de tous, mais n'en

était pas moins impétueuse. Il s'était tracé un chemin audacieux pour gravir sans délai les sommets de l'État. Une étape décisive de cette conquête se jouait au chevet du Premier ministre, Colbert le savait. Calculateur, il jouait, comme aux échecs, un coup d'avance. Son dévouement au Cardinal visait en fait le jeune roi.

— Entrez, dit-il, sans lever les yeux, en entendant que l'on frappait à son bureau.

— Monsieur Charles Perrault demande à être reçu, annonça le domestique qui venait d'ouvrir la porte.

— Qu'il entre, répondit Colbert, impatient d'avoir des nouvelles de l'enquête qu'il avait ordonnée suite à l'incendie de la bibliothèque du Cardinal.

Charles Perrault s'avança en se courbant à plusieurs reprises. L'avocat se montrait toujours très déférent, malgré un caractère hargneux en complète contradiction avec ses talents désormais reconnus d'écrivain. Il venait rendre compte de la mission policière qui lui avait été confiée afin de lever au plus vite le mystère de l'agression et du vol commis deux jours auparavant.

— Alors, Perrault, où en sommes-nous ? demanda Colbert, impatient.

— Les choses sont pour le moins obscures, mais nous avançons dans plusieurs directions. Tout d'abord, nous avons identifié le jeune garçon retrouvé mort au beau milieu du théâtre du Palais-Royal. Il s'agit d'un miséreux surnommé le Jeune, sans famille, vivant plus ou moins à la Cour des Miracles, et connu pour son adresse à manier les couteaux. Son accoutrement et ses breloques pieuses m'incitent à croire qu'il appartenait à un groupe d'exaltés religieux.

— Vous croyez ou vous êtes sûr ? interrompit Colbert, agacé du manque de précision de Perrault.

— C'est ma conviction, monsieur, renforcée d'ailleurs par le témoignage de Toussaint Roze.

« Voilà qui nous ramène vers les dévots », se dit Colbert,

intrigué.

— Nos recherches sont aussi tournées vers le théâtre du Palais-Royal par lequel les cambrioleurs se sont échappés. J'ai fouillé de fond en comble les lieux, en vain jusqu'à l'heure.

— Faites parler le personnel du théâtre et ces gueux de comédiens, martela Colbert, de plus en plus irrité.

— Nous interrogeons tout le monde depuis deux jours. J'ai même fait suivre plusieurs d'entre eux. En particulier un certain Gabriel, qui occupe un emploi de secrétaire. Il est arrivé depuis peu dans la troupe de Molière, et son comportement m'est apparu étrange. Hier au soir, à la sortie du théâtre, il s'est battu en public sous un prétexte mineur avec le sieur Berryer.

En entendant prononcer ce nom, Colbert haussa les sourcils. Il connaissait parfaitement Berryer, qui lui avait servi de prête-nom à l'occasion de certaines affaires aussi délicates que fructueuses. C'est lui-même qui l'avait chargé, dans le plus grand secret, la veille au soir, de se rendre à la première de la nouvelle pièce de Molière accompagné de plusieurs complices pour siffler le spectacle. Il voulait ainsi briser dans l'œuf les ambitions de l'auteur qu'il considérait comme un suppôt de Fouquet. Cette apparition soudaine de ses hommes de main dans l'enquête sur le cambriolage du bureau privé de Mazarin ne lui disait rien de bon.

— Je veux tout savoir sur ce Gabriel. A-t-il un nom ? D'où vient-il ? A qui est-il lié à Paris ? Vous entendez, Perrault, cria Colbert, tout savoir !

— L'individu, reprit Charles Perrault sans se démonter face au courroux de son interlocuteur, a reçu à son domicile de la rue des Lions Saint-Paul une fort jolie personne. Il s'agissait de Louise de La Vallière, la nouvelle demoiselle de compagnie d'Henriette d'Angleterre. Celle-ci doit être présentée au roi sous quinzaine. Elle a passé plus de deux heures en compagnie du sieur Gabriel. Tout ce temps dans un quartier aussi peu sûr, et de surcroît dans la chambre d'un inconnu, voilà qui semble étrange pour une jeune fille bien née à peine installée à Paris.

Cette information eut le mérite de rendre subitement tout son calme à Colbert. L'enquête avançait, et son limier avait fait plutôt du bon travail.

— C'est bien, dit sobrement Colbert, poursuivez vos recherches. J'ai le sentiment que vous êtes sur le bon chemin. Je veux aussi savoir ce qui se dit chez nos amis les religieux. Payez grassement vos informateurs pour connaître avec précision les rumeurs en circulation autour des dévots. Essayez, par là même, d'obtenir des détails à propos des liens de ce petit monde avec la Cour, et en particulier avec le surintendant dont on sait l'influence dans ces milieux. Quant à ce Gabriel, ne le lâchez pas et venez me rendre compte au plus vite !

Charles Perrault sortit en reculant et en effectuant plusieurs révérences pour le moins obséquieuses.

Songeur, Colbert frissonna. Il se leva pour remettre une bûche dans l'immense cheminée, et déboucha un flacon de cristal posé sur un guéridon. En se versant un verre de porto, il se félicita d'avoir confié au jeune Perrault cette tâche dont il s'acquittait avec célérité.

« Comme cet homme est étrange, se dit-il, commis servile du pouvoir le jour, et prêt à tous les excès pour extraire la vérité de la boue. Auteur la nuit de poèmes et de contes mièvres et insipides. Il me faudra savoir jouer de ses ambiguïtés pour l'avenir ».

Puis, revenant aux conséquences de ce qu'il venait d'apprendre, Colbert regagna sa table. Avec un peu de chance, si tout continuait à se dérouler selon ses plans, Fouquet ne s'en sortirait pas. Dans un sourire, il se remit à son travail en murmurant :

— Allons, j'en ai bien pour toute la nuit !

15

Château de Vincennes – mardi 15 février, dix heures du matin

LA NEIGE tombée durant la nuit tapissait de blanc les toits du donjon de Vincennes et la totalité de la cour, dans laquelle on ne distinguait qu'à peine les bosquets et les buis taillés chers à Anne d'Autriche. Debout devant la fenêtre de sa chambre, le cardinal Mazarin, drapé dans une veste d'intérieur bordée de fourrure pourpre, observait en silence l'arrivée de ses visiteurs. Trois mètres derrière lui, Colbert feuilletait machinalement le portefeuille de cuir dans lequel il gardait les dépêches que le conseil des ministres devait examiner ce matin.

— C'est bon, Colbert ; voici Lionne, toujours courant, toujours en retard. Le Tellier est passé...

— Seul manque Monsieur Fouquet, releva Colbert plongé dans ses papiers.

— Si fait, dit Mazarin en s'arrachant à sa contemplation avec un curieux sourire. Allez, mon ami. Inquiétez-vous seulement de nos affaires, ajouta-t-il en grimaçant, cherchant de la main un fauteuil où s'appuyer.

D'un geste, il arrêta Colbert qui se précipitait.

— Laissez, allez plutôt en bas. Les caisses de la bibliothèque sont-elles arrivées ? Oui ? Eh bien alors, nous avons un travail plus important que celui qui amène aujourd'hui ces messieurs ici.

Voyant que Colbert lui tendait, comme à regret, le portefeuille, Mazarin prit son secrétaire par le bras :

— Ici, nous traitons des affaires courantes, du quotidien. En bas, vous allez m'aider dans une tâche plus complexe et qui recèle un enjeu infiniment plus grand pour le royaume.

La pression s'accentua sur le bras du petit homme en noir.

— Vous avez beaucoup fait, Colbert. Ou plutôt devrais-je dire nous avons beaucoup fait ensemble, vous le savez. Il reste à inscrire cela dans l'Histoire pour s'assurer que nul gredin ne pourra défaire ce pourquoi nous nous sommes battus, et ainsi salir ma mémoire. L'enjeu est plus grand que vous ne croyez, répéta-t-il dans un soupir las qui signifiait qu'il ne raccompagnerait pas plus loin son secrétaire. J'ai confiance en vous, ajouta-t-il dans un souffle. Nous parlerons de tout cela. Il faudra que vous alliez pour moi rencontrer plusieurs personnes... Mais pour l'instant, consacrez-vous à mettre les comptes en ordre. J'ai besoin de paix, Colbert, de paix. Apportez-moi ce remède, et vous n'aurez pas à le regretter.

Colbert eut un frémissement imperceptible tandis qu'il s'inclinait devant ces derniers mots.

Avec une expression épuisée, Mazarin se laissa tomber dans un large fauteuil tapissé de velours vert et rouge, qui enveloppait entièrement sa silhouette courbée.

Il eut un dernier geste pour Colbert comme il quittait la pièce, puis se renfonça dans son siège, les yeux clos.

Introduits un à un, les ministres saluèrent le vieil homme avec affectation, recueillant un mot inaudible et un geste esquissé.

Ils étaient à présent quatre, assis autour d'une table de jeu. Lionne, secrétaire d'Etat à la Guerre, avait l'air grave et solennel. Le Tellier, chancelier de la Couronne, portait le curieux sentiment de supériorité que lui conférait, croyait-il, son grand âge. Nicolas Fouquet, enfin, le plus jeune et le plus puissant, retenait à peine son envie d'aller droit à l'examen des dossiers financiers qui le préoccupaient. Mazarin, hiératique, laissait traîner un silence pesant qu'aucun des ministres n'osait interrompre. Son visage excessivement fardé ne parvenait plus à masquer sa lassitude. Il eut enfin un geste à l'intention de Le Tellier pour l'inviter à prendre la parole. La litanie de l'examen des dépêches commença.

— L'Angleterre, l'Angleterre ! Vous n'avez que ce mot à la bouche !

Vingt minutes à peine étaient passées, lorsque Mazarin éleva soudain la voix pour interrompre le débat engagé sur l'attitude à avoir face au nouveau souverain rétabli sur le trône d'Angleterre.

— Assurons la présence de nos bateaux dans les ports, garantissons nos ventes et l'approvisionnement. Et évitons que le Hollandais ne pousse son avantage à la Cour d'Angleterre en rappelant au roi qu'il a trouvé chez lui de quoi manger quand il n'était qu'un fugitif. Le reste est spéculation sans intérêt. L'Angleterre nous est hostile. Elle change de maître, la belle affaire ! Les gueux qui ont coupé la tête du père seraient-ils moins à même de couper celle du fils ? Prions surtout que leur exemple ne donne pas d'idées à d'autres, sous d'autres climats. L'exemple est comme le sang touché une fois par le chien de chasse le plus pacifique : le goût pris, il n'aura de cesse d'y revenir toujours. Les peuples, Messieurs, craignent de moins en moins leurs maîtres, et ce faisant, ils perdent toute sagesse ! Ne serait-ce la peur de brûler en enfer pour prix de leur forfait, ils bousculeraient volontiers les trônes. Voyez Ravaillac, voyez Clément !

Mazarin fit une pause sans paraître remarquer le frémissement que ses paroles avaient suscité sur les traits de Fouquet.

— Ne dispersons pas nos forces, reprit-il après un instant. Messieurs, nous ne sommes plus en guerre ! Les alliances que nous recherchons, ce sont des entrées commerciales !

Sa voix s'assombrit de nouveau, à mesure qu'il se laissait emporter par la colère renaissante :

— Et les ennemis que nous combattons sont à l'intérieur de nos frontières, dans nos antichambres. Le temps béni où les monarchies s'affrontaient de puissance à puissance est révolu : c'est pour détruire l'idée même de monarchie que nos ennemis se lèvent, nourris de chimères ! Les libertins nous jugent trop dévots, les dévots trop libertins, et chacun complote encore année après année, siècle après siècle ! Quel fardeau mon Dieu, quel fardeau !

Epuisé par cette tirade, le Premier ministre se recroquevilla dans son fauteuil avec le même air las.

— Du moins pouvons-nous utilement chercher du crédit en Angleterre ? interrogea Fouquet en s'avançant, comme pour se faire mieux entendre de Mazarin. Les caisses peinent à se remplir, monsieur le Cardinal, nous avons là une possibilité de faire pression sur nos banquiers italiens en montrant que nous pouvons nous passer d'eux...

— Il suffit, monsieur le surintendant. Je ne saurais croire que nous aurions en paix moins de crédit que nous n'en avions en guerre.

Son œil s'éclaira d'un feu nouveau en se tournant vers Nicolas Fouquet.

— A vous d'inventer d'ingénieuses manœuvres pour les besoins de la Couronne, qui sont grands je vous le concède, et auxquels, je vous le concède également, les tâches d'ordre ne me laissent pas toujours le temps suffisant pour m'y intéresser autant que ce serait nécessaire. Il me faut d'ailleurs sans tarder, dit-il incidemment en s'adressant à Le Tellier, vous entretenir des mesures urgentes à prendre pour enrayer cette folie rigoriste de certains milieux religieux qui confine à l'hérésie et à la rébellion. Mais, pour ce qui est des manœuvres financières, je sais votre habileté, poursuivit-il à l'intention de Fouquet d'une voix de nouveau plus basse, le regard vissé sur son interlocuteur. J'attends seulement que le meilleur y soit consacré à l'intérêt public...

A l'étonnement général, le surintendant reprit la parole.

— Au chapitre des économies, Votre Eminence a-t-elle daigné consulter les rapports que je lui ai fait tenir sur l'avenir du commerce de l'art et sur les dernières commandes militaires ? Il y a là je crois, en dehors de toute négociation banquière, des gains financiers potentiels dont la Couronne pourrait constater sans retard le bien-fondé. Des économies dont je suis convaincu qu'elles offriraient à Sa Majesté l'occasion de pourvoir aux besoins de sa politique, tout en limitant en même temps les ponctions nécessaires sur ses sujets. Si ceux-ci ne savent plus craindre leurs maîtres, peut-être pourraient-ils commencer à apprendre comment les aimer ?

Mazarin eut une moue dubitative tout en hochant la tête affirmativement.

— Oui, oui.

Puis, se tournant vers Le Tellier :

— Monsieur le chancelier, il faudra que je vous fasse instruire des réflexions de monsieur Fouquet sur les arts ; et nous reparlerons des armes plus tard. Quant à l'armement : la guerre, monsieur le surintendant, mais quel tempérament, pardieu ! jura le Cardinal en feignant l'ironie. L'écureuil de votre blason s'est-il changé en lion pour construire des remparts dans votre place de Belle-Île ? Je croyais que votre compagnie des Indes commerçait pacifiquement ?

— Si fait, monsieur le Cardinal, répondit seulement Fouquet d'une voix blanche qui masquait mal son émotion. Et les fortifications que se complaisent à décrire mes ennemis sont des entrepôts. Mais ce ne sont là que mes intérêts privés. Et mes intérêts privés comptent peu lorsque j'ai l'honneur de m'entretenir des intérêts de la Couronne.

Mazarin sourit de nouveau sans répondre, indéchiffrable. L'œil était redevenu bienveillant lorsqu'il se tourna vers le chancelier Le Tellier comme pour signifier que le conseil, une fois de plus, serait écourté :

— Eh bien, monsieur le chancelier, les préparatifs du mariage de monsieur de Louvois votre fils avancent-ils ? Je suis pour ma part bien en peine de m'occuper autant que je le souhaiterais des noces de mes nièces Hortense et Marie... Les pauvres anges, gémit-il tandis que des larmes apparaissaient au coin de ses yeux levés au ciel.

Joignant les mains, le Premier ministre murmura quelques paroles en italien, se signa, puis, ouvrant les bras pour s'appuyer sur les accoudoirs de bois sombre de son fauteuil, congédia les ministres en les assurant que, s'il souhaitait faire mentir ses médecins, il lui fallait encore reposer.

Ses visiteurs sortis, Mazarin demeura immobile plusieurs minutes, goûtant le silence retrouvé. Rouvrant les yeux, il agita la petite cloche dorée à manche d'olivier qui ne le quittait pas. Le pas de son majordome crissa sur le parquet. L'air rêveur, Mazarin commanda sans regarder :

— Vous direz à Colbert de remonter me voir.

Le valet s'éloignant avec discrétion, le Premier ministre commenta pour lui-même :

— Comme il est drôle, après tant d'années, d'avoir encore du mal parfois à discerner la fourberie de l'honnêteté... Et leurs visages sont si semblables !

Se redressant dans un soupir :

— Des veaux, courtisans insipides ; et lui, dont je ne sais jamais si l'impétuosité... Allons, je n'ai plus de temps pour les rêveries et la demi-mesure. Tant pis. Plus de temps.

16

Théâtre du Palais-Royal – mardi 15 février, onze heures du matin

— A L'ASSASSIN ! A l'assassin ! Au secours ! De l'aide !
C'était la voix de Julie. Gabriel, qui arrivait au théâtre, s'engouffra en courant dans le corridor d'où provenaient les appels et découvrit, au sol, le concierge de la troupe luttant tant bien que mal avec deux gaillards agrippés à lui, sous les yeux effrayés de la jeune actrice en larmes. Recroquevillé, les bras autour de la tête, le vieil homme tentait de se protéger comme il le pouvait des coups assenés par ses agresseurs. Gabriel en saisit un au col et le releva d'un geste pour lui envoyer, avec toute la force de son âge, un terrible coup de poing au milieu du visage. Le nez éclata et libéra un flot de sang, éclaboussant la chemise blanche de l'homme qui s'effondra sous la violence du choc.
— Fuyons, cria l'autre.
En un éclair, il bondit, ouvrit la fenêtre et sauta dans le vide, bientôt suivi par Gabriel, bien décidé à le neutraliser. Le jeune acteur n'eut pas de mal à se réceptionner, d'autant que la fenêtre du rez-de-chaussée donnait directement sur une des rues étroites bordant le théâtre. La ruelle était peuplée par la foule se rendant au marché aux légumes installé à proximité. L'assaillant du concierge courait entre les véhicules à bras des marchands, qui pestaient contre la bousculade accompagnant la course des deux hommes. A chaque angle de rue, Gabriel craignait de voir le fuyard se noyer et disparaître dans la masse.

Après cinq bonnes minutes haletantes au galop dans les dédales étroits et glissants de la capitale, le jeune homme arriva essoufflé sur les berges de la Seine. Le gredin s'était emparé d'une barque amarrée là, sans doute par un poissonnier parti vendre sa pêche au marché, et était occupé à mettre le fleuve entre son poursuivant et lui. En l'absence d'autre embarcation disponible, le secrétaire de Molière comprit qu'il avait perdu la partie. Il rebroussa chemin, bien résolu à faire parler celui laissé sur le carreau et regagna à grandes enjambées le théâtre, le sang battant encore à ses tempes.

— Gabriel, où étiez-vous ? J'étais morte d'inquiétude, dit Julie en le voyant revenir.
— Où est cette canaille que je lui fasse rendre gorge ? éructa le jeune homme, toujours sous l'emprise de la colère née de la fuite du premier homme.
— Il s'est échappé et nous n'avons pas pu le retenir, dit le concierge. Merci Gabriel, sans vous, j'étais destiné à une mort certaine, ajouta-t-il dans un souffle, les yeux mouillés.
Le visage décomposé du brave homme montrait combien il avait eu peur.
Tandis que la troupe assemblée autour d'eux félicitait chaudement Gabriel pour son courage, le concierge, installé sur une chaise pour reprendre son souffle, demandait un verre d'eau-de-vie. A la simple vue de l'alcool blanc, l'homme reprenait déjà des couleurs.
— Mais enfin, que s'est-il passé ? demanda Gabriel au concierge manifestement requinqué par la boisson.
— Depuis que j'ai trouvé ce chenapan écrasé sur la scène, le malheur semble s'être abattu sur nous, dit-il en gémissant. D'abord les sifflets et les quolibets, l'autre soir, qui ont rendu malade le bon monsieur Molière, et puis la police du Cardinal qui a fouillé hier toute la journée le théâtre, des caves jusque sous les toits, à la recherche de je-ne-sais-quoi.
— La police du Cardinal ! s'exclama, incrédule et inquiet,

Gabriel.

— Oui, parfaitement ! Ces messieurs m'ont questionné pendant trois heures sur chacun d'entre vous, poursuivit le concierge. J'ai même cru qu'ils allaient m'arrêter pour m'enfermer dans les caves sinistres de la conciergerie. A croire que les comédiens sont devenus les ennemis du roi ! Ils voulaient tout connaître de la troupe, y compris vos domiciles et vos fréquentations. Moi, je leur ai dit ce que je savais. Comme si je pouvais enquêter sur la vie privée de ceux qui fréquentent cette maison ! Et puis ce matin, en venant donner un coup de balai dans la grande salle, voilà que je tombe nez à nez avec ces deux bandits sortis de je ne sais où.

— Mais enfin, dit Julie, que cherchent tous ces hommes ?

— Est-ce que je le sais, moi ? reprit le concierge. Ceux-là m'ont dit vouloir « leurs papiers ». A peine la surprise passée, ils m'ont sauté dessus, me secouant violemment par les épaules. Par miracle, j'ai d'abord pu m'échapper de leurs griffes. Mais ces vieilles jambes ne sont plus souples, dit-il en se frappant les cuisses. C'est au moment où vous arriviez, mademoiselle, qu'ils m'ont rattrapé. Plus je leur disais ne rien comprendre à leur histoire de papiers, plus ils me frappaient. Ils m'auraient tué, ces gueux, sans votre intervention, monsieur Gabriel, répéta le concierge en se resservant un verre d'eau-de-vie.

Rassuré quant à l'état du concierge, le jeune homme songeait à la situation. Tout ce petit monde était à la recherche des documents qu'il avait trouvés, lui, et dont il n'avait pu percer le code. La présence dans le théâtre de la police du Cardinal, et maintenant d'une bande d'agresseurs mystérieux ne lui disait rien de bon pour l'avenir.

« Surtout ne rien dire à personne, songea-t-il. Pardieu, je ne rendrai pas même ces documents au Diable s'il venait me les demander, pas avant d'avoir tiré au clair ce mystère et découvert pourquoi la signature de mon père se retrouve dans les mains du Cardinal ! »

— Tu sembles tellement triste, à quoi songes-tu, mon doux ? lui demanda Julie en le prenant par le bras afin de l'engager à rejoindre le reste de la troupe.

— Je pense à mon père...

— A ton père ? Mais je croyais qu'il était mort depuis longtemps ?

— Moi aussi, lui répondit Gabriel, en l'enlaçant avant de l'entraîner en courant vers la grande salle où se rassemblait la troupe.

17

Château de Fontainebleau – jeudi 17 février, quatre heures de l'après-midi

— LE ROI !

Avec un bruissement d'étoffes, la foule des courtisans qui se pressaient au milieu de la salle des audiences du château de Fontainebleau s'inclina dans un ballet de saluts et de révérences, les hommes se découvrant, les femmes s'agenouillant dans le cercle de leurs larges robes. D'un pas lent, le roi traversait la salle silencieuse, souriant sans que ce sourire s'adresse à quiconque, pas même à la reine son épouse, tout entière occupée à régler son pas sur le sien. Pâle, auréolée de cet air fragile qui ne la quittait pas, la petite princesse espagnole devenue six mois auparavant, par la volonté des puissants, reine de France, continuait de considérer avec inquiétude cette étiquette étrange régie dans une langue étrangère et dont elle ne comprenait ni la fausse simplicité, ni les curieux caprices. Le couple royal gagna le trône et, d'un geste de la main, le roi invita l'assemblée à se relever. Puis il interrogea du regard son secrétaire qui tenait en main le programme de l'audience. Un ambassadeur fit un pas en avant, porteur de lettres de créance que Lionne s'avança pour recevoir au nom du roi. Celui-ci écouta avec un sourire figé le message formel délivré avec un fort accent par le diplomate nordique. Les pensées du roi le portaient loin de cette salle et de ces visages par trop connus et dont il se méfiait. De nouveau, il chevauchait dans ses forêts de Versailles, festoyait, prolongeait cet idéal de guerre chevaleresque qu'il goûtait tant, à la différence des horreurs de la guerre civile. L'incapacité à chasser cette pensée fit disparaître le sourire de ses traits. Inquiète, la reine crut que son époux s'agaçait de ce qu'elle ne comprît pas ce qu'on attendait d'elle. Et le père qui venait de s'avancer pour présenter officiellement sa fille à la Cour crut l'heure de sa disgrâce sonnée. Un ange traversa la salle. Chacun retenait son souffle. Revenant à lui, le roi esquissa un sourire et un geste de la tête, libérant le rythme de la cérémonie.

— Mademoiselle d'Epernoy ! Mademoiselle de Luynes !

Les noms aboyés au pied du trône scandaient les passages réguliers des mêmes visages compassés et vaguement apeurés. « Les mêmes mines sages et le plus souvent laides », se dit le roi à lui-même en basculant derechef dans ses pensées.

Comme il haïssait ces gens et leurs attentes, comme il lui semblait connaître bien leurs jeux ! Si jeune, il les avait vus à visage découvert et ce qu'il n'avait pas vu, le Cardinal lui avait appris à le lire, patiemment, au fil des ans. A la double idée que la maladie de son parrain pouvait le priver si rapidement de son tuteur et que certains osaient comploter à travers lui, une nouvelle fois, contre sa propre autorité, le jeune roi était gagné par la colère et le désarroi. Être roi, seul : cette pensée l'effrayait et l'attirait comme un vertige. Il ressentait presque la chaleur du sang couler dans ses bras et sa poitrine. Ce sang qui l'habitait quand Mazarin semblait chaque jour plus exsangue, ce sang bouillonnant quand l'ombre tutélaire s'effaçait peu à peu et que les leçons n'étaient plus que murmurées par un homme impotent... Le pouvoir, est-ce ce fluide de vie ? pensa le roi, soudain enivré. Il ferma les yeux pour reprendre son calme.

— Mademoiselle de La Vallière !

Rouvrant les yeux comme elle se relevait de sa révérence, le roi croisa le regard de Louise.

— Je sais, mademoiselle, toutes les qualités qui sont les vôtres. Madame de Choisy ne tarit pas d'éloges sur vous et mon oncle, Dieu l'ait en sa sainte garde, parait votre famille des plus hautes vertus.

Surprise de l'entendre lui adresser la parole, Louise resta interdite, ses yeux bleus attachés au regard du roi. Celui-ci sourit à l'instant où Louise, comprenant combien sa conduite était inopportune, rougissait en baissant les yeux.

La voix douce de la reine vint à son secours :

— Vous venez de Touraine, mademoiselle ?

Les mots de la reine étaient lents, marqués par l'intonation de sa langue maternelle.

— Oui, Majesté, j'ai, par la grâce de Monsieur d'Orléans, passé mon enfance au château d'Amboise.

— Il n'y a décidément dans cette Cour de France que des déracinées enlevées au rêve de leur enfance, plaisanta la reine à l'intention de son mari, qui entendit la réplique sans sourire.

Puis à Louise :

— Mademoiselle Henriette d'Angleterre, la future femme du frère du roi mon mari, a de la chance de vous compter au nombre des amies qui vont l'aider dans son apprentissage de ce monde nouveau.

Louise acquiesça en saluant et céda la place. Tandis qu'elle s'éloignait, le regard des courtisans pesait sur ses épaules. Et parmi tous, il lui semblait sentir encore la trace brûlante de celui du roi.

Un petit homme en noir, aux yeux globuleux, s'effaça devant la porte pour lui céder le passage. Elle courut presque vers sa mère, qui n'avait pu retenir ses larmes en entendant les mots aimables du couple royal, et s'était réfugiée hors de la salle pour masquer son émotion.

Demeuré sur le pas de la porte, Colbert la regarda s'éloigner d'un air suspicieux.

18

Saint-Mandé – vendredi 18 février, huit heures du soir

— CHARLES, ARMAND, LOUIS ! Venez embrasser votre père ! Il est l'heure de rejoindre vos appartements.

Agés respectivement de cinq, quatre et huit ans, les fils du surintendant des finances s'approchèrent, tour à tour, afin de recevoir sur le front le baiser paternel, prélude à leur départ vers leurs chambres.

Nicolas Fouquet appréciait le cérémonial qui se déroulait ce soir-là dans la grande galerie de sa bibliothèque où il s'était installé une heure plus tôt. Ses enfants l'avaient rejoint avec leur gouvernante pour jouer un instant à ses côtés. Il aimait se retirer dans cette pièce imposante, afin de jouir du spectacle des vingt-sept mille ouvrages accumulés ici par lui, et dont la plupart étaient reliés en veau couleur fauve et frappés des initiales NF entrelacées. Cette bibliothèque, dont les collections débordaient vers d'autres pièces de la demeure, faisait sa fierté, il l'avait conçue comme une somme des savoirs universels et songeait à l'ouvrir au public à l'image de ce qu'avait fait Mazarin lui-même. Ce soir, il avait admiré une série de manuscrits arabes qu'il venait d'acquérir à prix d'or, sur les précieux conseils de son ami La Fontaine.

— Monseigneur est servi, dit le suisse aux gants blancs venu le chercher pour le souper.

Le surintendant se leva comme à regret et, discipliné, emboîta le pas de son serviteur muni d'un somptueux chandelier destiné à éclairer leur parcours dans les longs couloirs.

Cette maison au cœur du village de Saint-Mandé où il se plaisait tant était immense, s'ouvrant sur six cours et composées en fait de plusieurs bâtisses. D'un aspect extérieur fort modeste, l'ensemble, vu de l'intérieur, offrait la perspective d'un élégant palais. Ils traversèrent une antichambre décorée de statues de Mercure et d'Apollon pour arriver dans la salle à manger, où trônait une fontaine de marbre blanc surmontée d'un enfant.

— Où est madame ? demanda-t-il, soudain triste en découvrant la table richement dressée avec un couvert unique.

— Madame est alitée depuis deux heures, elle demande à monsieur de lui pardonner son absence en raison de... de son état, répondit, un peu embarrassé, le serviteur qui s'attendait pourtant à cette interrogation.

Nicolas Fouquet soupira. La nouvelle grossesse de Marie-Madeleine allait l'obliger à souper seul, ce dont il avait particulièrement horreur. Il se ravisa au moment où le suisse s'apprêtait à quitter la pièce.

— Monsieur Molière est-il toujours à m'attendre dans la galerie ?

— Parfaitement Monseigneur, je lui ai fait dire qu'il serait admis en audience après le souper. Il est accompagné de son secrétaire.

— Va les chercher et rapporte-nous des verres. Au moins, ces comédiens me distrairont par leur bavardage. Ils seront flattés, j'en suis sûr, de partager avec moi le vin de mes vignes de Thomery.

La galerie dans laquelle se trouvaient les deux invités était ouverte sur le jardin et décorée de divinités de l'Olympe en marbre. Deux imposants sarcophages égyptiens complétaient la décoration, l'un en basalte, l'autre en calcaire, disposés de part et d'autre de la pièce. Les visiteurs restaient toujours très impressionnés face à ces cercueils magnifiques achetés par le surintendant à Marseille.

Habitué aux longues attentes infligées par Fouquet aux

quémandeurs et peu sensible au charme de l'antiquité égyptienne, Molière était depuis près d'une heure en grande conversation avec Gabriel. Le maître avait souhaité être escorté par son secrétaire, comme s'il avait besoin de se rassurer après la cabale dont il avait été victime pour la première de sa nouvelle pièce. La perspective d'un échec de *Dom Garcie* l'inquiétait d'autant qu'en raison de la maladie du cardinal Mazarin, il savait la situation du royaume, et donc la générosité des mécènes, susceptible d'instabilité.

— Voyez-vous, mon cher Gabriel, ces périodes d'intrigues politiques sont fort néfastes pour nous autres, les artistes. Nous sommes souvent les otages de jeux d'influences qui malmènent notre talent au profit d'ambitions mercantiles. Heureusement, je crois en la sincérité du surintendant à mon égard. Le tout étant de se garantir de son avenir à la Cour, dit-il en baissant soudain le ton à l'arrivée du suisse.

— Monseigneur va vous recevoir, messieurs. Veuillez me suivre, je vous prie.

Surpris de voir leur audience avancée, Molière se leva, suivi de Gabriel, ému de pénétrer ainsi au cœur des appartements du premier financier de France.

— Prenez place, messieurs, dit Fouquet en indiquant d'un geste deux fauteuils en face de lui, tandis que le suisse versait le fameux vin de Thomery dans les verres en cristal de Bohême.

— Voyez-vous, reprit le surintendant les doigts dégoulinants, je goûte ce soir ces fameuses asperges dont Louis XIV s'est épris. Ce légume à la mode dont mon cher Vatel me dit si grand bien est ma foi fort agréable, même s'il m'en faudrait une brouette pour être rassasié. Mais j'imagine, mon cher Molière, que votre visite n'est pas inspirée par la gastronomie ?

Manifestement gêné de se retrouver ainsi en spectateur à la table du ministre, Molière se racla la gorge et but une gorgée de vin avant de répondre.

— Monseigneur, je suis venu exposer à Votre Excellence la façon dont j'ai pris en main le théâtre du Palais-Royal depuis janvier. Je tiens aussi à vous redire ma grande reconnaissance pour la confiance que vous m'avez manifestée à cette occasion.

— On me dit, glissa alors Fouquet d'une voix douce, que votre dernière création ne rencontre pas le succès espéré pour l'ouverture de votre saison. Est-ce rumeur malveillante ou avez-vous perdu la patte qui fit votre triomphe dans *Les Précieuses* ?

« Il me lâche », se dit à cet instant Molière, incapable sous le choc d'articuler la moindre phrase intelligible en réponse à cette provocation de Fouquet. Lisant le désespoir au fond des yeux de son maître, Gabriel osa l'inimaginable.

— Monseigneur, si je puis me permettre, vous avez parlé juste et comme vous, monsieur Molière craint en effet qu'il ne s'agisse d'une odieuse machinerie.

Interloqué par le culot pourtant assorti d'une parfaite courtoisie du jeune homme, le surintendant suspendit la mastication de la cuisse de poulet qu'il dévorait à pleines dents. Molière, terrorisé par l'audace de son jeune secrétaire, sentit quant à lui le sol se dérober sous son fauteuil.

— Ce triste sieur Berryer, reprit Gabriel avec cette fois une réelle assurance, venu lors de la première semer volontairement avec ses sbires le trouble dans l'assistance, n'est-il pas un proche avoué de certains hauts personnages qui se vautrent actuellement dans l'intrigue en profitant de la faiblesse passagère de Son Eminence le Cardinal ? Tout à l'heure, dans votre galerie, mon maître me disait encore combien il était honoré de vous compter parmi ses plus fidèles soutiens, et surtout d'être ainsi un bouclier sur lequel les ennemis de Monseigneur avaient décidé de s'acharner.

A présent enchanté de l'habileté de Gabriel, Molière guettait du coin de l'œil la réaction du surintendant. Celui-ci peignait d'un doigt les fines moustaches qu'il arborait sans doute afin de rendre à son nez, assez proéminent, des proportions plus harmonieuses. « Ce garçon a de l'esprit », songea-t-il.

— Monseigneur sait combien il peut compter sur moi en

toutes circonstances, reprit Molière, émergeant de sa léthargie et rassuré par l'absence de réaction de son hôte.

— Quant à moi, répondit le surintendant sorti de ses songes, je vais vous prouver de nouveau ma confiance. Vous savez, monsieur Molière, le prix que j'attache à la vertu éducative de votre art. J'ai là-dessus une opinion partagée par peu de mes contemporains, et moins encore de mes semblables. Que voulez-vous, je rêve d'un monde où le théâtre réparerait pour le plus grand nombre le défaut d'instruction qui nuit si grandement à la richesse du royaume. Je suis donc tout prêt à vous renouveler mon soutien dans les difficultés qui vous accablent. D'abord, en portant votre rente à deux mille livres. Vous irez, dès demain, trouver monsieur de Gourville qui y pourvoira. Je souhaite également vous prier de me composer une nouvelle pièce à votre façon, pour célébrer dignement la fin des travaux que j'ai entrepris il y a plusieurs années sur mes terres de Vaux. Je veux un divertissement joyeux afin d'égayer la Cour cet été. Soyez prêt dans six mois ! termina le ministre en entamant de bon appétit une nouvelle cuisse de volaille.

Soulagé de cette conclusion, Molière fit un discret signe à Gabriel, et les deux hommes sortirent après avoir salué.

En terminant son repas, Nicolas Fouquet était perplexe. La franchise de ce jeune homme au regard honnête, dont il ne connaissait même pas le nom, avait réveillé chez lui un soupçon enfoui profondément et qui le taraudait maintenant. Lui, l'homme le plus puissant et sans doute le plus riche du royaume après Mazarin, lui, le fidèle du roi et le préféré d'Anne d'Autriche, lui, à qui chacun des personnages influents de ce pays devait un service, lui, Nicolas Fouquet, serait la cible d'un complot ourdi par ce petit comptable minable de Colbert ? « Non, se dit-il en terminant son verre de vin, cela n'est pas possible et cela ne sera pas ! »

Dans la voiture qui les ramenait vers Paris, en sortant du village de Saint-Mandé, Molière poussa un soupir et regarda Gabriel avec un sourire triste, mais plein d'affection.

— Merci, lui dit-il simplement.

Sans répondre, le jeune homme contempla la froide campagne qui les séparait encore de la capitale et se dit, en revivant cette extraordinaire soirée, qu'il commençait à prendre goût au jeu subtil du pouvoir.

19

Eglise des Feuillants – samedi 19 février, dans l'après-midi

HÂTANT LE PAS pour arriver à l'heure à l'office, Colbert frissonna sous la morsure du vent. Un froid vif s'était installé, et une pellicule de glace recouvrait à présent la plupart des ruelles de la capitale, rendant plus traîtres encore les pavés disjoints.

Jacques Bénigne Bossuet, pour sa part, pensait moins à ses pieds qu'à ses mains, à l'instant de monter en chaire. Le froid qui régnait dans la sacristie de l'église des Feuillants avait engourdi ses mains jointes, tandis qu'il méditait en attendant l'heure de prêcher. Et voilà qu'il lui était impossible de se défaire de cette sensation. Il lui revint en mémoire le jour de l'hiver 1659 où il était monté pour la première fois dans cette même chaire, à l'occasion de l'inauguration de l'église. Comme il était loin déjà ce premier jour de gloire à Paris, et plus loin encore les années d'apprentissage passées à Metz ! Serrant les dents, il laissa son regard glisser sur les rangs silencieux de son auditoire. Çà et là, il distinguait quelques visages connus, quelques autres célèbres. Se détournant, il prit une profonde inspiration, reposa les minces feuillets où il avait tracé quelques notes et se lança...

— Il faut, mes frères, qu'elle semble y venir par elle-même, attirée par la grandeur des choses, et pour servir d'interprète à la sagesse qui parle...

Colbert sursauta en prenant conscience qu'il avait perdu le

fil du propos. Une impression désagréable de méfiance le traversa. Il s'assura d'un regard en biais que ses voisins étaient attentifs à la voix claire du petit orateur maigre.

« Trop fin, grommela-t-il pour lui-même, trop raffiné dans le raisonnement, trop angélique... »

La double comptabilité et les chemins tortueux des circuits de financement du système Mazarin ne quittaient plus son esprit, l'assaillant de pensées obsédantes. D'un geste brusque, il plongea la main dans une poche pour saisir un carnet et noter fébrilement avec un petit crayon d'arpenteur trois noms à vérifier. Agacé, il s'aperçut qu'il n'arrivait pas à se remettre en tête le thème du sermon que déroulait Bossuet de sa voix ample aux intonations scandées.

— Mais quelle est cette sagesse ? poursuivait l'orateur. Comment l'esprit divin s'ouvre-t-il à l'intelligence humaine ? L'éloquence est amie des arts, de la politique et de la poésie, toutes activités humaines où l'inspiration est imparfaite. En quoi cette éloquence destinée à parer les faiblesses de nos raisonnements imparfaits pourrait-elle imaginer être de quelque utilité à l'expression de la Vérité même, de la parfaite révélation ? L'œuvre de Notre Seigneur serait-elle humaine pour devoir revêtir les oripeaux ? Mes frères, cette question trouve sa réponse dans l'inversion que doit emprunter notre regard : en se portant non plus sur la parole divine mais sur l'oreille, l'œil auxquels elle s'adresse. Non vraiment, la parole divine n'a pas besoin d'atours pour se parer, mais de voiles pour que son éclat n'effraie pas les pauvres aveugles auxquels elle daigne apparaître ! Aussi est-ce pourquoi les saintes Ecritures doivent être expliquées : parce qu'elles resplendissent de leur exactitude immuable et absolue. Elles sont la pierre d'angle sur laquelle tout est construit et sur laquelle prospèrent le magistère de Notre Sainte Mère l'Eglise et le rayonnement de la royauté. Elles en sont les fondements et la légitimité...

Avec satisfaction, Colbert rangea son carnet. Le sujet lui était soudain revenu. « Ce petit intrigant de Bossuet nous parle de

" l'éloquence dans la parole de Dieu ". Et qui croit-il tromper ? pensa-t-il en souriant, incapable de ne pas projeter sur autrui sa propre ambition. Est-ce pour l'Esprit qu'il parle, ou pour la reine mère assise au premier rang ? »

Colbert s'échauffait en silence, trahi seulement par les mouvements saccadés de sa jambe qu'il ne contrôlait pas. « Peste, Monsieur le prédicateur, parlez, parlez, j'en suis bien aise. Moi je compte. Et on verra bien... »

Plissant les yeux, son calme retrouvé, Colbert entreprit de suivre de nouveau le rythme des mots.

Une mèche de cheveux blonds débordant d'une mantille troubla pourtant sa concentration. Il se sentit de nouveau gagné par l'exaspération. La main pâle qui apparut pour corriger la mèche rebelle et un léger mouvement de la tête qui dévoila un profil charmant confirmèrent son impression : c'était bien Louise de La Vallière qui était assise là sur un des bancs installés à droite du chœur, en face de la chaire. « Petite oie, pensa Colbert qui n'avait rien perdu des mots du roi, ça donne l'air d'être prête à boire la lune dans un regard de biche et... » sa pensée bégaya... « et ils s'y laisseraient prendre tous, tous, ah c'est pire que l'intelligence ! ragea-t-il avec un regard mauvais sur Bossuet. Il n'empêche, il faut que Perrault me tire cela au clair. Cette intrigante et ce petit comédien... »

Il se figea en sentant une main presser son bras.

— Perrault ! s'étonna-t-il presque à voix haute. Eh bien, qu'est-ce qui me vaut ?

— Du nouveau, monsieur.

D'une moue qui prit la forme d'une grimace, ses yeux roulant au-dessus de sa bouche tordue, Colbert indiqua combien la circonstance lui paraissait peu propice.

Perrault fit mine de ne pas remarquer la mimique :

— Fouquet, murmura-t-il d'une voix presque inaudible, c'est monsieur Fouquet, monsieur...

Colbert se figea sur place. D'un coup de menton, il indiqua à Perrault le porche de l'église.

1661

Quand ils débouchèrent sur les marches du parvis, une bourrasque de vent glacé saisit les deux hommes.

— Eh bien, Fouquet... ? pressa Colbert

— ... a rencontré ce soir, chez lui à Saint-Mandé, le jeune homme dont nous nous sommes entretenus.

Colbert eut un sourire terrible.

— Ils ont discuté longuement, sous le prétexte de mécénat et de théâtre. Je n'ai hélas pu me procurer tous les détails de leurs échanges...

D'un geste de la main, Colbert indiqua que cela lui importait peu.

— Et ce garçon, qui est-il ?

— Je cherche encore, Excellence, répondit Perrault en inclinant la tête.

Tout en l'écoutant, Colbert recommençait à réfléchir. Son intuition ne l'avait pas trompé ! Fouquet s'agitait. Fouquet cherchait à savoir...

— Mais quoi, grinça-t-il entre ses dents. Je dois savoir quoi !

Il serra les poings sans s'apercevoir qu'il parlait maintenant à voix haute.

— On me cache quelque chose !

Inquiet, Perrault, qui n'avait saisi que les derniers mots, se demandait que dire.

Colbert le congédia sèchement :

— Ce jeune homme, concentrez-vous sur ce jeune homme. Allez !

Il regarda Perrault se hâter en s'efforçant de ne pas glisser sur les marches, et disparaître au coin de l'église. En se retournant, Colbert vit que les portes s'ouvraient.

— Amen, dit-il en se signant d'un geste fugace.

Puis il pressa le pas avant que les premiers fidèles ne sortent.

20

Rue Saint-Antoine – lundi 21 février, cinq heures du matin

DANS LA NUIT froide précédant la levée du jour, le regard de l'homme qui se faufilait le long des échoppes fermées de la rue Saint-Antoine brillait de fièvre. De temps à autre, incapable de maîtriser son inquiétude et son excitation, il jetait autour de lui des œillades soudaines afin de vérifier s'il était bien seul dans ces rues glacées. Il tenait à la main un maillet et portait un sac de toile sous sa cape. Tous les dix ou vingt mètres, ce passant matinal s'arrêtait, de préférence devant un portail d'église ou un volet en bois, pour y placarder un texte extrait de sa besace. L'homme aux yeux vairons, était le rédacteur de ces libelles qu'il avait décidé de placarder lui-même dans Paris en cette nuit. Torturé depuis plusieurs jours d'avoir failli dans sa mission en ne rapportant pas ce qu'attendait son commanditaire, désolé de voir celui-ci refuser les options radicales d'assassinat du Cardinal, incapable de récupérer les documents perdus, l'homme s'était abîmé dans le souvenir de son butin inachevé. Faute de tout comprendre, il avait su apercevoir, en parcourant les documents avant de les remettre, des éléments suffisants pour nourrir sa colère et la volonté d'agir irrépressible qu'il sentait monter en lui.

« Le roi devra bien se soumettre si Paris se révolte en découvrant la nature des trafics de l'Italien, et voilà un texte qui forcera ces messieurs à agir », se dit-il en apposant d'un coup rageur sa dernière copie sur la porte d'un cordonnier. Sans se retourner, il jeta le sac vide sur les pavés et, s'éloignant de son pas précipité, il s'évanouit au coin d'une ruelle étroite.

Lorsqu'il sortit de son domicile de la rue des Lions Saint-Paul, quelques heures plus tard, dans la matinée, Gabriel de Pontbriand avait le cœur en fête. Les visites régulières de Louise n'étaient pas étrangères à cet état d'esprit. Son amie d'enfance était venue à plusieurs reprises, depuis leurs retrouvailles, partager avec lui leurs souvenirs. Elle lui racontait aussi ses découvertes de la vie à la Cour. Gabriel était enchanté de ce rapprochement et bouleversé de devenir ainsi son confident. Molière, en qui il voyait un bienfaiteur, lui avait aussi fourni une occasion de bonheur en lui décrivant le rôle qu'il lui réservait dans la pièce commandée par le surintendant des finances pour célébrer la fin des travaux de son château de Vaux-le-Vicomte. « Ainsi, se dit-il, en sortant de son immeuble, je vais enfin devenir comédien, jouer devant le roi, et réaliser mon rêve. » Cette pensée le fit sourire.

— Vous voilà bien joyeux, monsieur Gabriel, lui dit la blanchisseuse qui, chaque jour, guettait avec impatience la sortie du jeune homme qu'elle trouvait si beau. Pourtant Paris est triste, la ville bruit de la mort proche du cardinal Mazarin et des intrigues de la Cour. Vous devez sans doute, grâce à vos fréquentations, en connaître plus que moi à ce propos, ajouta, un peu perfide, la fille en faisant allusion aux visites répétées de Louise de La Vallière.

— Détrompez-vous, ma chère Ninon, je ne sais rien et le roi ne me fait pas ses confidences ! Si je suis joyeux, c'est du plaisir de vous voir, répondit Gabriel, charmeur, en caressant la joue écarlate de la blanchisseuse.

Le jeune comédien se rendait chez le cordonnier où il avait déposé une paire de vieilles bottes avec l'espoir de l'utiliser encore quelques mois. Gabriel aimait déambuler ainsi, au milieu des petites gens dans les rues animées et bruyantes de la capitale. Ce contraste entre la Cour, qu'il observait le soir au théâtre, et la rue, dans laquelle il se sentait si à l'aise, lui faisait l'effet d'une alchimie parfaite. C'était pour lui l'enivrant parfum de Paris. En arrivant chez le cordonnier de la rue Saint-Antoine, il huma profondément l'odeur du cuir imprégné dans toute l'échoppe. La boutique était vaste et parfaitement ordonnée, plusieurs compagnons et apprentis travaillaient là. A sa vue, maître Louvet, artisan réputé ayant pour pratique les familles les plus nobles de Paris, interrompit son travail.

— Monsieur Gabriel, quel plaisir de vous voir ce matin ! Vos bottes sont prêtes, mais je ne suis pas sûr de pouvoir vous garantir leur survie au-delà du printemps. Elles sont usées comme le souffle du Cardinal !

— Merci tout de même, répondit le jeune homme en prenant le paquet que lui tendait le cordonnier.

— A ce propos, avez-vous vu ce libelle qui circule dans la capitale et que j'ai trouvé ce matin sur ma propre porte ? lui demanda Louvet en lui présentant un papier.

Gabriel savait que ce genre de textes avait connu un grand essor lors de la Fronde, quelques années auparavant. Qualifiés de mazarinades, ces pamphlets permettaient l'expression de ceux qui, avec plus ou moins de talent, aspiraient à mettre en cause le pouvoir en place. N'en ayant jamais vu, il était intrigué d'en découvrir le contenu.

Elevons donc nos voix jusqu'aux Cieux, et faisons fendre l'air par la force de nos acclamations, que les oiseaux tombent tous morts dessus les tables préparées dans les rues, que l'on voie dans tous les carrefours des fontaines de vin de Grave, de malvoisie et d'hippocras. Le Soleil n'éclaire pas seulement l'étendue des airs, il ne fait pas seulement sentir la chaleur de ses rayons à la superficie de notre Globe, pour faire produire les Plantes, et réjouir les animaux, mais il fait aussi paraître ses influences dans les entrailles de la terre, et il fait connaître sa vertu dans la génération des métaux, des minéraux et pierres précieuses, dont la production est autant admirable que les moyens nous en sont inconnus et secrets. Réjouis-toi Paris, et te console, maintenant que voici ton Messie qui te revient visiter, son absence t'avait rempli de tristesse, et couvert de deuil, sa présence te remplira de joie, et t'enrichira de magnificences et de gloire : l'Abondance qui marche à sa suite, fournira plus que jamais la matière de tes délices, la Justice qui l'accompagne, te rendra les biens qui t'appartiennent ; et la force qui l'environne, affermira plus que jamais les Colonnes de ta paix ; et enfin sa venue te donnera l'accomplissement de tes souhaits les plus attendus et la jouissance de tes désirs les plus passionnés...

Dans un style tout aussi sinueux, le reste du document annonçait l'arrivée du Messie venu « punir les puissants ayant trahi leur Seigneur ».

Ce long texte dénonçait surtout l'enrichissement « inouï » du Cardinal et du roi. L'argumentation s'appuyait sur des chiffres et des dates concernant notamment un achat d'armes pour le compte de l'Etat auprès du célèbre marchand Maximilien Piton. Cette commande, certifiait le message anonyme, avait donné lieu à une double comptabilité et au versement de commissions dont le montant gonflait considérablement la facture réelle. Toujours selon ce libelle étrangement étayé de multiples précisions dans ses accusations, l'opération aurait permis à Mazarin, au terme d'un circuit de prête-noms et de lettres de compensation bancaire multiples encaissées aux quatre coins de l'Europe, d'empocher plusieurs centaines de milliers de livres. Le libelle détaillait en outre une autre sombre affaire de terrains immobiliers dans Paris, dont l'acquisition auprès du domaine royal, puisque toute terre libre était possession du roi à Paris, s'était faite à vil prix avant d'être l'objet de revente en l'état avec l'encaissement d'une très forte plus-value...

— Par la même bande, chuchota le cordonnier, par Berryer, c'est-à-dire par Colbert et donc par Mazarin... Voilà qui confirme ce que le peuple pressentait ! L'auteur a l'air renseigné, mais à sa place, je me méfierais de la police du Cardinal. Une telle pièce de littérature risque de lui faire perdre la tête !

Gabriel, qui avait sursauté au nom de Berryer, ne répondit pas. Ayant payé ses travaux, il quitta la boutique, l'air sombre. Un pressentiment l'avait gagné à la lecture du libelle. La disparition de son père, les documents codés cachés dans sa chambre, la fouille du théâtre par la police, l'agression du vieux concierge, et ce libelle accusateur s'entremêlaient dans son esprit, sans qu'il puisse établir précisément le lien qui les unissait et dont il ressentait confusément l'existence. S'arrêtant devant une fenêtre ouverte sur le rebord de laquelle un chaton jouait avec de la laine, Gabriel prit l'animal dans les bras pour le caresser.

— Qu'en penses-tu, toi ? demanda-t-il à l'animal qui se tordait en tous sens dans l'excitation de son jeu.

L'air préoccupé, il laissa le chat s'échapper de ses bras et le regarda distraitement s'enfuir à toutes pattes en entraînant l'écheveau de laine en désordre.

— J'ai beau tirer les fils, murmura-t-il pour lui-même, la pelote qui m'intéresse n'est guère moins embrouillée...

21

Rue Saint-Merry – vendredi 25 février, onze heures du matin

PAR LA FENÊTRE de son carrosse, Nicolas Fouquet observait avec distraction les berges de la Seine et le jeu complexe des bacs et des bateaux qui s'évitaient de justesse. Perdu dans ses pensées, le surintendant ne vit même pas l'attroupement devant l'église Saint-Germain, causé par le récit de la découverte d'un nouvel exemplaire de ce curieux libelle publié contre le Cardinal dont bruissait tout Paris. Protégé par son escorte, le cortège passa prudemment au large des badauds et s'engouffra dans la rue Saint-Merry pour s'arrêter devant le porche majestueux de l'hôtel particulier bâti au coin de la rue Saint-Martin. Les deux battants de la porte monumentale s'ouvrirent pour le passage du carrosse. Un valet se précipita. Fouquet laissa filer encore un instant, s'arrachant comme à regret à sa rêverie.

— Monsieur le surintendant, quel honneur pour ma maison !

Le petit homme mince qui venait de parler s'avança en multipliant les saluts profonds, mains presque jointes, pour accueillir son hôte.

— Je suis aussi confus qu'heureux de vous recevoir, ajouta-t-il.

Sa peau brune et ridée, ses joues creuses, ses mains maigres, la simplicité de ses vêtements noirs lui donnaient un curieux air oriental qu'adoucissait sa voix chaude.

Fouquet s'inclina à son tour, avant de précéder légèrement son hôte qui semblait tourner autour de lui tandis qu'ils avançaient vers le perron.

— Allons, monsieur Jabach, allons, vous savez combien j'étais désireux de visiter vos collections afin de pouvoir juger si vraiment, elles dépassent en beauté celles du Cardinal...

Le petit homme se récria en portant ses mains à son visage :

— Monsieur le surintendant, vous vous moquez ? Ce n'est pas bien de rire ainsi d'un vieil homme ! Moi, rivaliser avec Son Eminence ?

Fouquet sembla ne pas entendre la profession de modestie outrée de son hôte.

— Si ce n'était le travail, monsieur... il y a des mois que j'aurais répondu à votre invitation.

Jabach se rengorgea.

— Venez, dit-il en indiquant l'escalier en pierre qui occupait l'angle du vestibule carrelé de marbre blanc à cabochons noirs.

Tout en montant derrière son hôte dont les jambes courtes l'obligeaient à multiplier les foulées au point qu'il commençait à s'essouffler, Nicolas Fouquet songeait au destin de ce petit homme. Depuis son arrivée de Naples, vingt ans auparavant, Jabach s'était construit une fortune colossale en sachant miser avec un flair inégalé sur les gagnants des guerres et les compagnies maritimes dont les bateaux ne coulaient ni n'étaient victimes de piraterie. Là où tant de ses semblables s'étaient laissé compromettre dans des causes devenues mauvaises parce que portées par des perdants, Everhard Jabach ne s'était jamais trompé, et jamais n'avait cherché à sortir de l'ombre où il prospérait. Vingt ans après l'ouverture de son premier commerce, dix ans après avoir obtenu des lettres de naturalité pour services rendus, il était aujourd'hui le premier collectionneur d'art de Paris. « Et le plus secret », pensa Fouquet en traversant une salle de bal immense aux murs de laquelle étaient accrochées des dizaines de toiles.

— Superbe, commenta-t-il sobrement.

Un sourire énigmatique aux lèvres, Jabach fit signe au surintendant que ce n'était pas de cela qu'il s'agissait, et qu'il n'y avait pas lieu de s'attarder. Puis, jetant de curieux regards derrière lui, il entraîna un Fouquet interdit vers une porte dissimulée dans le mur près d'une cheminée monumentale portée par deux colosses sculptés dans une pierre noire.

Entrebâillant la porte en faisant jouer un mécanisme invisible, l'homme s'arrêta et pivota, pieds joints, son sourire tout à coup figé.

— Monsieur le surintendant, j'ai honte de vous parler ainsi, mais je me dois, pour le bien-être de ma famille, de vous demander à l'instant d'entrer ici une discrétion qui est la seule garante de ma sécurité. Vous savez ce qu'est la méchanceté des hommes, ce que l'on dit, les mille vilenies que l'on colporte sans raison, par envie, poursuivit-il en invitant son hôte à entrer dans la pièce masquée.

Fouquet répondit d'un ton aimable et froid.

— Je ne colporte pas, monsieur, n'ayez crainte. Je n'en ai ni le temps ni l'envie, et eussé-je eu un jour l'un ou l'autre de ces défauts, les années que j'ai vécues en tant que calomnié m'en auraient dissuadé à tout jam...

Il s'interrompit brutalement, médusé. Devant lui, éclairée seulement par les lumières indirectes de gigantesques candélabres de bronze, s'étalait la plus merveilleuse galerie de peinture et de sculpture qui se puisse imaginer.

— Dieu du ciel...

L'homme eut un gloussement de plaisir. Titien, Giorgione, Corrège, Raphaël, Bellini, Léonard... A mesure que le surintendant passait devant les toiles, il lui semblait que la tête lui tournait.

— Vous comprenez maintenant, monsieur le surintendant, le sens de mes paroles. Vous voyez aussi combien grande est ma confiance : peu d'hommes sont entrés ici, dans mon paradis. Beaucoup voient ma collection, presque aucun mes trésors. Vous avez devant les yeux toute ma vie, la quintessence de ce qu'est pour moi le plaisir. Depuis vingt-cinq ans et le jour où j'ai franchi, guidé par Van Dyck, les portes d'un cabinet semblable, à Londres, je ne vis que pour arracher un à un les tableaux les plus beaux à mes yeux. Vous voyez cette *Mise au tombeau* et ces *Pèlerins d'Emmaüs* de Titien ? poursuivit-il en entraînant le surintendant vers deux des toiles qui brillaient dans la pénombre. Je les ai pistés durant des années. Ils appartenaient au malheureux roi d'Angleterre, Charles Ier, à qui je les ai achetés avant qu'il ne meure sur l'échafaud. Imaginez-vous plus pure beauté ?

Le souffle coupé, Fouquet garda le silence un moment, passant d'une toile à l'autre, incapable de s'arracher à leur contemplation.

— Merci, monsieur Jabach, dit-il enfin en se tournant vers son hôte. Il y a dans cette beauté accumulée un sentiment d'énergie qui réchauffe le cœur. Votre cabinet est un lieu d'espoir pour ceux qui ont foi en l'homme et en ses capacités à ne pas céder sans cesse aux instincts qui le tirent vers le bas.

D'un geste du bras, il embrassa l'ensemble des toiles.

— Comment ne pas croire en la Vérité et en sa force devant pareil spectacle ? Quel esprit peut résister à la conviction portée par un tel absolu d'équilibre et d'harmonie ? Peut-être avez-vous choisi la sagesse en vous gardant de la folie de paraître et en cultivant ici votre jardin secret.

Les yeux noirs de Jabach lancèrent un éclair qui contredisait son sourire :

— Je vous vois vrai amateur, et je me dis que j'ai bien fait de vous mener ici. Bénis soient les lieux où les grands de ce monde parlent en philosophes ! J'ai une règle, monsieur le surintendant, poursuivit-il, qui ne concerne que cette pièce. Y étant seul presque toujours, j'ai pour habitude d'y être d'une absolue franchise.

Il fixa droit dans les yeux le surintendant intrigué.

— Voulez-vous accepter que nous jouions avec cette règle, tant que nous n'aurons pas repassé cette porte ? interrogea le banquier en montrant le lourd vantail de bois qu'il avait refermé sur eux.

Fouquet acquiesça en hochant la tête.

— Fort bien. Croyez-vous donc, Monseigneur, que j'aie choisi cette politique de discrétion ? Non pas. Elle m'a été imposée par la volonté de survivre. On ne m'aime pas, monsieur le surintendant. On a besoin de moi, de mon argent et de mon entregent. Mais on ne m'invite pas. On me voit le soir ou en rendez-vous. Mais on ne me connaît pas. Qui sait que j'ai connu comme un ami Rubens, à Anvers ? Personne. Que voulez-vous ? On ne dîne pas avec Jabach...

Fouquet s'efforçait de ne rien montrer de son trouble. C'était donc là la faille du mystérieux Jabach ? Celui dont la discrétion nourrissait la puissance tant on lui prêtait d'influence rêvait d'entrer dans la société des courtisans ?

— Vous m'avez montré votre jardin secret, je serai heureux de vous montrer mon jardin à ciel ouvert. Viendriez-vous à Vaux ? Je vous ferai connaître la date, mais j'envisage d'y recevoir dès que les travaux y seront assez avancés.

Jabach s'inclina en souriant tandis que Fouquet poursuivait.

— J'aime aussi votre règle de vie à l'usage de ce cabinet. Voulez-vous que nous essayions d'y parler un instant des autres sujets qui m'amènent ?

Le regard de Jabach se fit gourmand.

— Si vous le souhaitez, monsieur le surintendant, mais est-il bien raisonnable de parler affaires à découvert ?

— La donne est si simple que le risque n'est pas grand : j'ai besoin d'un million de livres à mon crédit, sous huit jours.

Jabach joignit ses mains sous son menton et soupira.

— Sur votre crédit ? interrogea-t-il d'un ton suspicieux. La franchise exige la clarté, monsieur le surintendant : sur votre crédit ou sur le crédit du roi ? Car l'un est bon mais l'autre – franchise oblige, ajouta-t-il en indiquant les murs et la porte – l'est moins... A force de voir des emprunts non remboursés, des titres gagés sur les recettes du Trésor soudain transformés d'un coup en titres ordinaires c'est-à-dire en vent...

Fouquet sentit l'irritation le gagner. « La règle est dure et le drôle sait en jouer », pensa-t-il.

— Le crédit est le mien, monsieur, et le gage ainsi que les remboursements viendront de ma cassette. Mais le service auquel sera utilisé cet argent est bien celui du roi.

Jabach eut un air dubitatif.

— Vous prenez des risques terribles, monsieur le surintendant. Il est bien lourd de porter une couronne quand on n'en est pas le propriétaire... Et la gratitude des rois...

Fouquet le coupa d'un geste.

— Brisons là, monsieur. La franchise soit, mais il est des terrains sur lesquels il est préférable de ne pas entrer. Qu'il vous suffise de savoir que la fidélité et le dévouement à une cause ne vont pas forcément de pair avec l'aveuglement. Pour le reste, je suis rompu à ces exercices. Vingt ans de pratique pour financer la guerre m'en ont donné la connaissance.

Jabach écarta les bras en souriant en signe d'acceptation.

— Eh bien soit, monsieur le surintendant, c'est vous qui commandez, et Dieu me garde d'en savoir davantage. Vous aurez votre argent. Enfin l'argent, corrigea-t-il en indiquant la porte.

Comme par miracle, celle-ci venait de pivoter de nouveau sur ses gonds.

Fouquet sortit le premier. A l'instant de passer le seuil de la pièce, il se retourna pour un dernier regard à la Madone de Raphaël.

22

Château de Vincennes – dimanche 27 février, dix heures du matin

TOUSSAINT ROZE plongea sa plume dans l'encrier, essuya soigneusement le trop-plein d'encre, et tourna les yeux vers le Cardinal, son bras suspendu au-dessus de la feuille déjà couverte de sa petite écriture précise. Assis dans son fauteuil de repos tapissé de bandes rouges et vertes et frappé de ses armes, Jules Mazarin agitait frénétiquement les feuilles éparses qui recouvraient son bureau tout en dictant :

— « Et donnons à la communauté des frères de l'Humilité du Christ... » Ah, mais où sont-ils rangés ? grommela-t-il.

Colbert, debout derrière son maître, extirpa sans hésiter une feuille enterrée sous une pile et pointa calmement une ligne plusieurs fois raturée.

— Oui, oui, reprit Mazarin en se saisissant du document. Notez Rose : « donnons la somme de mille livres, et la jouissance en toute propriété du bénéfice attaché à la paroisse Saint-Fiacre de... » La peste soit du village ! s'emporta-t-il.

Fermant les yeux, il se laissa retomber en arrière, peinant à reprendre son souffle.

— Rabastens, souffla Colbert, qui d'un signe indiqua à un Roze interrogateur de prendre en note ce nom.

— Rabastens, c'est cela. Et nous en finissons avec les abbayes, n'est-ce pas ?

Colbert acquiesça et s'apprêtait à enlever la pile de feuillets raturés correspondant à ce chapitre, lorsque la main de Mazarin l'arrêta brusquement, comme saisie d'un sursaut de vigueur. Sa voix se fit plus dure :

— Mais nous n'avons pas vu la cure de Châtellerault que j'ai promise à l'abbé Soulet, n'est-ce pas ?

Colbert se renfrogna sans répondre.

— Écrivez Roze, reprit Mazarin d'un ton glacial : « et donnons pour gage de l'amitié, oui, oui, de l'amitié que nous portons à l'abbé Soulet, le bénéfice de la cure de l'église Saint-Roch de Châtellerault et les terres avoisinantes qui se montent à l'étendue de... » Vous demanderez à monsieur Colbert de vous préciser la superficie du lot, il doit la connaître pour l'avoir effacée de la liste.

Sans un regard pour Colbert, Mazarin laissa passer une seconde avant de reprendre d'un ton toujours aussi froid :

— Je sais quels griefs vous entretenez à son égard, Colbert, mais l'heure n'est pas venue de régler ce compte. Et n'oubliez jamais qu'il n'est pas de compte en cette maison qui se règle sans que j'en sois informé.

— Je pensais inutile d'ennuyer Votre Eminence... se récria Colbert.

— Il suffit, coupa Mazarin, je ne suis pas encore entré en agonie sénile. Et on ne m'ennuie jamais en me parlant de récompenses et de punitions. Cela aura même été un des rares divertissements de mon existence que d'en organiser la distribution, ajouta-t-il d'une voix redevenue bonhomme. Allons, messieurs, passons aux officiers du roi...

La matinée tirait en longueur. A plusieurs reprises déjà, Roze s'était inquiété de la fatigue grandissante du Cardinal que quatre heures passées sans relâche à recopier le texte avaient manifestement exténué.

— Il reste à signer seulement ? demanda le Cardinal d'une voix presque éteinte. Je le ferai plus tard, cette main qui tremble laisserait une trace indigne dans les archives de France.

Quel est le chiffre ? demanda-t-il à Roze.

Le secrétaire tira la langue en recomptant machinalement, une dernière fois, les totaux accumulés au cours de la matinée et recoupés avec ceux des derniers jours, en marge de la rédaction du testament.

— Quarante-deux, trois, sept et cinq font douze, que j'ajoute... Quarante-sept millions six cent quatre-vingt-quatorze mille deux cent trente-trois livres, compte non tenu des livres non estimés, et sous réserve d'une estimation complémentaire des œuvres d'art possédées en propre par Votre Eminence et des pierreries de plus belle qualité dont les legs à la famille royale n'ont pas été chiffrés. La « Rose d'Angleterre », diamant de quatorze carats, pour la reine mère, un bouquet de cinquante diamants pour la reine, trente et une émeraudes pour Monsieur...

Mazarin interrompit d'un geste l'énumération.

— Il est inutile de revenir au détail. Relisez-moi seulement le codicille consacré à la reine mère et qui suit l'insertion concernant le diamant, je veux être sûr de mes mots...

Roze revint en arrière, feuilletant la liasse posée à côté de lui.

— « Donnons... », sa voix lente cherchait encore, « tout ce que la reine trouvera agréable et qui se trouve en notre palais de Paris. » Voilà, Eminence.

— C'est bien cela, commenta Mazarin.

Dans le silence qui suivit, Colbert plissa les yeux, les pouces de ses mains jointes sur sa ceinture jouant machinalement l'un avec l'autre. Immobile, Mazarin semblait perdu dans ses pensées.

— Tout cela, murmura-t-il, quitter tout cela...

Puis, se tirant à regret de son rêve, il se retourna vers Colbert.

— La clause de silence est-elle suffisante, est-elle assez précise ?

— Elle l'est, Eminence : pas de vision par personne hormis les exécuteurs, pas de publication, pas d'archives ouvertes à d'autres que le roi.

— Bien, commenta Mazarin. Monsieur Roze, dit-il en se tournant vers son secrétaire occupé à faire rouler du sable sur le dernier feuillet pour en accélérer le séchage, nous avons bien travaillé. Je vous libère pour aujourd'hui. Veillez à relire soigneusement les écritures et souvenez-vous que cet exemplaire ne doit être vu de quiconque, ni modifié désormais de par la volonté de quiconque autre que moi.

Roze salua, replia son écritoire, ferma précautionneusement le portefeuille recelant les feuillets et sortit prestement.

Mazarin se mit debout et s'approcha de Colbert.

— Et mes relations d'affaires ? Êtes-vous sûr aussi de leur silence ?

— J'en jurerais d'autant plus aisément, Eminence, que ces affaires se sont révélées extrêmement lucratives pour eux, également.

— Et le chiffre ? interrogea-t-il dans un murmure, le chiffre total, Colbert ? Est-il crédible ?

Colbert soupira.

— Nous avons déjà beaucoup aménagé, Eminence... Et vous ne pouvez donner sans que ces marques de votre générosité soient portées à vos actifs. Mais en l'état, oui, je crois notre inventaire étayé et plausible.

Sa bouche se tordit dans une moue de réflexion.

— A moins, bien sûr, que nos voleurs n'aient emporté des papiers secrets dont la détention constituerait un risque, glissa-t-il. Les torchons placardés aux portes des églises ces derniers jours sont un avertissement suffisant. La source en est limpide : ce sont les mêmes cambrioleurs qui se font aujourd'hui journalistes. L'affaire, heureusement, reste contenue et semble avoir fait long feu... pour l'instant. Ceux qui ont vu n'ont rien compris à ce charabia, Maximilien Piton que ces libelles mettent en cause est pour affaires en Hollande pour plusieurs semaines – je le verrai à son retour – et vos gardes les ont ramassés, pour l'essentiel, et continuent de le faire car il en est encore apparu des exemplaires dans certains quartiers de la capitale, ce matin même...

Mazarin frémit, puis se reprit : Colbert ne pouvait savoir et ne devait encore savoir.

— Certes, certes, éluda-t-il. Mais il faut des résultats. L'enquête progresse-t-elle ?

— Elle progresse, Eminence. Mais elle progresserait mieux si nous savions ce que nous cherchons.

Mazarin prit une posture contrariée.

— Cela importe peu. C'est le voleur qu'il faut trouver. Vous l'avez dit à l'instant : ce sont les mêmes. Là où il sera seront les documents ! Mais revenons à notre sujet : le chiffre. Ce chiffre reste un problème.

— Pas s'il n'y a pas d'examen de la comptabilité et des opérations de change.

— Il n'en faut pas, tonna Mazarin, il n'en faut pas.

— Et il n'y en aura pas, Excellence.

— Mais s'il venait à l'esprit de mes ennemis d'attaquer le testament ? Ça se casse, un testament : je le sais, j'ai bien fait casser celui du feu roi Louis XIII ! Et s'ils portaient le contentieux devant le Parlement ? Je n'y compte pas que des amis !

Le Cardinal tournait en silence autour de la pièce.

— Je n'y compte même que des ennemis, à tout prendre.

— Monsieur Fouquet en est procureur général, glissa Colbert avec perfidie.

Mazarin ne releva pas mais lui jeta un regard exaspéré.

Colbert eut un sourire inquiétant :

— Peut-être, Eminence, ai-je un moyen d'éliminer ce doute insupportable, un moyen qui garantirait la solidité de votre testament, le rendrait incassable, empêcherait toute enquête sur l'origine des biens cédés, et assurerait ainsi la pérennité de vos dispositions et surtout de votre lignée.

Mazarin tressaillit :

— Eh bien, parlez Colbert !

— Il suffit de faire don de tous vos biens, Eminence. Ainsi, vous n'avez plus rien, on ne peut rien vous enlever, et si l'on veut faire un procès, il faut le faire à un autre.

Mazarin, livide, manqua s'étouffer.

— Mais vous avez perdu la raison !

Chancelant, il se rattrapa au dossier de son fauteuil. Colbert lui offrit son bras et l'aida à se rasseoir. Puis il approcha sa grosse tête ronde de celle du Cardinal. Le souffle court, la respiration sifflante, des gouttes de sueur perlant sur son front, celui-ci s'efforçait de reprendre son calme.

— N'ayez crainte, Eminence, je n'ai jamais plus de raison que lorsque mon esprit travaille pour vous, reprit-il d'une voix onctueuse. Et vous allez voir que ce tableau d'horreur peut se changer en paysage radieux, comme on change un décor au théâtre des Italiens !

Colbert se rapprocha encore.

— La première partie de l'histoire souffre en effet de deux défauts : vous perdez vos biens, et le procès, certes fait à un autre, risque toujours de survenir. Comment faire, donc, pour supprimer ces deux défauts ? Il faut que votre récipiendaire ne puisse être l'objet d'un procès d'une part, et qu'il soit contraint de vous rétrocéder votre bien, d'autre part. Eh bien cela n'est-il pas lumineux ?

Les yeux de Colbert brillaient à présent d'un éclair étrange.

— A qui ne peut-on faire de procès ? Au roi, pardi. Et qui ne peut accepter un legs d'un de ses sujets, fût-il son parrain et son Premier ministre ? Le roi de nouveau.

Se redressant, Colbert passa derrière le bureau et, appuyant ses deux poings sur le revêtement de cuir, fixa le regard du Cardinal.

— Offrez donc tous vos biens au roi. Ne pouvant accepter, il vous restituera le tout. Mais cette fortune alors ne sera plus la vôtre : elle sera passée par ses mains et, de ce fait, rendue inattaquable.

Seule la respiration haletante du Cardinal troublait maintenant le silence. Triomphant, Colbert voyait sa trouvaille cheminer dans l'esprit du vieil homme.

Celui-ci soupira ; sa main se posa sur celle de Colbert, restée sur le bureau.

— Cher Colbert... dit-il seulement.

Puis, ouvrant les yeux et fixant à son tour Colbert de son regard perçant :

— Mais êtes-vous certain qu'il refusera ? Les caisses sont vides...

— Pour l'immédiat, j'ai ouï dire que monsieur Fouquet avait inventé un nouveau crédit il y a deux jours de cela. Et quand bien même. Le roi n'est-il pas plus orgueilleux que cupide ? Louis XIV veut régner, Eminence : cela a un prix.

Surpris par l'audace de ces mots, Mazarin eut une moue dubitative.

— Eh bien allons, monsieur Colbert, se résigna-t-il. Je me remets entre vos mains. Voyez avec Roze les dispositions nécessaires à un codicille dans ce sens. Je signerai dès que ma main se sera reposée.

Colbert s'apprêtait à sortir après avoir salué lorsque le Cardinal le retint.

— Non, vous écrirez vous-même, Colbert, personne ne doit savoir. Seulement la reine ; elle parlera à son fils.

Radieux, Colbert renouvela son salut.

— A vos ordres, Eminence, dit-il avec componction.

— Nous parlerons ensuite du contrat de mariage d'Hortense et de celui de Marie. Mon Dieu, ajouta-t-il comme pour lui-même, que tout cela est lourd, mon Dieu...

Le bruit de la porte qui se refermait lui apprit que Colbert avait disposé.

23

Palais Mazarin – lundi 28 février, cinq heures de l'après-midi

— ET LÀ QUI EST-CE ?
Julie pencha la tête vers Gabriel en chuchotant.
— Là, répondit-elle en esquissant de la main des gestes discrets, c'est le prince de Condé, là, la princesse Palatine, qui ne décolère pas depuis qu'Olympe Mancini intrigue pour s'emparer à ses dépens de l'intendance de la maison de la reine. Vois comme elle a l'air contrarié ! Celle avec qui elle parle, c'est Louise de Gonzague, l'épouse du roi de Pologne, l'ancienne amie de Cinq-Mars. Oh regarde, derrière elle c'est le duc de Vendôme. Et voici madame de Chevreuse. Comme c'est drôle, tous les anciens tenants de la Fronde réunis chez le Cardinal contre qui ils ont tant conspiré.
Amusé par l'enthousiasme de la jeune fille, Gabriel la regarda en ouvrant de grands yeux :
— Mais comment sais-tu tout cela ?
— Eh pardi, monsieur l'apprenti comédien, dans le monde du spectacle, on joue pour les courtisans. Et un artisan qui ne connaît point son client ne le peut bien servir. Tu irais chez un cordonnier qui ne connaît point ton pied ?
Gabriel secoua la tête en souriant. Accoudés à la balustrade qui courait le long de l'étage au-dessus du grand vestibule, à l'ombre d'un pilier, les deux jeunes gens observaient à loisir le cortège des invités qui, après avoir assisté à la messe de mariage dans la chapelle privée du Cardinal, se dirigeaient vers

1661

les salles de réception.

— A quelle heure sont les divertissements ? glissa Gabriel, redevenant soudain sérieux.

— Nous avons le temps, pouffa Julie. A moins que Monsieur Molière ne te cherche, ajouta-t-elle pour se moquer.

— Tu as raison, répliqua Gabriel, je vais aller voir s'il a besoin de moi.

Et sans laisser le temps à Julie, stupéfaite, de faire une objection, il se dirigea vers l'escalier qui menait au rez-de-chaussée.

En bas, l'ambiance était plus impressionnante, tant étaient nombreux les robes et les habits de fête. Jusqu'aux livrées des laquais qui circulaient entre les invités pour apporter des rafraîchissements, tout était rutilant et précieux. Gabriel aperçut tout à coup le couple des mariés et s'esquiva dans l'ombre contre le mur. Hortense Mancini, vêtue d'une somptueuse robe pourpre et or qui soulignait l'éclat de ses quinze ans, portait haut son éternel air languissant au bras de celui qui était depuis une heure son époux, Armand Charles de La Porte de La Meilleraye.

— Ils ont signé ce matin les contrats, avait expliqué Julie, devant le Cardinal lui-même, et ont pris le nom de Mazarin, qu'ils porteront désormais en même temps que les titres de duc et pair, pour assurer le lignage du Cardinal. Celui-ci leur a fait don de plus d'un million de livres, et leur a garanti sa collection d'antiques et la moitié de son palais, lui avait-elle décrit avec ardeur, comme si ces libéralités portaient un espoir contagieux de fortune. On dit même qu'il pourrait en faire ses légataires universels.

Le silence de Gabriel n'avait pas refroidi l'enthousiasme de Julie :

— Tu sais que le Cardinal a préféré le fils du maréchal de La Meilleraye à Charles Edouard de Savoie et même à Charles II, l'actuel roi d'Angleterre ! Alors qu'il a près du double de son âge ! Et sais-tu pourquoi ? Parce qu'il est le petit-neveu du cardinal de Richelieu par sa mère, Marie de Cossé. A travers lui,

1661

Mazarin réunit leurs familles et les fond dans l'Histoire.

Derrière les époux venait l'une des sœurs d'Hortense, Marie, visiblement émue de ce mariage, peut-être parce que le sien était fixé dans quelques semaines à peine.

— Regarde comme elle a l'air triste elle aussi, s'était apitoyée Julie. On dit qu'elle pleure le roi dont elle était éperdument amoureuse, et aimée, ajouta-t-elle en insistant sur chaque syllabe. Et désormais, elle va partir en Italie, épouser un homme qu'elle ne connaît pas, Onulphe Colonna, prince de Naples...

Jetant un œil vers la porte d'entrée, Gabriel vit seulement une barrière de gardes d'un volume impressionnant. Le bruit roulant des conversations surpassait la musique de l'orchestre de chambre dirigé par un petit homme nerveux que Julie lui avait indiqué comme étant un compositeur italien très prometteur, récemment arrivé en France, du nom de Lulli.

— Gabriel ?!

L'exclamation fit sursauter le jeune homme.

— Louise ! se réjouit-il en découvrant son amie.

— Ne me dis pas que tu me cherchais ?

— A la vérité non, je cherche Molière, mais il doit être en train de régler les saynètes du divertissement préparé pour le souper. Je vais aller le rejoindre dans la grand-salle.

La jeune fille le tira par la manche.

— Tu ne peux imaginer comme je suis contente de te voir. Tu ne sais pas : le roi m'a parlé ! Oui, comme tu es là ! Le roi de France m'a parlé !

— Enfant...

Gabriel sourit et replaça une boucle blonde glissée sur la joue de la jeune fille avant de prendre conscience de ce que ce geste avait de déplacé. En voyant son sursaut, Louise comprit son inquiétude et le tira derrière un des piliers qui soutenaient la colonnade.

— Attention, monsieur le comédien... Vous jouez mal votre rôle !

— Ne te moque pas, la coupa Gabriel d'un ton sérieux. Tu

sais ce qui m'arrive si je suis reconnu. Heureusement, personne ne regarde les comédiens. C'est même un curieux paradoxe. Eh bien Louise, qu'as-tu ? ajouta-t-il en constatant que la jeune fille ne l'écoutait plus.

La prenant par les épaules, il se retourna et observa ce qui attirait son regard.

— Le roi, chuchota-t-elle en rougissant.

Le couple royal entrait en effet dans la salle, suscitant un mouvement de masse et un bruissement particulier. Impassibles, ils traversèrent la haie qui se créait devant eux pour les laisser passer.

— Ils vont dans les appartements du Cardinal. Il est rentré cet après-midi de Vincennes, après la signature des contrats, pour être en sa chapelle et maintenant ici, murmura une voix près d'eux.

Relevant la tête, Gabriel ne put identifier qui avait parlé. Du coin de l'œil, il observait Louise encore rêveuse, lorsqu'un laquais en livrée de la maison du roi, s'écartant de la troupe qui était entrée derrière Leurs Majestés, apparut soudain juste devant eux.

— Mademoiselle de La Vallière ? demanda-t-il d'un ton qui indiquait qu'il connaissait déjà la réponse.

Devant le signe de tête affirmatif de Louise, l'homme sortit un pli de la manche gauche de sa livrée et le tendit en s'inclinant. Puis, sans explication, il disparut.

Médusée, Louise se tourna vers Gabriel en lui montrant le pli.

— Un brevet de duchesse sans doute, glissa celui-ci en riant à l'oreille de son amie, ou bien un exemplaire de ce libelle contre le Cardinal...

Elle haussa les épaules en soupirant.

— Tu n'es vraiment pas drôle, dit-elle en décachetant le pli.

Croyant apercevoir Molière au fond de la salle, Gabriel se haussa sur la pointe des pieds et vit la silhouette familière disparaître en direction de la salle à manger. Se retournant vers Louise pour la prévenir qu'il partait sur les traces de son maître

1661

en théâtre, il fut saisi de la pâleur de la jeune fille et de l'air absent qui habitait ses traits délicats.

— Louise, appela-t-il doucement en fronçant les sourcils, Louise.

Comme elle ne réagissait pas, ses mains jointes tenant la lettre serrée, Gabriel lui saisit le bras.

— Eh bien, que se passe-t-il ?

Elle leva ses yeux bleus vers lui avec une infinie lenteur. Il y vit un éclair étrange, comme de l'excitation, et un peu de crainte aussi.

— Le roi, Gabriel, le roi...

— Le roi ? l'encouragea Gabriel qui comprenait de moins en moins.

— C'est lui qui m'a fait porter cette lettre.

Le jeune homme ouvrit de grands yeux.

Tandis que son visage s'empourprait soudain, Louise se mordit les lèvres.

— Chut, il faut que j'y aille, dit-elle en reculant d'un pas.

— Mais où diable ? interrogea Gabriel en la suivant.

Elle s'écarta de nouveau.

— Je ne sais, prendre l'air.

La voix qui résonna derrière eux les fit sursauter tous deux. Ils se retournèrent pour apercevoir la moue ironique du surintendant des finances.

— Eh bien, monsieur le comédien politique ! Monsieur Molière sue à grosses gouttes à l'idée du spectacle de tout à l'heure, et vous vous égayez ? Voyez monsieur de La Fontaine, c'est le jeune homme dont je vous ai parlé l'autre jour. Je vous avais dit qu'il avait de l'esprit ; il doit être décidément chéri de la Providence, car il a aussi de la chance, ajouta-t-il à l'intention de son compagnon tout en s'inclinant légèrement devant Louise de La Vallière.

Interdite, celle-ci esquissa une révérence. Gabriel bafouilla puis la présenta, sans s'apercevoir que Fouquet s'amusait de ce comédien qui se mettait en tête de faire des mondanités.

— Allez, monsieur, allez rejoindre monsieur Molière, j'ai pu constater combien vous lui êtes précieux lorsqu'il est inquiet, reprit le surintendant. Quant à vous, mademoiselle, notre rencontre m'est un plaisir et un désagrément mêlés. J'avais effectivement ouï-dire par des amis combien votre présence à la Cour rehaussait son prestige : je suis déçu que leur description ait été tant en retrait de la vérité, et ravi de pouvoir la corriger de mes propres yeux.

Puis sans attendre de réponse et saluant à son tour, le surintendant reprit sa traversée de la salle, La Fontaine attaché à ses pas.

Colbert, apparu à la porte des appartements du Cardinal pour juger du nombre de convives, les regarda passer, faussement indifférent. Balayant le reste de la salle, il ramena ses yeux perçants sur les silhouettes qui s'entretenaient à l'ombre du pilier.

— Encore eux, murmura-t-il, Fouquet, La Vallière et ce Gabriel, et tous trois ensemble, cette fois. Bon sang, j'en aurai le cœur net. Allons, dit-il plus haut au majordome qui l'accompagnait, il est temps de passer à table. Allez prévenir le Cardinal et poussez aux fourneaux les rôtisseries. Et que les comédiens s'apprêtent à commencer.

— J'y vais, glissa Gabriel à Louise, tu es sûre que tu vas mieux ?

— Va mon ami, va, le rassura Louise avec un petit sourire qui n'éclairait qu'à peine son visage redevenu pâle. Je vais rentrer me reposer. Je te donnerai des nouvelles.

A regret, le jeune homme s'éloigna vers la salle à manger. Les portes maintenant ouvertes laissaient entrevoir des tables immenses, séparées par des candélabres géants dont les lumières répondaient à celles des douze lustres suspendus au plafond. Chaque table était couverte de vaisselle d'or et de vermeil, et entourée d'un ballet de laquais en livrée qui tournoyaient en portant des plats d'argent regorgeant de gibiers, de viandes et de poissons montés en pyramide et en formes géométriques. Immobile, Louise semblait regarder les convives qui quittaient la pièce et se dirigeaient vers le souper. Dans sa paume, le message énigmatique lui donnait l'impression de la brûler. « Le roi m'invite à Versailles, songea-t-elle en sentant de nouveau la tête lui tourner. A Versailles, et c'est un " secret " que nous partageons, il a écrit le mot. » Elle sourit sans s'en rendre compte. « J'ai un secret en commun avec Sa Majesté ! »

Et, comme effrayée par ses propres pensées, elle se précipita vers la sortie.

24

Château de Vincennes – mardi 1ᵉʳ mars, midi

— QUELLE TRISTESSE, regardez donc ce Mascarille !
— L'attelage est pitoyable et le spectacle ridicule, répondit le courtisan pourtant courbé en deux, en signe de déférence, au passage de la chaise à porteurs qui véhiculait Son Eminence.

C'est vers onze heures, ce matin-là, que le Cardinal avait exigé d'être habillé, poudré et coiffé pour « se montrer au bon peuple ». Avec d'infinies difficultés et mille précautions, les serviteurs dévoués de Jules Mazarin avaient réussi à lever puis à vêtir le malade. Afin d'essayer de dissimuler son teint verdâtre, ses joues étaient fardées de rouge. Le Cardinal avait même insisté pour qu'on lui frise les cheveux.

Ainsi accoutré, l'homme le plus puissant de France se promenait depuis près d'une heure dans les jardins du château de Vincennes, obligeant les nombreux visiteurs et les quémandeurs de toute sorte à s'incliner à chacun de ses passages.

Dans sa chaise, le vieil homme malade souffrait le martyre et pestait contre « ces diables de porteurs incapables et stupides ». A chaque secousse réveillant ses douleurs et lui arrachant des grognements de souffrance, il les menaçait de la potence. Jules Mazarin ne comprenait pas le grotesque du spectacle qu'il offrait. Il pensait sincèrement donner le change en saluant de la main les courtisans le long des allées ensoleillées.

— Il y a dix ans, dit le Cardinal en se parlant à haute voix, il y a dix ans, j'étais chassé du royaume par ceux-là mêmes qui s'abaissent devant moi ce matin. Eh bien, l'Italien va leur montrer comme il est toujours vivant !

Le Cardinal sortit alors de sa poche une petite boîte dorée dont il tira une pastille odorante qu'il enfourna dans sa bouche pour lutter contre son haleine devenue insupportable. Puis, somnolant tout à coup, il s'endormit en rêvant qu'il revivait les terribles journées de février 1651. Ce mois tragique, dix ans en arrière, avait commencé par le mariage de Nicolas Fouquet, après bien des années de veuvage, avec la jeune et belle Marie-Madeleine de Castille âgée d'à peine quinze ans. Ce même 4 février, le Parlement discuta avec fièvre, de six heures du matin à six heures du soir, d'un arrêt d'expulsion le concernant. Le Cardinal, dans son demi-sommeil, entendait à nouveau les pas de ceux que l'on avait laissés entrer au Louvre dans la nuit du 9 février. Le petit peuple de Paris, défilant respectueusement au pied du lit de Louis XIV pour s'assurer qu'il ne se préparait pas au départ. Il se souvenait de la terrible humiliation pour le tout jeune roi, longtemps traumatisé par cette vision nocturne. Il se revoyait ensuite sur la route du Havre, partant, seul, vers l'exil allemand.

— Les cartes, les cartes, il faut faire parler les cartes ! jeta-t-il en sortant brutalement de son songe et en exigeant d'être reconduit sur-le-champ dans ses appartements.

Ce sont les médecins qui l'accueillirent à son entrée dans sa chambre. Souffrant depuis plusieurs mois d'une néphrite aiguë aggravée d'un œdème pulmonaire, le Cardinal déclinait depuis plusieurs jours, sans doute aidé en cela par les médications que lui infligeait la Faculté.

— Clysterium donare, postae saignare, ensuite purgare, dit le premier médecin.

— Il est aussi impératif de boire ce vin émétique, lui dit le second en désignant du doigt la carafe contenant le liquide confectionné à base d'antimoine et de tartrate de potasse.

L'entrée d'Anne d'Autriche mit fin au débat entamé par les doctes savants autour de leur prestigieux patient. Ils quittèrent respectueusement la pièce. Mazarin sourit du soulagement de se débarrasser de ces sangsues et du plaisir de voir celle qui lui avait donné tant de bonheur tout au long de sa vie.

— Jules, on me rapporte une imprudence. Vous seriez sorti ce matin dans les jardins ?

Sans répondre, le vieil homme regardait en souriant le visage de la mère du roi. Il se délectait à contempler les traits qu'il connaissait si bien, et à se plonger dans ce regard si doux. Le silence dura un long moment.

— J'ai dicté mon testament. Sachez, Madame, que j'ai décidé de léguer toute ma fortune au roi de France, dit-il d'une voix affaiblie. Au moment de paraître devant Dieu, il me semble juste de restituer ces biens hélas souvent mal acquis !

— Mon cher Jules, ce geste vous honore et j'y vois une preuve de plus de votre constance à être un véritable père pour mon fils, dit la reine mère dont les yeux s'embrumaient de larmes. Mais vous savez parfaitement que le roi de France ne pourra l'accepter, poursuivit-elle dans un sanglot.

Pensant avoir blessé le Cardinal, la reine ajouta :

— Votre héritage est magnifique. Vous avez écrasé les Frondes, ramené de l'ordre dans toutes nos provinces et fait la paix avec l'Espagne. En réussissant ce mariage entre Louis et l'infante Marie-Thérèse, vous avez aussi ouvert une nouvelle ère de sérénité pour le royaume de France. Ce terreau permettra à notre cher enfant de montrer pour l'avenir son talent en faisant fructifier vos conquêtes et tout ce qu'il aura appris de son parrain. Si, comme vous le prédisez souvent, « il va plus loin que les autres », tel sera votre legs.

— Eh bien, si Louis refuse mon testament, ce sera donc tant mieux, répondit, énigmatique, le Cardinal.

Manifestement, les efforts de la journée avaient épuisé le vieil homme. La reine mère décida de se retirer afin de le laisser en repos. Au moment où elle quittait la chambre, elle croisa le mage qui venait lire les cartes à la demande du Premier ministre. Cette rencontre mêlée aux propos pour le moins surprenants de

1661

Jules Mazarin fit naître en son esprit un soupçon : et si la maladie faisait perdre la tête au Premier ministre ?

25

Eglise Saint-Roch - samedi 5 mars, cinq heures du soir

L'ÉGLISE SAINT-ROCH, chère au cœur de Louis XIV qui en avait posé la première pierre en 1653, était pleine à craquer, en cette fin de journée. Dans tout Paris, on priait pour le salut du cardinal qui se mourait à Vincennes. Fait exceptionnel, car cette prière des quarante heures avait jusqu'alors été réservée aux personnalités de sang royal. Chacun comprit que le roi voulait ainsi rendre un hommage à la hauteur de l'estime qu'il portait à son parrain.

A Vincennes, au chevet du Premier ministre, la foule des quémandeurs grossissait d'heure en heure, chacun ayant l'espoir d'obtenir une dernière faveur de Son Eminence, ou encore le bénéfice d'un ultime codicille à son testament. Le peuple de la capitale avait répondu quant à lui aux appels des prêtres. Mazarin n'était sans doute pas particulièrement aimé des Parisiens, notamment en raison de ses racines étrangères et de l'origine pour le moins douteuse de sa fortune. Mais la France reconnaissait son rôle positif en faveur de l'unité du pays, et n'avait pas oublié qu'il était l'architecte de la paix avec l'Espagne.

Curieux de cette ambiance de ferveur et de tristesse collectives, Gabriel s'était joint à la foule de Saint-Roch, heureux de surcroît de trouver dans le calme de l'église un lieu propice pour réfléchir à l'énigme de la signature de son père. La visite, quelques heures plus tôt, de sa blanchisseuse, venue l'avertir des soupçons qu'avaient fait naître en elle les allées et venues étranges d'inconnus autour de son domicile, avait renforcé le malaise qui l'étreignait. Dissimulant de son mieux les documents, il avait alors décidé d'aller prendre l'air. « Je ne peux rester ici sans rien faire, à attendre que ces malfaisants prennent l'initiative », grondait-il en lui-même.

Au milieu des chants religieux retentissant sous les hautes voûtes de l'église, le comédien ne songeait donc pas aux charmes de la jeune blanchisseuse, qui ne le laissaient pourtant pas indifférent, mais bien aux documents sortis du maroquin grenat. La signature de son père faisait de ces papiers un lien précieux avec un passé qui l'intriguait. Gabriel avait peu connu son père, décédé selon sa mère lors d'un voyage à Londres où il était parti afin de vendre la production vinicole de ses terres de Touraine. Le jeune homme avait cinq ans et gardait seulement quelques bribes de souvenirs de cet homme qui lui avait tant manqué pendant son enfance et sa jeunesse. Voilà pourquoi il avait décidé de conserver ces papiers coûte que coûte, même au risque de sa vie. Gabriel était plus que jamais déterminé à en percer le secret afin de savoir comment son père pouvait être mêlé à ce mystère qui semblait intéresser tant de monde.

« Il faut que je découvre un moyen de comprendre de quoi il retourne. Un spécialiste des codes, voilà ce qu'il me faut », pensait-il. Mais il avait beau tourner dans sa tête le problème, nul ne lui semblait à même de lui venir en aide. « A moins... », songea-t-il au moment de quitter l'église, le service achevé.

Sur le parvis lui aussi envahi par les fidèles, Gabriel dut jouer des coudes afin de descendre les marches. A peine arrivé dans la rue, une main ferme l'agrippa par l'épaule. En se retournant, le jeune homme reconnut le visage recouvert d'un pansement de celui qui le maintenait d'une poigne solide. C'était l'homme qu'il avait assommé en lui brisant le nez au théâtre, pour sauver la vie du vieux concierge. Gabriel se dégagea de son étreinte et s'enfuit. Les pas précipités dans la rue derrière lui indiquèrent qu'ils étaient au moins deux à le poursuivre. Courant aussi vite qu'il en était capable, il put se faufiler entre les marchands de laitage, de sable, de haillons et de mille autres choses qui encombraient les artères étroites de Paris.

« Où aller à présent ? se demandait-il en filant de ruelle en ruelle. Sûrement pas chez moi où la police doit m'attendre ! Louise, je vais aller chez Louise. Là au moins, je serai en sécurité. »

Dix minutes après, il arriva essoufflé à la porte de Louise de La Vallière dont l'appartement était situé dans les étages de l'hôtel particulier de Monsieur, frère du roi. L'endroit possédait une entrée réservée au personnel. Elle donnait sur une ruelle aux égouts malodorants.

— Louise, c'est moi, Gabriel. Ouvre-moi ! dit-il après avoir gravi l'escalier en un éclair.

— Que se passe-t-il ? s'exclama Louise de La Vallière en ouvrant à son ami.

Ses cheveux blonds hâtivement rassemblés en un chignon laissaient échapper des mèches qui couraient le long de ses joues.

— J'étais en train de me préparer pour le dîner. Mais tu es essoufflé, comme si tu t'étais battu !

— Je vais t'expliquer, répondit-il en s'engouffrant dans l'appartement.

Meublée simplement et décorée de tapisseries aux couleurs vives, la chambre de Louise respirait le calme. En reprenant son souffle, Gabriel savoura le plaisir de découvrir le cadre de vie de son amie. Puis il fit le récit de sa soirée, omettant simplement de parler des documents découverts au théâtre.

— Mais enfin, lui dit-elle après l'avoir écouté avec attention, tu n'as rien à craindre de la police, qui doit te surveiller comme elle le fait de tous les comédiens de la troupe de Molière. C'est sans doute en relation directe avec l'incendie de la Mazarine et la découverte de cet enfant mort dont tu m'as déjà parlé. Quant à ces hommes... dit-elle sans terminer sa phrase.

— Quant à ces hommes, reprit-il, ils me poursuivent dans un but que j'ignore. Tout cela n'est pas bon, d'autant que tu sais bien que je dois être discret.

— Justement, dit Louise, et s'ils étaient envoyés par ton oncle ?

— J'y ai pensé, mais pourquoi alors auraient-ils agressé le concierge du théâtre ?

Louise n'eut pas le temps de répondre que l'on frappa de nouveau à sa porte. Il s'agissait cette fois de la porte de liaison entre son appartement et celui d'Henriette d'Angleterre, fiancée du frère du roi, dont elle était la dame de compagnie.

— Louise, gémit une voix entrecoupée de hoquets.

La jeune fille reconnut aussitôt la voix d'Henriette, venue à Paris préparer le mariage fixé au mois de mai, et s'étonna de cette intrusion pour le moins inhabituelle. Avant d'ouvrir la porte, elle poussa Gabriel dans le cabinet de toilette :

— Toi, attends-moi là, et surtout ne fais pas de bruit. Personne ne doit savoir que tu es chez moi ce soir !

Derrière la porte, Louise trouva la future belle-sœur du roi de France effondrée, en larmes sur le seuil.

— Madame, relevez-vous, je vous en prie ! Que vous arrive-t-il ? cria la jeune femme décontenancée par le si grand chagrin de sa maîtresse.

Elle l'enlaça dans un geste d'affection pour l'aider à se relever.

— Le propre frère du roi, mon futur mari, sanglota Henriette en peinant à reprendre son souffle pour terminer sa phrase, il me bafoue, renifla-t-elle, j'en ai la preuve, il me bafoue avec un homme !

26

Hôtel d'Orléans – samedi 5 mars, sept heures du soir

CACHÉ DANS le cabinet de toilette où l'avait précipitamment fait entrer Louise, Gabriel entendit ses pas s'éloigner sur le parquet de la chambre. Puis la porte se referma, et le jeune homme se retrouva plongé dans le silence. La pièce aux murs blancs était petite et sans luxe excessif, si ce n'est une baignoire sabot en cuivre de belle facture ainsi qu'une cuvette de faïence surmontée d'un grand miroir encadré de bois doré. Avisant une chaise, Gabriel la poussa contre le mur et monta dessus, portant sa tête à la hauteur de la lucarne ouverte sous le plafond pour éclairer les lieux. Posant ses coudes et le menton sur le rebord, il vit le ciel, puis en se penchant un peu plus, debout sur la pointe des pieds, il aperçut le sol pavé de la cour de l'hôtel.

« Allons bon, pensait-il, me voilà coincé là pour un moment indéterminé. Pourvu que la fiancée de Monsieur ne s'éternise pas. »

Il allait redescendre de son perchoir lorsque deux laquais se précipitèrent pour ouvrir les battants du grand portail, laissant bientôt le passage à un carrosse tiré par quatre chevaux. Gabriel vit une silhouette de femme en sortir. Elle se dirigea vers le perron, disparaissant de son champ de vision. Intrigué, il descendit et s'assit sur la chaise, essayant pour passer le temps de se réciter l'acte I de *Dom Garcie*.

Son exercice de mémoire fut interrompu au bout de quelques

minutes par le son d'une voix qui lui parvenait lointaine, mais distincte. Tendant l'oreille, Gabriel se mit à inspecter la pièce pour identifier la source de ce bruit.

— ... vous apprendre ces nouvelles sans retard, disait la femme.

Il y eut des bruits de pas et de meubles, puis quelques phrases qu'il ne put saisir. Il lui sembla seulement entendre le nom de La Vallière, et il redoubla d'attention. Une voix d'homme alternait.

— ... vous imaginez s'il attendait la décision du roi, dit la femme.

La voix de l'homme tonna :

— La décision ! Le grand mot ! Mon frère croit-il avoir pris une décision ?

Reconnaissant la voix de Monsieur, le duc d'Orléans, Gabriel se pencha vers le coin de la pièce d'où semblait provenir le bruit. Apercevant une petite grille ouvragée scellée dans le carrelage, il comprit qu'un phénomène acoustique transformait le conduit d'aération, relié sans doute au conduit d'une des cheminées des salons situés à l'étage inférieur, en canal d'indiscrétion.

La voix de l'homme poursuivait, en proie à la colère.

— Votre oncle est bien trop rusé pour lui avoir donné le choix. Lui en a-t-il laissé avec votre sœur ?

Il y eut un silence, puis la voix de femme reprit d'un ton contrarié :

— Certes non, Monseigneur, mais cette ficelle-là...

— Olympe Mancini, murmura Gabriel pour lui-même en se remémorant les traits de la jeune femme que lui avait désignée Julie au mariage d'Hortense, c'est sûrement elle, et la sœur dont il parle est Marie, le premier amour du roi. Mais que fait-elle là ?

— La rumeur était exacte, Monseigneur, poursuivit Olympe Mancini. Le Cardinal a fait don de la totalité de sa fortune à la Couronne. Et il est tout aussi vrai que le roi vient de refuser ce legs, rendant son bien à mon cher oncle.

Dans le silence qui s'ensuivit, Gabriel entendit seulement des pas lourds qu'il imagina être ceux du frère du roi. Ils cessèrent dès que la voix reprit :

— Eh bien, quel pari audacieux ! On ne donne pas chaque jour des millions de livres, fût-ce en tant que mourant. Le Cardinal nous étonnera toujours.

— Pour ma part, je vois là l'influence extérieure d'un conseil que j'imagine aisément être celui de monsieur Colbert. Il ne quitte presque plus mon oncle, l'a assisté à chaque étape de la rédaction des documents, et vient d'être nommé seul rédacteur habilité à intervenir sur le texte. Et s'il fallait une autre preuve de son influence, la peur qui tenait mon oncle ce matin avant que le roi lui fasse connaître sa réponse en dit assez long... J'ai cru la maladie responsable de son teint gris, mais à le voir requinqué dès la nouvelle arrivée, portée par la reine mère, le Cardinal a vraiment craint jusqu'au bout que son souverain ne le prenne au pied de la lettre.

— La franchise oblige à dire qu'au-delà du beau coup joué par monsieur Colbert, chacun d'entre nous doit se réjouir de ce que la manœuvre ait réussi : pardieu, vous êtes héritière, mais je le suis aussi, si vos renseignements sont bons. Et par la grâce de mon frère, nous voilà des héritiers garantis dans la valeur de notre legs. L'avoir fait patienter trois jours, trois jours pour donner sa réponse...

La voix de Monsieur prit un accent amusé.

— A la vérité, sans doute est-ce un geste royal et mon frère se fait-il à sa fonction !

La voix redevint sérieuse :

— Tout de même, fallait-il que le Cardinal soit inquiet pour inventer un tel stratagème ! Sa fortune est à ce point ? Oui sans doute.

— Je crois que l'incendie de l'autre jour l'a inquiété. Et la propension de ses gens à masquer cet incident sonne à mes oreilles curieusement, répondit Olympe.

— Vous croyez donc à ces rumeurs de vol de papiers ?

— Je crois surtout, pour l'avoir entendu délirer l'autre jour, alors qu'il était alité et dormait à demi, que cet incident a coïncidé avec la perte ou le vol de quelque chose qui lui était très cher...

— Enfin, je vous sais gré, madame, d'avoir accouru depuis Vincennes me porter ces nouvelles, reprit le frère du roi. Mais cet autre sujet dont vous vouliez m'entretenir et qui concerne, dites-vous, une dame de compagnie de ma future épouse ?

— Mademoiselle de La Vallière, oui, Monseigneur.

Au nom de Louise, Gabriel tressaillit et s'approcha de la grille pour mieux entendre encore.

— L'objet est seulement de vous mettre en garde, Monseigneur. Mademoiselle de La Vallière a été présentée au roi il y a quelques jours.

— Eh bien ?

— Le roi lui a fait l'honneur de lui adresser la parole. Rien que de très banal, me direz-vous. Ce qui l'est moins, c'est que le roi lui écrive.

— Lui écrive ? répéta Monsieur, intrigué.

— Oui, Monseigneur, en des termes, si mes informations sont bonnes, ce que j'ai tout lieu de croire, qui ressemblent fortement à ceux d'un rendez-vous.

— Intéressant, intéressant. Le fait n'est pas original, quoique mon frère s'embarrasse peu d'écrire à l'habitude. Tout dépend de ce qu'il advient et aussi de la trempe de la jeune femme. Est-elle jolie ? questionna-t-il d'un ton froid qui trahissait son peu d'intérêt véritable pour le sujet.

Olympe Mancini répondit d'une voix neutre que mademoiselle de La Vallière était fraîche, charmante.

— Appétissante ? commenta le frère du roi.

— Cela se pourrait dire.

— Il faut donc surveiller cela, madame. Les temps évoluent et la succession ouverte de votre oncle ne va pas seulement apporter à chacun d'entre nous un surcroît d'aisance financière.

Elle va aussi redessiner les cartes du pouvoir. Dans ce jeu, chaque pion auprès de mon frère sera un ressort utile pour avancer notre cause. Et nous devons nous efforcer d'identifier toutes les ambitions, je dis bien toutes. Nous aurons donc un œil sur cette jeune fille, au cas où.

— J'y veillerai personnellement, Monseigneur, répondit Olympe.

Gabriel frémit devant la froideur métallique avec laquelle elle avait prononcé ces mots.

La voix du prince se couvrit d'un voile d'agacement.

— Puisse-t-elle également calmer les emportements de ma future épouse, dont les divagations nuisent à ma bonne humeur...

Les voix s'éloignaient à présent, et il ne les entendait plus. Puis les pas s'éteignirent et une porte claqua. Pendant un instant, le silence revint. Il parut infiniment long à Gabriel dont la tête battait. Louise, un rendez-vous avec le roi ? Et des menaces sur elle ? Comment la défendre sans paraître savoir ? Il sentit la sueur lui monter au front. Et ces nouvelles paroles sur les papiers perdus, ce maroquin rouge qui évoquait son père et lui valait de telles inimitiés : comment les déchiffrer ? Comment comprendre ?

— Eh bien, mon pauvre Gabriel, tu en fais une tête, tu es plus pâle que si tu avais vu des fantômes !

La mine mutine de Louise s'encadrait dans l'entrebâillement de la porte.

27

Paris, salon de Mademoiselle de Scudéry – dimanche 6 mars, neuf heures du soir

ALORS QUE les églises de Paris résonnaient toujours des prières pour l'âme du cardinal Mazarin, l'un des salons les plus en vue de la capitale bruissait, quant à lui, des multiples conversations des invités. La vie mondaine ne marquait pas de trêve et rien ne semblait pouvoir en interrompre le cours. Qui allait prendre la succession du Premier ministre ? Fouquet et Le Tellier tomberaient-ils en disgrâce ? Et par qui seraient-ils remplacés ? Chacun, en fonction de ses amitiés ou de ses intérêts, avait sur le sujet son idée.

Madeleine de Scudéry, la maîtresse des lieux, virevoltait de groupe en groupe, à l'affût de la moindre confidence ou du dernier indice en faveur de tel ou tel personnage du royaume. Son engagement aux côtés du surintendant des finances était connu. Auteur de *Clélie, histoire romaine*, elle y avait campé Nicolas Fouquet comme un Richelieu protecteur des arts. En cette période de transition politique, elle se démenait à chaque instant pour chanter les louanges du seigneur de Vaux-le-Vicomte. Son salon était l'un des plus courus et l'on y retrouvait pêle-mêle la noblesse en mal d'un véritable rôle politique, la bourgeoisie à la recherche de reconnaissance, et les artistes en chasse d'un mécène ou d'un admirateur. Ce soir, la présence de Blaise Pascal était une des attractions de la réception. Le génial créateur de la machine arithmétique, brillant savant en physique et mathématiques, ne sortait en effet presque plus depuis son accident de Neuilly, le 24 novembre 1654. Ayant frôlé la mort, Pascal écrivit le soir même un texte fervent inspiré par sa rencontre avec Dieu. Depuis cette date, devenu brillant théologien, il fréquentait moins les cercles mondains. L'homme admiré de tous et déjà frappé par la maladie était justement en grande conversation avec Molière.

— Moi je parie pour Zongo Ondedei. L'évêque de Fréjus me semble le plus apte à succéder à Son Eminence.

— On parle aussi beaucoup du maréchal de Villeroy, répondit l'auteur des *Précieuses ridicules,* toujours prudent et ne voulant manifestement pas livrer à Pascal la nature de ses liens actuels avec le surintendant.

— La vérité, reprit le savant avec un sourire triste, est que cette question de succession semble seule intéresser tout Paris, quand le véritable sujet qui devrait nous occuper, le seul qui ait quelque intérêt, est tout différent : il s'agit de la stabilité du royaume. Voyez-vous, poursuivit-il devant l'air surpris de son interlocuteur qui se demandait sur quel terrain l'emmenait Pascal, le peuple est exsangue ; les guerres civiles, guerres de religion, guerres extérieures, tout cela l'a laissé hagard et incapable de savoir s'il est plus important pour lui d'être sujet du roi de France ou d'un hobereau local capable de le tyranniser et d'influencer son avenir bien plus directement...

— C'est pour cela qu'il faut prier que nous soit donné un Premier ministre fort, capable de lutter contre ces dérives locales...

— Pas un Premier ministre fort, corrigea Pascal d'une voix égale, un roi juste. Qu'est-ce que la force d'un souverain en effet ? Pas les armes, mais l'adhésion naturelle de son peuple.

— Mais celle-ci n'est pas en cause : c'est l'origine sacrée de la monarchie ! s'exclama Molière.

— J'aime à vous en entendre parler, sourit Pascal. Mais il ne vous a pas échappé que c'est au nom d'une cause sacrée que le grand-père de notre souverain, Henri IV, a été assassiné. Je suis pour ma part convaincu qu'il faut à l'avenir compléter dans le cœur des hommes l'adhésion dictée par l'obéissance à la loi divine par une autre, plus prosaïque peut-être, fondée sur la reconnaissance de la satisfaction personnelle et collective du peuple. La foi est indispensable, et c'est un moteur puissant en beaucoup de choses. Je m'en méfie en politique, cependant, chaque jour davantage.

— Compléter, répéta Molière à voix basse d'un ton admiratif devant tant d'audace. Plaise au ciel que nul n'entende « remplacer », monsieur... Il pourrait vous en cuire.

Pascal dévisagea le comédien d'un air lointain.

— C'est possible. Mais il pourrait en cuire aux gens de notre espèce quoi qu'il en soit et, qui sait, sans même de raison clairement énoncée. Alors, autant savoir pourquoi les choses vous arrivent...

A quelques pas de là, Olympe Mancini, comtesse de Soissons, vêtue d'une robe très stricte et sobre, s'était fait présenter Louise de La Vallière. Elle cherchait à obtenir de la jeune fille des informations à propos de l'incident qu'on disait survenu la veille entre Henriette d'Angleterre et Monsieur, frère du roi.

— Comment se porte votre maîtresse ce matin ? demanda la nièce du Cardinal après les échanges de compliments d'usage. La rumeur la prétend souffrante depuis hier au soir ?

— La future belle-sœur de Sa Majesté sera heureuse de savoir combien madame la comtesse porte de considération à sa santé, répondit Louise, évasive.

Elle comprit à cet instant que tout Paris devait être informé de l'infortune de la pauvre fiancée.

« Les mœurs de la capitale sont bien singulières », se dit-elle en songeant de nouveau à Louis XIV qui habitait ses pensées depuis peu.

Dans la pièce voisine, Jean de La Fontaine était au cœur d'un débat où s'opposaient partisans de Colbert et soutiens de

Fouquet. L'auteur, fidèle en amitié, défendait avec fougue le surintendant des finances.

Gabriel, quant à lui, cherchait sans succès le moyen de faire avancer ses recherches dans ce salon où Molière avait insisté pour qu'il l'accompagne. Une idée lui vint au moment où l'auteur lui présentait son éditeur, le volubile Barbin.

— Monsieur, dit à celui-ci le jeune comédien, j'ai un grand service à vous demander.

— Demandez mon jeune ami, demandez toujours, répondit l'éditeur de Molière, par ailleurs libraire célèbre de la capitale.

— Monsieur Molière m'a confié une tâche bien compliquée pour laquelle je sollicite votre aide. Afin d'enrichir l'intrigue de sa prochaine pièce, mon maître exige que je lui rédige un document codé dont il se servira pour nourrir un personnage d'espion qu'il se plaît à mettre en scène. Mais voilà, j'ignore tout de cet art si particulier du code et je crains que mon travail soit, de ce fait, de peu d'utilité.

— Voilà bien une idée fort intéressante, répondit Barbin ravi d'apprendre que son auteur s'était remis à écrire. Vous pourriez utilement solliciter Bertrand Barrême. C'est un mathématicien de renom dont je me flatte d'être l'ami. Je suis sûr qu'il fera de vous l'un des meilleurs connaisseurs de l'art du code. Passez demain à ma boutique, et je vous donnerai un billet de recommandation pour lui.

A cette perspective, Gabriel retrouva le sourire et s'inclina en remerciant Barbin, tout en le priant de ne pas révéler à Molière cette grave lacune de son secrétaire.

Mais en apercevant Louise de La Vallière en face d'Olympe Mancini, le jeune homme se renfrogna. Depuis la veille, il craignait pour son amie. L'inquiétude sincère manifestée par Louise pour sa situation et la complicité naturelle qui s'était réinstallée entre eux renforçaient encore le malaise de Gabriel. La nièce de Son Eminence n'avait pas tardé à mettre en œuvre la surveillance promise au frère du roi. Sans que lui, qui n'était pas censé connaître le contenu de la relation épistolaire entretenue par Louise avec le jeune roi, sache comment informer Louise de ce qu'il avait appris ni la mettre en garde contre les agissements d'Olympe.

Au moment où la jeune fille lui souriait, manifestement heureuse de le voir là, il tourna les talons et quitta le salon en se disant qu'après tout, sa chère Louise était sans doute plus attentive aux compliments du roi qu'aux conseils de prudence d'un apprenti comédien.

28

Vincennes – lundi 7 mars, onze heures du matin

L'ABBÉ CLAUDE JOLY, tout à son prêche, ne comprenait pas les grands gestes de son bedeau. Il est vrai qu'avec ses quatre-vingt-dix mètres de long et malgré ses vingt-cinq fenêtres, l' « église aux cent colonnes » était fort sombre. Terminant son propos, le curé de Saint-Nicolas-des-Champs utilisa le répit offert par le morceau joué avec fougue sur l'un des plus beaux buffets d'orgue de Paris, pour quitter le transept. Un garde du roi attendait devant la chapelle absidiale.

— Mon père, dit solennellement le soldat, le roi vous prie de vous rendre sur-le-champ à Vincennes, au chevet de Son Eminence le cardinal Mazarin, afin de lui faire la grâce des derniers sacrements.

— Allez me chercher les huiles, dit aussitôt l'abbé à son bedeau, comprenant l'urgence de cette requête royale. Vous demanderez aussi au père Girardon de terminer l'office. Vous le trouverez dans la sacristie, ajouta-t-il, en quittant les lieux sans prendre la peine de retirer sa chasuble.

Suivant le mousquetaire, le prêtre s'engouffra dans la voiture qui l'attendait au pied du parvis, et quitta le quartier, escorté de huit gardes à cheval.

Au même moment, le Cardinal se trouvait dans sa chambre à Vincennes en compagnie de son homme de confiance.

— Colbert, je vous ai fait demander car je désire ajouter à

mon testament certain codicille, dit le Premier ministre qui semblait tout à coup retrouver un peu de force.

Tandis que Colbert s'installait pour prendre sous la dictée, le Cardinal se redressa dans son lit en gémissant.

— Ma nièce bien-aimée, Olympe, la comtesse de Soissons, se voit attribuer la surintendance de la maison de la reine, dicta le vieil homme, conscient qu'il s'agissait là de ses toutes dernières volontés. Quant à la princesse de Conti, ce sera celle de la maison de la reine mère, murmura dans un souffle le Cardinal épuisé.

— Ce sera tout, Monseigneur ? demanda calmement Colbert, mis en rage par la découverte de ces nouveaux caprices des nièces du Cardinal.

« Elles le dépouilleront jusqu'à son dernier souffle », pensa-t-il.

— En conscience, Colbert, ne suis-je pas obligé de donner conseil au roi de chasser le sieur Fouquet ? reprit Mazarin après un long temps de réflexion.

La sentence du Cardinal surprit à un tel point Colbert qu'il en lâcha la plume utilisée pour rédiger les ajouts testamentaires. Hier au soir, à l'issue du conseil, Mazarin n'avait-il pas réuni ici-même, et en présence du roi, Le Tellier, Lionne et Fouquet pour recommander chacun à Louis XIV ? N'avait-il pas dit alors à propos du surintendant que celui-ci « donnait de judicieux conseils sur toutes les affaires de l'Etat de quelque nature qu'elles fussent » ? Jubilant dans son for intérieur de ce revirement qu'il attendait avec espoir depuis des semaines, le dévoué Colbert n'en laissa rien voir et répondit comme toujours sans émotion apparente.

— Compte tenu des manipulations financières nombreuses du surintendant, je ne saurais que conseiller à Votre Eminence la plus extrême prudence. De plus, le nombre et la puissance de ses partisans doivent être pris en compte avant toute décision de cette nature. Enfin, ajouta perfidement l'ennemi juré de Fouquet, les forces considérables rassemblées par le surintendant dans ses possessions de Belle-Île pourraient mettre en péril la paix intérieure du royaume et noircir les années à venir pour Sa Majesté.

— Merci de votre franchise, mon bon Colbert, comme toujours vous raisonnez dans l'unique intérêt de l'Etat et votre analyse est prudente et juste. D'ailleurs, les heures m'étant désormais comptées, je ne vous cache pas que je vous ai recommandé à Sa Majesté en lui garantissant que vous régleriez les affaires de l'Etat comme d'une maison particulière, murmura le moribond. Le roi a consenti à la création d'une troisième commission d'intendant des finances qui vous sera donnée en récompense de votre dévouement, conclut le Premier ministre à bout de souffle. J'ai souhaité également que vos mérites soient noir sur blanc inscrits dans ce document. Vous insérerez ces lignes, dit-il en lui tendant un petit feuillet noirci de sa propre écriture, plus tremblante seulement qu'à l'ordinaire.

Colbert s'en saisit sans mot dire et baissa la tête en signe de reconnaissance. D'un coup d'œil rapide il parcourut les premières lignes, son cœur battant à mesure qu'il déchiffrait ce sauf-conduit pour le succès de son ambition. « Intégrité, fidélité, et intelligence dont je suis très assuré l'ayant éprouvé en une infinité de rencontres... », « après avoir expérimenté durant douze années presque entières l'affection et le zèle que le dit sieur Colbert a pour mon service, je ne peux donner assez de marque de la satisfaction que j'en ai reçu... » « C'est pourquoi j'approuve tout ce qui a été fait par le sieur Colbert tant en vertu de ses procurations générales que suivant les ordres qu'il a verbalement reçus... » « veux que le sieur Colbert soit cru à sa simple parole de tout ce qui a été reçu, dépensé et géré par ses ordres en quelque nature d'affaire que ce soit.. » « veux également que tous les comptes qui concernent les affaires de ma maison demeurent et soient mis entre les mains du sieur Colbert pour les garder sans qu'il puisse les communiquer ».

Le sang lui battait aux tempes, convaincu d'avoir franchi de façon irréversible une première étape dans sa conquête du pouvoir. Lui, Colbert, le petit comptable besogneux et obscur, était désormais au niveau de Fouquet.

« Les heures à venir vont être décisives », se dit-il en approchant du lit de Mazarin afin de lui faire signer son testament. La voix qui retentit alors le fit sursauter tant la tension de son esprit était grande.

— Le Roi !

A cette annonce, le Cardinal rouvrit les yeux pour voir son filleul, le roi de France, entrer dans sa chambre. Cette visite impromptue bousculait toutes les règles de l'étiquette.

— Votre présence m'honore, Sire, et me réchauffe le cœur. Toutefois elle m'annonce sans doute que l'heure du terrible passage a sonné. Vous voyez, Louis, j'y suis prêt, j'allais même signer mon testament. La reine mère m'ayant informé que Votre Majesté refusait les biens qui lui revenaient, j'ai été, de fait, contraint de prendre d'autres dispositions. Monsieur Colbert vous en fera la narration si vous le désirez.

Le roi de France s'assit sur la chaise avancée contre le lit du ministre. Infiniment triste face à l'inéluctable, Louis XIV sourit et prit la main du vieil homme.

— Mon cher parrain, ma visite n'est guidée que par l'affection que je vous porte. Comme vous me l'avez demandé, j'ai fait quérir l'abbé Joly qui se tient dans votre antichambre. Toutefois, après ses écrits à votre encontre il y a dix ans, je reste surpris de votre choix. Pourquoi lui ?

— C'est un homme d'Eglise sincère et brillant. Il ne m'aime pas, je le sais. Mais au moins, j'ai la certitude que son absolution, s'il me la donne, ne sera pas feinte !

Le roi acquiesça en silence. Puis, voyant un frisson parcourir le corps du vieil homme, il se retourna vers la cheminée et quitta son siège pour aller tisonner énergiquement le feu de sa propre main sous le regard ému de Mazarin.

Colbert, ayant recueilli la signature de son maître sur

l'ensemble de ses dernières volontés, quitta la pièce en saluant avec déférence, ses yeux plissés brillant dans l'ombre.

— Mon cher Louis, permettez-moi un dernier conseil, dit Mazarin en prenant son filleul par le bras. Voilà plusieurs heures que je ressasse la situation. Les informations en ma possession m'amènent à vous prier, désormais, de vous méfier de l'ambition de monsieur le surintendant des finances. Certes je ne renie rien de ce que je vous ai dit à son propos, il serait capable de grandes choses si toutefois l'on pouvait lui enlever les femmes et l'architecture de la tête. De grâce, montrez-vous circonspect.

— Ce conseil me sera précieux, mon cher parrain, lui répondit le roi, en tentant de chasser la rougeur montée à ses joues à l'allusion aux goûts de Fouquet pour la gent féminine, comme tous ceux que je vous dois depuis ma plus tendre enfance...

— Sire, je n'ai fait que mon devoir de ministre et d'homme. Aujourd'hui je peux vous révéler combien votre affection de petit garçon puis de souverain m'a été précieuse. Ma vie, toute ma vie, dit Mazarin les yeux embués de larmes, aurait été bien pauvre et inutile sans vous, mon cher Louis.

Après une pause lui permettant de laisser passer l'émotion qui l'avait submergé, le vieil homme reprit :

— Prenez garde à vos alliances. Prenez garde à la guerre, dont la perspective enivre et glorifie mais qui peut aussi asservir les cœurs les plus résolus. Prenez garde à ceux qui dans l'ombre complotent contre votre autorité...

Le roi tressaillit.

— La menace est partout, Sire, poursuivit Mazarin, la royauté tient par l'honneur et la crainte mais il y aura toujours des rêveurs pénétrés des songes de l'utopie. J'ai consacré mon temps à les tenir à distance de Votre Majesté. Je les ai combattus je crois avec quelque bonheur durant des années, ajouta-t-il avec l'ombre d'un sourire aux lèvres, mais je n'ai jamais eu l'orgueil de les croire vaincus et éradiqués.

Sa respiration s'accélérant, le mourant dut de nouveau s'interrompre pour reprendre son souffle.

— Gardez-vous, Sire, de ces rêveurs et de leurs manipulations. Soyez méfiant, sans excès mais sans faiblesse. Croyez à ce propos ce que vous dira Colbert quand je ne serai plus...

La pression sur la main du jeune roi s'accentua.

— Si je ne parviens pas à régler cela avant de passer, je l'informerai de choses de la plus haute importance, si importantes que j'ai cru ne jamais devoir les partager avec quiconque de peur de desservir vos intérêts. Il faudra l'écouter...

Sa voix n'était plus qu'un souffle.

— Je vous dois tout, Sire. Vous avez refusé ma fortune mais je crois m'acquitter en quelque manière en vous donnant Colbert, ajouta le Cardinal d'une voix éteinte.

Louis XIV ne répondit rien à son Premier ministre subitement repris par la somnolence de l'agonie. Il reposa sur les draps la main décharnée du vieil homme et quitta sans un bruit la pièce. En sortant, il demanda d'une voix sobre au curé de Notre-Dame-des-Champs de se rendre sans plus tarder au chevet du malade. Puis il dévala l'escalier et, repoussant d'un geste son carrosse qui s'avançait, fit signe à d'Artagnan de descendre de cheval et de lui laisser sa monture. Sautant en selle, bousculant presque le mousquetaire qui tenait en main les rênes, il lança d'une pression rageuse l'animal au galop. Penché sur l'encolure, le roi de France sentit des larmes brûlantes couler de ses joues sur la crinière balayée par le vent.

Au même instant, dans la chambre obscure du château, le dialogue s'engageait entre les deux ennemis d'hier et l'abbé Joly assista fort pieusement le mourant. Pourtant, quand il essaya d'amener le Cardinal à lui parler des deniers publics, l'Italien rassembla ses dernières forces et retrouva son autorité pour remettre le curé à sa place.

— Monsieur l'abbé, si je vous ai fait quérir c'est pour me parler de Dieu. Aussi, je vous prie de vous en tenir à votre ministère, lui dit Mazarin, prouvant ainsi que même face à la mort il restait l'homme déterminé qu'il avait toujours été.

En ce début d'après-midi du 7 mars, le cardinal Jules Mazarin reçut les derniers sacrements de la sainte Eglise et obtint l'absolution de ses péchés.

29

Paris, la Conciergerie – lundi 7 mars, six heures du soir

— POUR LA DERNIÈRE FOIS, parle. Avoue. C'est toi qui as mis le feu à la bibliothèque du Cardinal. C'est toi qui as pillé son bureau. C'est chez toi que l'on a retrouvé ce matin ces textes placardés ces jours derniers dans tout Paris, aboya Charles Perrault en fourrant sous le nez de son prisonnier le paquet de libelles.

L'interrogatoire avait débuté trois heures plus tôt dans les sous-sols humides et froids de la célèbre prison de la Conciergerie. L'homme aux yeux vairons s'appelait Richard Morin, il avait été arrêté dans l'après-midi à son domicile. Il était vêtu pour l'heure de sa seule chemise, assis sur un banc de pierre, les poignets enchaînés. Et depuis trois longues heures, le prisonnier refusait de répondre aux questions et se contentait soit de citer des passages entiers de la Bible, soit de prier en marmonnant, les lèvres serrées. Les documents retrouvés chez lui prouvaient pourtant son appartenance aux réseaux dévots et aussi son implication dans la diffusion récente d'un texte mettant en cause le Cardinal. Perrault savait parfaitement que les auteurs de ce libelle s'étaient inspirés des documents comptables volés lors de l'incendie de la bibliothèque du Premier ministre. Il voulait faire avouer à Morin son lien avec ce pillage pour ensuite obtenir, de gré ou de force, le nom de son ou de ses commanditaires.

— Une dernière fois, Morin, libère ta conscience et dis-moi

pour qui tu travailles, reprit d'une voix plus calme Charles Perrault. J'ai le sentiment que certains de tes amis t'ont abandonné, sinon nous n'aurions jamais eu connaissance de ton adresse. Tu ne la trouves pas étrange, toi, poursuivit le chef de la police d'une voix doucereuse, cette lettre anonyme arrivée hier sur mon bureau ? Cette lettre désignant le sieur Richard Morin comme l'auteur des libelles et le chef de la bande des voleurs incendiaires !

— Mensonges ! Mensonges ! hurla l'homme en secouant ses chaînes comme pour essayer de s'en défaire.

— C'est toi qui mens, rétorqua Perrault. La preuve, Toussaint Roze, que tu as molesté dans les appartements du Cardinal, m'a confirmé, il y a une heure à peine, se souvenir parfaitement que son agresseur avait un œil vert et l'autre marron. Ton portrait en somme !

Pendant cet échange, un mousquetaire du Louvre était entré, porteur d'un billet urgent pour Perrault. Colbert demandait à son chef de la police de faire diligence pour obtenir les aveux de son prisonnier et connaître ses liens exacts avec Nicolas Fouquet, « au besoin par tout moyen », concluait le message.

— Eh bien tu l'auras voulu, dit Perrault. Messieurs, c'est à vous de jouer ! ajouta-t-il à l'intention des trois hommes qui s'affairaient depuis quelques minutes autour d'étranges instruments dans le fond de la salle.

Morin fut conduit sans ménagement dans la chambre des tortures. On le plaça sur la sellette, un siège de bois où les prisonniers subissaient leur dernier interrogatoire avant que ne débute la torture proprement dite. Morin nia de nouveau en implorant la miséricorde divine.

— Tu vas subir les six tourments, trois fois consécutives, annonça le chef des bourreaux avec un fort accent catalan.

— A chaque étape, tu auras l'occasion d'avouer, sinon je passerai à l'étape suivante, dit à son tour Perrault en cherchant une lueur de panique dans les yeux de l'accusé.

La première épreuve infligée à Richard Morin était celle des brodequins. Une espèce de boîte formée de quatre pièces de bois était serrée autour de chaque jambe au moyen de cordes. Perrault entendit les malléoles se fendre et vit par trois fois le dévot résister sans un mot à la douleur. L'homme fut ensuite suspendu par une corde à une poterne haute de plus de trois mètres, les mains liées dans le dos. Le supplice consistait à laisser le malheureux retomber dans le vide. D'abord une dizaine de fois sans poids ajouté, puis avec un poids de vingt kilos suspendu à ses pieds et enfin avec un poids de près de cinquante kilos. Malgré la dislocation de ses membres et les hurlements de douleur qu'il ne pouvait plus contenir, le prisonnier continuait à nier et refusait de livrer le moindre indice. A chaque épreuve, Perrault posait en vain les mêmes questions. Le dernier tourment utilisait un chevalet. Il s'agissait d'un instrument de bois en forme de prisme reposant sur quatre pieds. Richard Morin y fut assis et solidement attaché. L'extrémité de ses liens était fixée à un cric dont la manipulation disloquait les membres de l'accusé. Les cris devenaient plus insoutenables au fur et à mesure que les déchirements se produisaient.

— Il est d'une résistance exceptionnelle, dit le chef des bourreaux en détachant le corps sanguinolent du prisonnier enfin évanoui. J'ai rarement vu quelqu'un subir les tourments jusqu'au bout sans parler, ajouta-t-il, avec un brin d'admiration.

Tandis que le bourreau reposait et enchaînait de nouveau sur le banc de pierre le corps disloqué de Morin, Perrault enrageait de n'avoir pu obtenir les aveux de son prisonnier et se promit, en quittant les sous-sols avec ses hommes de main, de revenir à la première heure le lendemain et de faire parler coûte que coûte ce diable d'homme.

Quelques instants après leur départ, alors que Morin reprenait un peu de conscience, un homme âgé enveloppé dans une cape noire se glissa dans la salle de torture.

— La croix de Jésus est notre seule fierté, chuchota-t-il à l'oreille du malheureux.

— Maître, dit Morin qui reconnut aussitôt la voix du chef des dévots, cette voix qui l'avait humilié à Mont Louis, un mois plus tôt, en lui reprochant ses négligences. L'amour de Dieu m'a aidé à garder le silence, mais de grâce sauvez-moi !

— Je suis là pour cela, mon fils, lui dit l'homme dont le visage touchait presque le sien. Tu as trahi notre confiance en prenant l'initiative, pour je ne sais quelle raison, de rédiger ce libelle. C'est pour cela que nous avons décidé de te sacrifier en te dénonçant. Sache que ta pauvre existence, comme la mienne, n'ont pas de poids en face d'une cause qui nous dépasse tous. Dieu t'a donné la force de résister à la douleur et de conserver le silence. Sois serein. Il va donc t'accueillir dans son royaume.

Le chef des dévots versa dans la bouche de Richard Morin une fiole de poison violent qui mit fin instantanément à ses souffrances.

— La croix de Jésus est notre seule fierté, conclut le mystérieux visiteur en se signant et en quittant aussi discrètement qu'il était venu la salle des tortures.

30

Vincennes – lundi 7 mars, sept heures du soir

EN VOYANT Colbert se faufiler par la porte entrebâillée des appartements du Cardinal, le flot des visiteurs qui attendaient dans l'antichambre et jusque dans l'escalier se rua vers le confident. Jouant des coudes, tous s'efforçaient de se soustraire à la bousculade, tendant à bout de bras dans l'espoir que Colbert l'aperçoive, qui un bout de papier, qui un chapelet, une médaille... L'air mauvais, Colbert toisait la foule agglutinée devant lui, dont trois valets arc-boutés le protégeaient. Calme, il cherchait à identifier par-delà les cris les visages connus et utiles.

— J'ai ici une lettre du Cardinal, vociférait un ecclésiastique suant en brandissant un parchemin.

— Monsieur Colbert !

— Mon fils, qui...

— Place !

Les voix se mêlaient maintenant dans un brouhaha indescriptible, lorsque l'œil acéré de Colbert se porta de l'autre côté de la pièce. D'un geste, il indiqua aux gardes stationnés le long des murs les trois femmes qui tentaient de franchir le seuil. Les protestations redoublèrent lorsque la foule comprit que les soldats l'écartaient pour laisser le passage aux nouvelles venues.

— Et de quel droit ? s'indigna l'ecclésiastique venu réclamer son bénéfice.

— Du droit du sang, laissa tomber avec mépris Olympe Mancini en rabattant la capuche de sa cape, dévoilant sa chevelure et ses yeux noirs.

Résignés, les courtisans venus réclamer des miettes de la succession du Premier ministre cessèrent un instant leurs jérémiades pour regarder les trois nièces du Cardinal passer devant eux et entrer sans attendre dans le lieu de leurs désirs dont la porte se rabattit derrière elles.

— Hortense, Olympe, Marie...

Les yeux humides, le Cardinal tendit les mains vers ses nièces. Comme elles s'approchaient, il les bénit, traçant sur leurs fronts avec le pouce le signe de croix. Agenouillées au bord du lit, les trois jeunes femmes restaient silencieuses tandis que le vieil homme caressait leurs visages baissés, relevant leur menton pour apercevoir une dernière fois, se lamentait-il, ces yeux chéris.

— Marie, dit-il en geignant, j'aurais tant voulu assister au mariage et te savoir en les mains sûres de ce digne Colonna... Ah, mes anges, comme il est dur de quitter ceux que l'on aime... Pensez de temps à autre à votre vieil oncle et témoignez que j'ai voulu le bien des miens... Mais vous ne parlez pas ? s'étonna le mourant.

La voix d'Olympe était presque un murmure.

— C'est, mon oncle, le chagrin qui nous cloue les lèvres.

Mazarin détourna le regard en réprimant un sanglot.

— Et la crainte de demain, mon oncle. Qui nous protégera, qui garantira notre sort et celui de nos familles si vous deviez nous manquer ? Vous avez été si bon, mon oncle... Privées de vos largesses, qui assurera l'avenir de nos enfants, de votre sang ?

Resté en retrait, Colbert serra les mâchoires.

— La peste soit de la famille, marmonna-t-il entre ses dents.

A l'extérieur, le bruit redoubla tout à coup.

— Ils ne respecteront donc rien, s'exclama Colbert à voix

haute, ravi de pouvoir détourner son courroux sur un sujet moins périlleux tout en interrompant les manœuvres de l'aînée des nièces.

— Qu'est-ce, Colbert ? murmura Mazarin en tournant des yeux épuisés vers son collaborateur.

— Certainement des visiteurs impatients de témoigner leur attachement à Votre Eminence, répondit Colbert d'un ton ironique tout en se dirigeant vers la porte.

Mazarin eut un œil mauvais.

— Qu'ils aillent prier pour mon âme dans les églises plutôt qu'en mon palais, dit-il d'une voix qui s'essoufflait à chaque mot.

Puis se retournant vers ses nièces :

— Et vous, mes enfants, allez sans crainte, j'ai veillé à ce que rien ne puisse inquiéter votre avenir. Colbert m'en est témoin.

Silencieux, Colbert, la main sur la poignée de la porte, se retourna pour acquiescer dans un sourire.

Les narines frémissantes, Olympe parvint à réprimer sa colère de voir sa supplique avorter.

— Allez et souvenez-vous de moi, glissa encore Mazarin.

Sourire aux lèvres, Colbert entra dans la pièce de nouveau vide.

— Le bruit n'importunera plus Votre Eminence, j'ai fait éconduire les visiteurs en les invitant à prier pour votre rétablissement, et en leur expliquant que leur louable désir de vous témoigner affection ne pouvait que vous fatiguer et retarder votre guérison.

La tournure arracha un grognement à Mazarin qui écarta d'un geste ces mots qu'il savait illusoires.

— Allons Colbert, pas vous. Et personne parmi eux qui valût que j'endure de le voir ?

Colbert fit signe que non de la tête.

Comme pris d'une soudaine inspiration, Mazarin se releva dans son lit, ses mains tremblantes et livides posées à plat sur la couverture pourpre.

— L'abbaye de Prône, Colbert ? Nous y avons pensé ?

— N'ayez crainte, Eminence, tout est en ordre.

Une ombre passa encore sur le visage épuisé du Cardinal.

— Et les papiers dérobés, Colbert ?

— Hélas, Eminence, nous avons arrêté l'un des agresseurs, mais il ne détenait rien de plus sur lui ni chez lui et il ne parle pas, ajouta-t-il d'un air féroce. Perrault est tout entier à cette affaire.

Mazarin retomba en arrière en secouant la tête.

— Nous sommes sur une piste sérieuse, deux même, et j'espère parvenir sans tarder au but, assura Colbert.

— Je n'ai presque plus de temps, commenta Mazarin.

La porte s'ouvrit pour livrer passage au valet de chambre du Cardinal. S'approchant de Colbert, il murmura quelques mots à son oreille. Le visage de Colbert s'assombrit pendant une seconde, puis il fit signe que non et renvoya l'homme qui s'inclina en silence.

La porte refermée, Mazarin leva un sourcil interrogateur.

— C'est un visiteur encore, Eminence, qui insistait pour être reçu.

Mazarin garda le sourcil levé.

— Le surintendant Fouquet, Eminence. Je lui ai fait répondre que vous reposiez.

Le Cardinal ne bougea pas.

Dans le silence qui s'ensuivit, Colbert se dirigea à pas lents vers la fenêtre et écarta le rideau qui plongeait la pièce dans l'obscurité. Un rayon de lumière traversa la pénombre, éclairant le visage impassible du mourant.

— Un an, murmurait Colbert, un an...

Dans son esprit repassaient les souvenirs de son tête-à-tête avec le surintendant, un an plus tôt, dernière tentative du Cardinal pour réconcilier les deux hommes. Une heure à écouter les reproches de son rival, à l'amadouer, à faire bonne figure, à courber l'échine devant cet écureuil qui le traitait comme un valet et avait osé faire allusion à la couleuvre figurant sur ses armes, pour mettre en doute à demi-mot la véracité de l'extraction aristocratique de ses ancêtres écossais... La colère remontait en lui à mesure que les mots et les attitudes lui revenaient à l'esprit. Un an à rabâcher cette humiliation d'avoir dû se défendre d'accusations directes de calomnie quand il n'avait fait que rapporter à Son Excellence... Fermant les yeux, Colbert chassa ce souvenir qui le brûlait. « L'heure de l'amertume et de la patience touche à sa fin », pensa-t-il.

Lorsqu'il rouvrit les yeux, Fouquet descendait d'un pas rapide les marches du perron.

Tandis qu'il regardait le surintendant éconduit traverser seul à pied le jardin qui le séparait de son domicile, un sourire éclaira le visage du petit homme vêtu de noir.

31

Saint-Mandé – mardi 8 mars, quatre heures du soir

FRANÇOIS D'ORBAY blêmit en voyant le jeune homme entrer dans la grande galerie. Ces traits, ce visage, cette allure lui étaient tellement familiers qu'il n'en croyait pas ses yeux. Pourtant il ne le connaissait pas, il en était sûr. Comme les nombreuses autres personnes présentes en ce milieu de journée, le nouveau venu attendait une entrevue avec le surintendant des finances. Fortement intrigué par cette rencontre, il se présenta aussitôt.

— Je m'appelle François d'Orbay, je suis l'architecte du château de Vaux-le-Vicomte, dit-il en souriant.

— Enchanté de vous connaître, monsieur l'architecte. J'admire beaucoup votre talent. Quant à moi, répondit le jeune homme, je suis le secrétaire particulier de monsieur Molière.

François d'Orbay poursuivit alors la conversation en cherchant discrètement à en savoir plus sur son interlocuteur. Mais les événements des derniers jours avait alerté Gabriel, l'engageant à demeurer discret. Il sut rester fort courtois sans livrer la moindre information sur lui.

— Monsieur d'Orbay, prononça d'une voix grave et solennel le suisse chargé d'introduire l'architecte dans le bureau de Nicolas Fouquet.

— Voilà qui m'oblige à vous abandonner, monsieur le secrétaire, conclut d'Orbay, bien décidé à mener rapidement son enquête afin de découvrir qui était ce garçon.

L'architecte sorti, Gabriel se perdit dans la contemplation de la pièce. Il détailla longuement les fameux sarcophages qui l'avaient déjà surpris lors de sa récente visite avec Molière. C'est Louise qui l'avait convaincu de solliciter cette rencontre en tête-à-tête avec Fouquet. Après la tentative d'enlèvement dont il avait été victime, il lui avait à lui aussi semblé nécessaire de trouver une protection et de confier ses mésaventures à un haut personnage du royaume susceptible de l'aider. Gabriel éprouvait de l'admiration pour le surintendant. Il avait pris comme prétexte à sa demande d'audience certains documents comptables pour le théâtre nécessitant sa signature. Gabriel ne savait pas exactement jusqu'où iraient ses confidences, mais il avait confiance en Fouquet. Une heure plus tard, ce fut au tour du jeune comédien d'entendre le suisse l'appeler. Il se leva, heureux de bouger après cette longue attente, et suivit le serviteur dans les couloirs de la riche demeure. Il observa au passage les stucs de Pietro Sassi qui rehaussaient si magnifiquement les plafonds et tomba en admiration devant le *David et Bethsabée* peint par Véronèse rencontré à l'angle d'un corridor. Arrivé à la porte du bureau du ministre, Gabriel sentit une légère angoisse l'envahir. « Comment va-t-il accueillir mes confidences ? » se demanda le jeune homme, s'interrogeant soudainement sur le bien-fondé de cet entretien.

— Entrez donc, monsieur le secrétaire, dit d'une voix bienveillante le surintendant assis à son bureau.

La pièce n'était pas très vaste mais meublée avec soin. Les menuiseries du célèbre Jean Lepautre donnaient au lieu tout son caractère.

— Monseigneur, je suis venu à la demande de Molière. Celui-ci vous adresse son respectueux souvenir et vous prie de bien vouloir examiner et parapher les documents dont je suis porteur, dit Gabriel en remettant au surintendant une liasse épaisse.

Sans répondre mais en adressant un sourire amical à son

visiteur, Nicolas Fouquet se saisit des papiers qu'il examina puis commença à y apposer son paraphe.

— Savez-vous si monsieur Molière a trouvé l'inspiration et commencé à écrire le divertissement qu'il m'a promis pour l'été ? demanda le ministre.

— Il y travaille avec fougue, je puis en attester. Je crois même être autorisé à dire à Monseigneur que cette nouvelle pièce sera aussi retentissante que les *Précieuses* jouées l'an passé.

— Voilà qui est fort bien, répondit le surintendant en poursuivant ses signatures. Vous avez, je crois, fait connaissance, tout à l'heure, avec d'Orbay, l'architecte de ma folie de Vaux. Votre troupe doit être à la hauteur du décor qu'il a construit et que j'ai imaginé avec lui. Je veux que tout le royaume découvre les talents de nos artistes.

— Nous le serons, Monseigneur, et j'aurai moi-même l'immense honneur de jouer dans ce divertissement, répondit Gabriel, encouragé par le ton chaleureux de son hôte.

— J'en suis fort aise, dit le surintendant en levant la tête et en fixant Gabriel. Mais dites-moi, mon jeune ami, on me dit que la police du Cardinal surveille votre troupe. Seriez-vous soupçonné d'une quelconque malversation ?

Aussi soulagé d'entendre Fouquet lui offrir ainsi l'occasion de rentrer dans le vif du sujet, qu'impressionné par le niveau d'information du ministre, Gabriel entreprit le récit de ce qu'il savait de la surveillance de la police. Il détailla l'agression dont avait été victime le vieux concierge du théâtre. Prudent, il ne fit toutefois pas état des documents codés.

— J'ai moi-même, conclut le jeune homme, été victime d'une tentative d'enlèvement il y a trois jours par ceux qui avaient agressé notre concierge. Ce soir, si j'osais, je solliciterais de vous, Monseigneur, un conseil face à cette étrange situation.

Tout en lissant ses fines moustaches comme il le faisait chaque fois qu'il réfléchissait, le surintendant des finances était à la fois intrigué et amusé par ce récit rocambolesque. Il éprouvait maintenant de la sympathie pour ce jeune comédien. Il avait compris dès leur première rencontre que les manières de Gabriel signaient un noble lignage. Fouquet se dit qu'il aimerait que ses fils ressemblent plus tard à ce jeune homme.

— Je me dois de vous faire une révélation, Monseigneur, reprit Gabriel, bien décidé à ne rien cacher de son histoire personnelle à celui qui pourrait l'aider dans ses recherches à propos de son père.

Il fit donc au ministre de plus en plus attentif le récit de ses origines, de sa fuite d'Amboise et de ses interrogations afin de savoir si les hommes à sa poursuite n'étaient pas en fait les envoyés de sa famille. Cette idée fit sourire Fouquet qui savait, lui, où toute cette agitation trouvait sa source, à savoir dans l'incendie de la bibliothèque de Mazarin et la disparition de documents dont la perte semblait mettre en transe ce bon Colbert. Isaac Bartet, agent au service du Cardinal jouant double jeu depuis plusieurs années, avait en effet informé le surintendant de toute l'affaire. Ce même Bartet qui venait de lui révéler, quelques minutes auparavant, l'arrestation dans l'après-midi de Richard Morin.

— Famille ou pas, tout cela mérite que l'on prenne des précautions. Nous devons vous protéger, dit alors le surintendant, résolu à faire plaisir au jeune comédien mais surtout à s'assurer une ou deux pièces maîtresses dans ce jeu d'échecs où chacun semblait dorénavant pousser ses pions.

Le surintendant fit mine de réfléchir un instant puis reprit :

— Je vous propose de partir quelques jours à Vaux-le-Vicomte afin de garantir votre sécurité. Vous y serez accueilli par La Fontaine, retiré là-bas pour écrire. Je viendrai plus tard vous y rejoindre. D'ici là, bien des événements se seront produits et j'aurai eu tout loisir de démêler cette affaire.

Heureux de cette proposition qui ressemblait presque à un ordre, Gabriel s'inclina et remercia le surintendant de sa confiance.

— Reprenez vos papiers que j'ai signés et allez prévenir Molière ce soir qu'un deuil vous oblige à quitter Paris pour quelques jours, reprit Nicolas Fouquet. Ne parlez à personne de votre destination. Je vous enverrai demain matin une voiture qui vous conduira à Vaux-le-Vicomte. Allez jeune homme, dit le surintendant soudain redevenu sérieux. Filez. Ce qui se joue en ce moment n'est pas une farce écrite par votre bon Molière, mais peut-être une tragédie.

Tandis que Gabriel quittait son bureau après moult révérences, le surintendant toujours assis à sa table de travail caressa de nouveau ses moustaches.

— Ce jeune diable en sait sans doute plus qu'il ne m'en a dit. Il faut que je sache pourquoi tout Paris lui court après et surtout ce que Colbert manigance encore !

32

Saint-Mandé – mardi 8 mars, six heures du soir

POUR LA QUATRIÈME FOIS en quelques instants, Fouquet leva les yeux des documents qu'il annotait, laissant son regard se perdre par la fenêtre sur les ombres du jour déclinant. Il soupira, posa la liasse de feuilles à côté de lui sur la petite table à demi recouverte par le chandelier à trois branches qui éclairait sa lecture, et ferma les yeux. Etait-ce la fatigue qui l'empêchait de travailler avec son efficacité habituelle ?

— Monsieur le surintendant, monsieur d'Orbay demande à être reçu.

Rouvrant les yeux, Fouquet vit devant lui le valet entré sans un bruit. Il le considéra une seconde puis hocha la tête en signe d'acquiescement.

Le valet sortit en tirant la porte derrière lui. Dubitatif, Fouquet referma son encrier. D'Orbay, de nouveau ?

Il venait juste de se lever lorsque la porte s'ouvrit. Le domestique s'effaça pour laisser passer l'architecte. Il se défit de son manteau et de son chapeau tandis que Fouquet lui indiquait un des deux fauteuils installés au coin du feu.

— Eh bien François, te voilà de retour, dit le surintendant en s'asseyant. Vas-tu me dire de quoi il s'agit au lieu de t'agiter comme un diable !

D'Orbay fit un effort manifeste pour se calmer et s'assit à son tour.

— Ce garçon que tu as vu cet après-midi, ce garçon que tu

as reçu après moi et que j'ai croisé dans ta salle d'attente...

Fouquet eut une moue d'incompréhension.

— Le secrétaire de Molière ?

— Celui-là même...

— Qu'a-t-il fait de si grave qui mérite que tu reviennes ce soir ?

L'ironie que Fouquet avait mise dans ces derniers mots mourut sur l'expression de marbre du visage de l'architecte.

— Sais-tu seulement son nom, Nicolas ?

Le surintendant haussa les épaules pour avouer son ignorance.

— Gabriel... Gabriel je ne sais quoi.

— Gabriel de Pontbriand, Nicolas, il s'appelle Gabriel de Pontbriand. Ce nom ne te dit rien ?

De nouveau, Fouquet fit signe que non.

— Pourquoi, je devrais le connaître ?

— Et si je te disais que ce nom est aussi celui d'un homme qui se fait appeler Charles Saint John et que c'est leur ressemblance stupéfiante qui m'a fait reconnaître ton Gabriel ?

Fouquet sursauta.

— Quoi ! Que dis-tu ? Tu en es sûr ? reprit-il d'un ton plus mesuré.

— Certain, répondit d'Orbay. Le choc a été assez grand quand je l'ai aperçu dans ton antichambre. Ton Gabriel est le fils de notre frère André de Pontbriand, que tu connais sous le nom de Charles Saint John.

Le silence qui s'installa dura une longue minute.

— Gabriel de Pontbriand... murmura le surintendant.

— La coïncidence est effectivement troublante, reprit d'Orbay devant la mine soudain maussade de Fouquet, et j'avoue que le choc que j'ai ressenti cet après-midi m'a glacé le sang. Notre projet est trop fragile et son importance trop capitale pour négliger de telles coïncidences. Voilà pourquoi je voulais te mettre en garde sans tarder. Même si je suis le premier à reconnaître qu'il ne faut pas y accorder trop d'importance. Nous avons déjà assez à faire sans nous laisser distraire. Et après tout, la filiation de ce jeune homme n'est peut-être pour rien dans les histoires qu'il s'est mises sur le dos...

— Tu as certainement raison, mais tout de même. Il faut être vigilant. Tu as bien fait de m'alerter, en tout cas. Quand je pense que je lui ai accordé ma protection et le logis, sans rien savoir... Oui, poursuivit le surintendant devant la surprise de D'Orbay, il m'a parlé d'agression, de menaces, et m'a raconté de manière si sincère et si romanesque l'histoire de son départ incognito pour Paris pour fuir la petite vie médiocre promise par son tuteur que je l'ai invité à se cacher à Vaux, le temps que les choses se calment.

— Eh bien, tant mieux, s'exclama l'architecte. A Vaux, nous l'aurons sous la main et il sera plus facile à la fois de veiller sur lui et de s'assurer qu'il ne vienne pas jouer les chiens dans notre jeu de quilles. Profitons de ce répit pour tirer au clair son embrouille et découvrir pourquoi on lui en veut autant. Ce sera la meilleure manière de nous délivrer de ce sentiment désagréable de fatalité qui nous habite l'un et l'autre.

— Que sait-il exactement, à ton avis ?

D'Orbay eut une moue sceptique.

— Il n'y a aucune raison qu'il sache quoi que ce soit. Ni même qu'il puisse mettre nos ennemis sur nos traces ou attirer leur attention. Il ne sait rien de son père et ne l'a pas vu depuis quinze ans, nous sommes bien placés pour en être certains.

Fouquet resta de nouveau silencieux une minute.

— L'agitation des agents de Mazarin, Colbert et sa police, ce cambriolage... et maintenant ce revenant qui nous surgit dans les jambes. Tout cela est inquiétant.

Il sembla se perdre dans ses pensées, puis se tourna vers l'architecte.

— Quand as-tu dit que la livraison devait se faire ?

— Le Secret quittera Rome dans un mois, glissa d'Orbay en baissant le ton. Il sera ici un mois plus tard. Et à Vaux en quelques jours de plus. Tout sera en place pour l'été.

Fouquet joignit les mains devant son visage.

— Le Ciel fasse que nous retrouvions la formule d'ici là. Sinon...

— Sinon nous ferons sans, coupa d'Orbay.

Le surintendant jeta un regard par la fenêtre.

— Je sais ce que tu penses, François. Je comprends ton impatience. Moi aussi j'ai confiance dans le travail que nous avons réalisé. Moi aussi je crois que Vaux peut devenir le temple d'une nouvelle ère politique qui rétablisse enfin la Vérité des choses, conforme à la réalité de l'enseignement du Christ. Mais je ne veux pas présumer de nos forces.

Il fixa l'architecte et lui sourit.

— Ni surtout des miennes, François.

D'Orbay ramassa son manteau posé sur un fauteuil et le jeta sur ses épaules.

— Allons, dit-il, nous reparlerons de cela quand l'heure sera venue.

Relevant les yeux, il croisa le regard lumineux du surintendant.

— Mais n'aie crainte : tu le convaincras, affirma-t-il en enfilant ses gants. Tu le convaincras, j'en suis sûr.

— Dieu t'entende, murmura Fouquet lorsque la porte se fut refermée derrière l'architecte. Dieu t'entende...

33

Château de Vincennes – mardi 8 mars, sept heures du soir

— IL NOUS FAUT donc nous quitter, Madame...

La reine tressaillit en entendant le filet de voix où ne perçaient plus qu'à peine les tonalités chantantes et mélodieuses qui lui étaient si chères. Perdue dans ses prières, Anne d'Autriche, assise depuis de longues minutes sur un fauteuil au chevet du malade, croyait Mazarin endormi. S'efforçant de sourire, elle s'attarda sur les traits émaciés, sur le teint jaunâtre du malade que la vie semblait déjà presque avoir quitté, sur ses yeux clos. Elle prit sa main sans répondre, craignant que ses mots ne trahissent son émotion, caressant seulement les doigts froids et immobiles du Premier ministre.

— Comme il est dur de quitter ce monde pour un séjour meilleur, reprit Mazarin de la même voix éteinte. Pourtant les soucis s'évanouissent : je ne pense plus à mes tableaux ni à mes livres. Presque plus à l'Etat, j'ose le dire à vous seule... Mais comme il est dur de quitter les êtres que l'on aime ! Non ne pleurez pas, Madame, poursuivit le Cardinal en plissant ses yeux fatigués dans la pénombre pour discerner les traits de la reine qui retenait de plus en plus difficilement ses larmes. J'ai confiance dans le jugement du roi, et dans sa maturité. Et puis je suis rassuré de savoir qu'il vous aura toujours à ses côtés. Quel meilleur soutien peut espérer un fils que celui d'une mère attentionnée et expérimentée ?

La reine ne put retenir un sanglot.

— Celui d'un père, articula-t-elle à grand-peine dans un chuchotement.

Mazarin se raidit et ferma de nouveau les yeux. Libérant sa main, il la porta aux lèvres de la reine avec douceur comme pour la faire taire.

— Il est des mots, Madame, qu'il ne faut jamais prononcer de peur que les murs n'aient des oreilles, des mots que nos cœurs seuls savent l'un et l'autre conserver en secret, prononça-t-il lentement mais avec fermeté.

Puis il se relâcha, comme si ces quelques mots lui avaient coûté un effort excessif.

Le silence. Immobile, Anne d'Autriche se laissait de nouveau emporter par le vertige de ce mot qui avait régi des années durant sa vie de femme contrainte par les devoirs d'une charge de reine. Lentement lui revenait, en vagues successives surgies de son passé, le souvenir de son apprentissage de la dissimulation, à mesure que s'imposait à elle l'attirance irrémédiable la portant vers le jeune Mazarin. Plus de trente ans s'étaient écoulés, et le jeune homme ambitieux aux joues rondes et aux yeux pétillants s'était transformé en ce sphinx impassible et mourant aux joues creuses et au regard éteint. L'étincelle pourtant demeurait, qui unissait la reine de France et le ministre par un lien invisible et secret mais indissoluble. Anne d'Autriche revivait les instants de détresse où l'avaient plongée le rejet des Français pour son ascendance étrangère puis les soupçons de son mari le roi Louis XIII et du cardinal de Richelieu, son Premier ministre. Lorsqu'ils l'avaient accusée de comploter contre sa patrie d'adoption au profit de son pays d'origine, qui l'avait soutenue sinon ce conseiller étranger lui aussi, cet Italien dont on moquait l'accent ? Lui l'avait comprise, défendue, aidée. Lui l'avait comprise, et aimée... Jamais il n'avait faibli, jamais il n'avait manqué. Et le silence qui leur avait été imposé, loin de nuire à leur destin commun les avait faits dépositaires d'une complicité inégalée, scellée dans le spectacle jour après jour, mois après mois, année après année, du devenir d'un petit garçon destiné à être roi de France...

Agrippant à son tour les mains de la reine, le Cardinal rapprocha ses lèvres de son oreille.

— Ce secret, Madame, nous dépasse et ne nous appartient que pour nous assurer qu'il disparaisse avec nous. J'ai été trop présomptueux, en omettant, quand la force ne m'était pas comptée, de détruire tous les indices qui pouvaient mener sur cette piste. J'ai gardé le courrier que vous m'avez adressé après la naissance, Madame, et le contrat rédigé entre nous pour attester devant Dieu que nous n'avons commis aucune faute qu'il ne puisse dans sa miséricorde absoudre. Je savais qu'il me faudrait les détruire mais ne pouvais m'y résoudre.

La voix se cassa et le Cardinal resta un instant silencieux avant de reprendre :

— J'avais donné ordre à mon secrétaire de tirer ces documents de leur cachette en mes appartements...

Comprenant, la reine tressaillit d'effroi :

— Le vol !

Le Cardinal hocha la tête.

— Oui, Madame. Ces papiers sont au nombre de ceux qui ont été dérobés, car je ne crois pas qu'ils aient été livrés aux flammes. C'est pourquoi il est urgent de les récupérer. J'espérais mener à bien cette tâche mais il faut se rendre à l'évidence. Il vous appartiendra en notre nom commun de le faire, Madame. Dieu soit loué, ces documents sont codés et, je le crois, indéchiffrables.

Dans un effort terrible, le Cardinal se redressa sur un coude, ses lèvres touchant presque l'oreille de la reine :

— Mais nul ne doit savoir, Madame. Colbert vous sera précieux, mais il ne doit rien savoir du contenu réel. Vous devrez seule porter ce secret que le roi même – le roi surtout, corrigea-t-il – ne peut connaître. Retrouvez ces papiers et détruisez-les.

— Quelle imprudence, Jules, murmura la reine, atterrée, d'un ton qui ne portait aucun reproche.

Puis avec plus de fermeté :

— Je protégerai le royaume, n'ayez crainte. Vous pouvez poser votre fardeau, je m'en charge pour nous deux, dit-elle en passant doucement la main sur le front moite du mourant.

Le Cardinal esquissa un sourire douloureux. Il ouvrit les lèvres mais ce fut elle qui posa cette fois un doigt sur sa bouche.

— Chut ! Ne parlez plus, vous vous fatiguez. Nous n'avons plus besoin de mots, n'est-ce pas ? ajouta-t-elle d'une voix tremblante. D'ailleurs nous n'avons jamais eu besoin de mots, mon ami.

— Hélas Madame, ce n'est pas là tout ce qu'il me faut vous transmettre. Le temps nous manque, écoutez donc attentivement ce que je vais vous dire. Ces papiers, Madame, étaient enfermés dans un maroquin de cuir avec une liasse d'autres feuillets eux aussi codés mais par d'autres que moi et avec un code que je ne connais pas. Ils recèlent un secret pour lequel on a déjà tué, un secret bien plus terrible peut-être que le nôtre, un secret qui pourrait changer plus radicalement encore le destin de la France.

A ces mots, la reine frissonna.

— Ces papiers, Madame, sont parvenus en ma possession il y a des années, alors que la Fronde enflammait le pays et que les conspirateurs croyaient toucher au but pour abattre l'Etat. Je sais le prix que leur accordaient certains de ces factieux. L'homme qui les détenait, arrêté par mes services, est parvenu à s'évader mais il a abandonné ces documents, dont personne hélas n'est parvenu à percer le secret. Je m'étais avec le temps résolu également à les détruire, convaincu que, faute d'être possédé, ce secret devait disparaître. La beauté du diable ne doit pas être contemplée. Répétez mes propos à Colbert, faites-lui valoir que ces papiers peuvent mettre en danger notre position et la monarchie. Qu'aucun obstacle ne l'arrête. Quiconque compromet cette opération doit être écarté. Quiconque pourrait se les approprier doit être mis hors d'état de nuire. Qu'il les récupère et les détruise, assurez-vous-en, Madame. Et notre secret disparaîtra de surcroît. Allez, Madame, il est temps, conclut-il en tirant le cordon d'appel de son valet de chambre.

Comme celui-ci entrait, les mains blanches de la reine et du mourant s'étreignirent une dernière fois, puis la reine se leva.

— Dites à monsieur Colbert que la reine désire le voir dans son appartement sans retard.

34

Paris, domicile de Bertrand Barrême – mardi 8 mars, neuf heures du soir

D'UN GESTE brusque, Bertrand Barrême arracha les lorgnons posés sur son nez proéminent. Son autre main effleura les quatre feuilles de papier étalées devant lui, puis s'écarta vivement comme sous l'effet d'une brûlure. Les lorgnons pincés entre deux doigts, le mathématicien pointa le doigt vers Gabriel, immobile de l'autre côté de la table.

— Où diable avez-vous trouvé cela, jeune homme ?

Gabriel balbutia sans répondre. Impatient, le gros homme sanglé dans sa robe de chambre de soie se dandina pour se rapprocher. Son visage se tenait tout près de celui de Gabriel, qui pouvait voir chacune des petites rides au coin de ses yeux et le sommet de son crâne presque chauve. Seule la voix encore jeune trahissait l'âge véritable de ce trentenaire à l'allure de vieillard.

— Ces papiers ? répéta-t-il. De qui les tenez-vous ?

— Ils vous disent quelque chose ? répondit Gabriel.

Barrême prit un air méfiant et retourna vers la table en grognant.

— Peut-être, oui, mais c'est incomplet...

Chaussant ses lorgnons, il se pencha de nouveau vers les feuillets, les observant du même air inquiet et précautionneux.

— Connaissez-vous les mathématiques, monsieur ?

— Un peu, se hasarda Gabriel, je connais un peu de géométrie et d'algèbre...

— Les codes, coupa Barrême, sont un jeu mathématique. Ils sont aussi des signatures. Il en existe des centaines, mais les familles en sont finalement peu nombreuses, et les inventions demeurent en la matière très rares. Depuis vingt ans que je travaille sur ce sujet, je n'ai eu que très rarement l'occasion d'être surpris...

— Et vous l'êtes ? C'est quelque chose que vous ne connaissez pas ?

Gabriel regretta aussitôt ses mots devant l'air courroucé de Barrême. Serrant les poings, il s'efforçait de réfréner son impatience.

— Non pas, jeune homme, ne soyez pas si pressé que vous déduisiez à contresens ! Justement non, je ne suis pas là en face de quelque chose que je ne connais pas mais de quelque chose que je connais au contraire, ou plutôt que je reconnais. C'est même un vieux souvenir.

Devant l'air impatient de Gabriel, le mathématicien se tut un instant comme pour donner du prix à son intervention.

— Si je vous demande d'où vous tenez ces documents, c'est qu'il y a presque quinze ans que je ne les ai vus. J'étais alors très jeune, et mon père m'avait envoyé faire un séjour en Toscane et à Rome, pour apprendre les techniques comptables et les sciences auprès des maîtres italiens. Ai-je attiré l'attention par la qualité de mes travaux ? questionna avec une vanité mal dissimulée le mathématicien. Toujours est-il qu'un soir on m'a fait mander dans un palais de Rome, dans une atmosphère de secret, pour faire un travail de chiffrage sur des documents, sur ce document, précisa-t-il en extrayant l'une des quatre feuilles...

— Alors vous connaissez le code ? s'exclama Gabriel incapable de se maîtriser.

Le regard noir du gros homme le cloua sur place.

— Mais vous n'écoutez donc jamais ? Barbin m'a dit que vous étiez fougueux mais à ce point ! Monsieur Molière a de la chance d'être un artiste et non point un géomètre pour vous avoir à ses côtés...

Tête basse, Gabriel fit mine de s'excuser, s'attirant un geste de Barrême qui signifiait que son intervention avait déjà été trop interrompue.

— Eh bien non, je ne connais pas le code : c'est même pour cela que je me souviens de ce document. Je l'ai chiffré, mais sans le lire...

L'air perdu de Gabriel parut satisfaire Barrême.

— Oui, oui, sans le lire, enfin en ne lisant qu'une bande qui avait été découpée, rendant le sens totalement illisible. J'imagine que d'autres chiffreurs comme moi travaillaient sur les autres parties.

La déception se lut sur le visage de Gabriel.

— Cela ne va guère vous aider pour votre pièce, n'est-ce pas ? reprit l'homme d'un ton suspicieux. Mais écoutez la suite. Après avoir fini mon travail, je suis resté plusieurs heures là à attendre, dans ce même palais, puis on m'a rapporté le document pour que je le chiffre de nouveau. C'est là une pratique classique de double code, une spécialité italienne. Ce qui était moins classique toutefois, c'est la nature du procédé que l'on avait appliqué à mon premier codage pendant que j'attendais : cela, je ne l'avais jamais vu et je ne l'ai jamais revu par la suite. Comment vous expliquer cela simplement ? poursuivit-il en retrouvant son air satisfait. Ce code n'était pas mathématique : il était pour ainsi dire harmonique ou esthétique. C'est-à-dire qu'il n'était pas fondé, j'en suis certain, sur la logique objective mathématique mais sur une perception subjective. Ce code était beau, jeune homme, il était beau comme une cathédrale, pas comme une équation !

Toujours interdit, Gabriel regarda à son tour les feuillets qui ne lui disaient rien et ne lui paraissaient qu'un amas de signes cabalistiques et de chiffres impénétrables.

Tandis qu'il observait sans rien voir de plus, Barrême s'était approché derrière lui. Seules quelques gouttes de sueur trahissaient encore son excitation passagère. Dans son regard perçait de nouveau le même doute quant aux intentions réelles du jeune comédien.

— Il y a quelque chose encore dont je me souviens : c'est de l'allure de l'homme qui portait les documents, ce soir-là, et m'a payé fort cher pour dédommagement de ma peine.

Gabriel sursauta lorsqu'il se rendit compte que l'homme le dévisageait avec insistance.

— Il avait juste votre taille et votre maintien, des cheveux semblables aux vôtres et ses traits, oui, oui, sont dans mon souvenir si ressemblants aux vôtres...

Blême, le jeune homme balbutia quelques mots de remerciement et une invitation à la future pièce tout en ramassant fébrilement les documents.

En le regardant partir, Barrême haussa les épaules et enleva ses lunettes. Pourquoi la perspective de se remettre au travail pour élaborer le nouveau système comptable commandé par les services du Cardinal paraissait-elle si fade ? Etait-ce ce souvenir étrange soudain réapparu devant ses yeux ou la réminiscence de ces traits surgis du passé sur le visage de ce jeune homme ?

Se levant, il s'habilla à la hâte et sortit de chez lui en prenant à peine le temps de verrouiller sa porte.

Vingt minutes plus tard, il frappait à la porte d'un hôtel particulier de la rue de la Verrerie. Le battant s'entrouvrant, il le poussa d'un air agité :

— Je dois voir monsieur d'Orbay, aboya-t-il, sans retard, annoncez-moi à monsieur d'Orbay !

35

Château de Vincennes – mercredi 9 mars, deux heures du matin

PERSONNE NE DORMAIT en cette nuit où la mort rôdait autour de la chambre de Jules Mazarin. Les serviteurs comme les gens de cour attachés à la maison du Cardinal étaient restés en éveil dans l'attente. Cette activité, inhabituelle à cette heure, donnait au château une étrange ambiance. Chacun y circulait à pas feutrés et parlait à voix basse comme pour ne pas attirer le malheur. Le 8 mars en fin d'après-midi, le vieux Cardinal avait sombré dans une sorte d'inconscience. Il ne reconnaissait plus personne et délirait les yeux grands ouverts, réclamant en italien sa mère. Mazarin conversait à voix haute avec Hortensia Bufalini, « sua Mamma », comme il devait le faire dans sa plus tendre enfance dans les Abruzzes. Au début de la nuit, son souffle était devenu de plus en plus haletant. Le Premier ministre gisait au fond de son lit à présent immense pour son corps amaigri. Les draps immaculés changés avec une affection zélée par ses vieux serviteurs l'entouraient comme l'ébauche d'un linceul. On avait pris soin de mettre un peu de fard sur ses joues afin de dissimuler l'extrême transparence de son visage. Ses cheveux clairsemés par la maladie avaient été peignés. Le feu crépitait dans la cheminée et éclairait, à lui seul, la chambre où se tenaient le confesseur de Son Eminence plongé dans les prières ainsi que ses médecins. La reine mère était restée jusqu'à minuit au chevet du mourant. Anne d'Autriche, épuisée par les longues veilles des jours passés, s'était ensuite retirée dans ses appartements, exigeant d'être prévenue « à tout signe d'accélération du destin ». Le roi était rentré la veille au palais du Louvre où il avait rejoint sa jeune épouse. Dans la pièce contiguë à la chambre du Cardinal, Colbert veillait en compagnie de Lionne et Le Tellier.

De l'autre côté du mur, la respiration du moribond devint tout à coup plus difficile. Chaque mouvement de sa poitrine entraînait un sifflement rauque. La vie s'échappait du corps de celui dont le destin allait entrer dans l'histoire de France. Les médecins n'eurent pas le temps de faire prévenir Anne d'Autriche avant que le Cardinal rendît l'âme. La pendule suisse sur la cheminée fut arrêtée au moment où le confesseur de Son Eminence lui fermait les yeux pour l'éternité. Il était deux heures quarante du matin, ce 9 mars 1661.

36

Palais du Louvre – mercredi 9 mars, quatre heures du matin

LE MESSAGER venait d'arriver, ayant épuisé son cheval sur la route en provenance du château de Vincennes. En remettant le pli dont il était porteur au chef de la garde du palais, le cavalier lui fit part de la nouvelle connue de tous ceux qui assuraient à Vincennes le service du Premier ministre. Le capitaine se précipita aussitôt chez l'intendant de la maison du roi qu'il réveilla afin de lui transmettre la nouvelle et le billet. L'intendant enfila ses vêtements et sortit, précédé de deux serviteurs dont les yeux gonflés de sommeil prouvaient la brutalité de leur réveil. Ils s'étaient munis de chandeliers afin d'éclairer les pas de l'intendant dans les sombres dédales du Louvre.

Cette nuit, Sa Majesté était en compagnie de la reine. Un an plus tôt, Louis XIV s'était résolu à épouser l'infante d'Espagne pour d'évidentes raisons d'Etat. Ardemment souhaitée par Mazarin, cette union constituait un coup de maître du vieux Cardinal pour mettre fin aux interminables conflits entre les deux nations en même temps qu'aux amours du jeune Louis et de sa propre nièce, Marie Mancini.

Les jeunes époux, nés la même année, s'étaient rencontrés pour la première fois sur l'Ile des Faisans, à la frontière franco-espagnole, trois jours avant leur union. Marie-Thérèse avait cru en l'amour sincère du roi de France tant ce dernier l'avait entourée de prévenances, lors de la cérémonie célébrée à Saint Jean-de-Luz le 9 juin 1660. Mais dès son retour à Paris en août de la même année, le jeune marié avait de nouveau manifesté son intérêt pour Marie. La reine mère, veillant au grain et éprouvant une affection réciproque pour sa jeune belle-fille, avait mis bon ordre à la situation en expédiant la belle Marie loin du jeune roi. Pourtant, après quelques mois d'intérêt pour l'Espagnole, Louis XIV n'en avait pas moins retrouvé le goût de nouvelles conquêtes...

Toutefois, en cette nuit du 9 mars, le souverain avait éprouvé l'envie de passer la nuit complète avec son épouse. Etait-ce l'agonie du Cardinal si cher à son cœur qui l'avait poussé à provoquer ces moments de tendresse et d'amour, ou l'envie brutale de devenir père à l'heure où le destin allait le priver de son parrain ? Après cette nuit d'ébats amoureux, Louis XIV ne dormait pas, malgré l'heure tardive, et songeait les yeux grands ouverts en regardant sa femme endormie à ses côtés.

« Elle est petite, ronde et ne brille guère par son esprit, se dit-il, mais je suis sûr qu'elle me donnera de beaux enfants. »

Le roi se redressa au bruit des pas se rapprochant de sa chambre. En voyant l'intendant courbé en deux devant lui, il sentit son cœur s'accélérer. Une émotion lui nouait subitement la gorge. Le billet remis était signé Colbert. Le texte en était sobre. « Son Eminence le cardinal Mazarin s'est éteint pieusement ce 9 mars. »

L'homme que le roi de France admirait le plus au monde, celui qui l'avait guidé depuis la mort de Louis XIII, celui qui formait avec sa mère Anne d'Autriche sa famille protectrice, ne serait plus jamais là pour le conseiller ou lui apprendre à gouverner. Pour la première fois de sa vie, le terrible poids de ses responsabilités écrasait ses épaules. En cet instant, Louis XIV était étrangement déchiré entre le chagrin de la disparition de son cher parrain, et la jubilation qui bouillonnait en lui à la perspective d'être enfin seul souverain en son royaume.

— Madame, dit le roi à Marie-Thérèse qui venait de se réveiller, une immense douleur frappe notre nation qui vient de perdre son Premier ministre. Je vais me rendre à Vincennes afin de prendre les dispositions qui s'imposent. Je pars dans l'instant apporter à la reine mère le soutien de son fils et l'affection de son souverain dans cette épreuve.

A cette annonce, la jeune reine fondit en larmes, ce qui toucha profondément Louis XIV, ému de voir son épouse exprimer des sentiments qu'il se devait lui, le roi de France, de dissimuler. Pour combattre le trouble qui le gagnait, il réclama ses vêtements et donna ses premiers ordres.

— Monsieur l'intendant, faites partir sur le champ un messager afin d'annoncer mon arrivée imminente à Vincennes. Faites dire aussi à Colbert que je désire réunir un conseil restreint. Que ma voiture et ma garde se préparent à partir dans l'heure !

Tandis qu'il quittait la capitale dans la nuit froide, Louis XIV songeait, bercé par le fracas du galop des chevaux sur le pavé, aux heures à venir et à la façon dont il allait désormais assumer le gouvernement de son royaume.

Les sabots frappant le pavé de l'esplanade alertèrent les mousquetaires en poste à l'octroi de Vincennes. Louis XIV était pressé. Pressé de serrer dans ses bras la reine mère dont il imaginait l'infini chagrin. Pressé aussi de montrer à tous ce dont il était capable, même si, au fond de lui, le roi était moins assuré qu'il ne voulait le laisser paraître. En entrant dans le palais, il constata que les gardes du Cardinal avaient retourné leurs fusils en signe de deuil. Le roi avait été rejoint au cours de son périple depuis Paris par les maréchaux de Villeroy, Gramont et Noailles qui marchaient désormais à ses côtés. Anne d'Autriche, entourée des ministres présents et de Colbert, l'attendait dans la pièce contiguë à la chambre où reposait la dépouille de Jules Mazarin.

— Le Roi, aboya l'huissier en ouvrant brutalement les portes.

L'entrée du souverain à cette heure et dans ces circonstances offrait un spectacle extraordinaire où se mêlaient la pompe de la vie à la Cour et la simplicité triste d'une réunion de deuil familiale. La reine mère se réchauffait avec une tasse de chocolat à la cannelle, assise dans un fauteuil au coin de la cheminée. Lionne conversait à voix basse avec Le Tellier, Brienne et Colbert. Chacun se leva pour saluer l'entrée du roi de France. Ce dernier se précipita vers sa mère, qui s'était déjà redressée pour recevoir le baiser de son fils. Il remarqua aussitôt ses yeux gonflés par la fatigue et les larmes versées.

— Madame, sachez que je partage votre douleur, lui dit tendrement le roi en la serrant dans ses bras. Je mesure combien votre présence auprès de mon parrain lui aura permis d'adoucir ses journées d'agonie.

— Sire, dit la reine mère ne pouvant retenir ses larmes, le royaume perd son plus fidèle serviteur. Votre présence nous apporte une consolation réconfortante. Jusqu'à son dernier souffle, votre parrain se sera préoccupé de Votre Majesté, ajouta Anne d'Autriche, la voix étouffée par les sanglots.

— Je veux le voir, assena le roi.

Cet ordre surprit tout le monde tant il était inimaginable que le roi de France soit mis en présence de la mort. Dans un silence pesant, Louis XIV réitéra son ordre.

— Je veux le voir !

L'huissier ouvrit alors la porte séparant la pièce où se tenait le souverain de la chambre mortuaire.

Louis se figea et éprouva tout à coup un immense chagrin à la vue du corps inerte de son parrain. Il resta comme fasciné et hypnotisé par le spectacle du lit où gisait son Premier ministre, éclairé par les seules flammes vacillantes des chandeliers disposés autour de lui. Des larmes coulaient sur ses joues. Louis revivait en cet instant les moments les plus forts de son enfance auprès de son parrain. Il entendait cette voix à l'accent si particulier qui lui avait appris tant de choses, et il prit conscience du silence qui désormais le laisserait à jamais seul face à son destin.

Soucieux de ne pas donner sa douleur en spectacle, Louis XIV demanda d'un simple geste que l'on referme la porte.

— Messieurs, dit solennellement le roi à l'intention du groupe autour de Lionne et Le Tellier, l'heure est à la prière. J'ai toutefois demandé à monsieur Colbert de réunir les ministres d'Etat présents dans mon cabinet, où je vous prie de me retrouver.

Michel Le Tellier, comprenant que Louis XIV désirait s'isoler un instant avec sa mère, quitta la pièce en entraînant les autres.

— Madame, afin de vous éviter la charge harassante des affaires publiques dans ces instants douloureux, j'ai décidé de limiter cette réunion aux seuls ministres.

Abasourdie par cette annonce, la reine mère ne sut que répondre à cette mise à l'écart qui constituait pour elle une incroyable surprise. A cet instant, Anne d'Autriche se sentit seule et faible. Depuis la mort de Louis XIII, n'avait-elle pas assumé plus que sa part du pouvoir, en particulier dans les épouvantables épreuves de la Fronde ? Que pouvait lui reprocher son fils ? s'interrogea-t-elle, d'autant plus en rage que cette annonce la frappait quelques heures à peine après le décès de son tendre compagnon.

Le roi ne prit pas le temps de s'intéresser à la réaction de sa mère. Il l'embrassa sur le front et quitta la pièce. Outrée, Anne d'Autriche tourna les talons afin de rejoindre ses appartements.

— Je m'en doutais. Je me doutais qu'il serait ingrat et voudrait faire son capable, murmurait-elle en marchant.

37

Vincennes – mercredi 9 mars, onze heures du matin

HÂTANT LE PAS pour traverser le jardin de sa maison en direction de l'esplanade du château de Vincennes, Nicolas Fouquet ne voyait rien du spectacle ravissant des branches recouvertes encore d'une fine couche de gel. Inquiet, il serrait les poings dans les poches de son manteau ample, mâchoires crispées.

— Le diable soit de mes espions et de mes gens, grinça-t-il entre ses dents, ne pas me prévenir, les gueux. Et pourquoi n'ai-je pas été informé de cette réunion et de la venue du roi ? Sans doute est-ce un oubli, s'efforçait-il de se rassurer.

Mais le sombre pressentiment refusait de desserrer son étreinte sur sa poitrine.

— Madame, salua le surintendant en s'inclinant devant la reine mère qui déambulait dans la grande antichambre devant les appartements du roi, j'ai appris seulement tout à l'heure la triste nouvelle.

La reine sourit à Fouquet, heureuse de l'apparition d'un visage apprécié dans la succession de souffrances que constituait cette douloureuse journée.

— Bonjour, monsieur le surintendant. Le roi, dit-elle en prononçant ces mots avec une affectation inhabituelle, vous aura fait quérir, j'imagine ?

— Non pas Madame, je venais sans ordre me recueillir

devant la dépouille de monsieur le Cardinal. Mais on me dit que le roi tient conseil...

— Conseil restreint, comme vous le constatez et moi aussi.

A quelques mètres de là, dans le petit bureau privé, le roi était debout devant la fenêtre, les yeux rivés sur la cour pavée. Derrière lui, Lionne, Séguier, Le Tellier et Colbert écoutaient sans mot dire les phrases sèches espacées de longs silences.

— Nous réglerons les obsèques plus tard. Pour ce qui est des affaires du Cardinal, le testament doit être respecté mais aucune publication excessive ne sera faite. Monsieur Colbert, vous collecterez les archives du Cardinal et rendrez compte de leur inventaire à moi seul, et sans établir d'écrit à ce sujet. Pour ce qui est des attributions dont s'acquittait le Cardinal, je ferai connaître demain à neuf heures en conseil – vous le réunirez, monsieur le chancelier – l'organisation nouvelle qu'il nous faut adopter.

Pivotant sur place, le roi se retrouva face aux ministres immobiles.

— Je vous remercie. A demain.

Toujours silencieux, les quatre hommes s'inclinèrent longuement et se dirigèrent vers la sortie.

— Colbert, un mot encore je vous prie, rappela le roi.

Réprimant un sourire, Colbert s'arrêta pour laisser passer les trois autres participants qui sortaient sans lui jeter un regard.

— Sire ?

Louis XIV s'assit et relâcha un peu la tension de son attitude.

— Mon parrain, Dieu l'ait en sa sainte garde, m'a dit monsieur toute la confiance que je peux avoir en vous.

D'un geste, il fit taire les velléités de protestation de Colbert.

— Il m'a dit ce que vous avez fait. Il m'a dit quelle charge vous aviez prise pour nous défendre contre les médisants et les factieux. Sachez que j'ai pour ces choses de la mémoire. Je veux donc que vous me disiez ce qui vous inquiète, si tel devait être le cas, et que vous m'informiez personnellement des dossiers confidentiels dont vous avez la charge. Mon parrain m'avait paru inquiet ces derniers temps, en particulier après cet incendie et cette histoire de brigands... Y voit-on plus clair ? Et était-ce fondé ?

— Je ne veux pas, Sire, nourrir des craintes qui n'auraient pas lieu d'être, exposa Colbert. Il est vrai que des périls peuvent exister et que certaines personnes proches du pouvoir osent nourrir des ambitions soupçonnables. Mais qu'il me soit permis de ne parler que lorsque je serai sûr, preuves en main, des hommes et des faits. Je m'y emploie.

— C'est bien. Je compte que la charge d'intendant dont vous serez doté auprès du surintendant, comme le Cardinal a dû vous en instruire, vous aidera dans cette tâche, reprit le roi d'un ton énigmatique.

L'œil de Colbert brilla de joie tandis qu'il s'inclinait en signe de gratitude.

— Allez, vous paraissez fatigué. Prenez quelque repos. J'aurai besoin de toute votre énergie dans les semaines à venir.

— Votre gloire, Sire, n'a besoin de quiconque, dit doucement Colbert en se retirant à reculons, dans un salut à répétition.

Levant ses yeux globuleux au moment de passer la porte, le petit homme vit le soleil frapper à travers la vitre la chevelure du jeune roi, éclairant son visage orgueilleux d'un halo de lumière.

Tandis qu'il traversait l'enfilade des pièces qui menait à l'autre aile et aux appartements du Cardinal, le cœur de Colbert battait à tout rompre. Perdu dans son rêve, il ne vit pas Nicolas Fouquet, attardé dans la cour après être allé s'incliner devant la dépouille de Mazarin. En regardant passer le petit homme vêtu de noir, le surintendant sentit de nouveau son ventre se nouer.

38

Mont-Louis – jeudi 10 mars, cinq heures du matin

TAPI DANS L'OMBRE des buissons, Colbert avait observé patiemment le ballet des silhouettes qui l'une après l'autre avaient traversé furtivement l'espace séparant les bâtiments de Mont-Louis de la chapelle Saint-Côme attenante. La lumière qui filtrait de la petite porte taillée au chevet de la chapelle chaque fois qu'elle s'entrouvrait lui avait permis de compter un à un les arrivants. La nervosité l'avait gagné lorsque la succession des entrées s'était interrompue pendant plusieurs minutes, mais s'était dissipée d'un coup avec l'arrivée d'un dernier homme, visiblement en proie à une grande agitation, escorté de deux porteurs de flambeau. Un sourire aux lèvres, Colbert enfonça un peu plus le capuchon recouvrant son visage et se tourna vers le soldat accroupi près de lui.

— Le compte est bon. Souvenez-vous. A mon signal, mais seulement à mon signal. Jusque-là, silence et pas un geste de vos hommes. Qu'ils encerclent seulement le bâtiment de près.

Puis, avec un mouvement vif surprenant pour son allure chétive, il se releva et prit la direction de la chapelle retombée dans l'ombre, tout en frissonnant sous les assauts du vent.

Pas un bruit autre que le sifflement des rafales ne troublait le froid glacial de la nuit. A pas lents, Colbert traversa l'espace à découvert jusqu'à la porte. Il resta là immobile. Comme rien ne venait, il entrouvrit le vantail de bois sombre hérissé de têtes de clou et se glissa dans l'embrasure.

— Prions Notre Seigneur de nous accorder la grâce d'entrevoir dans ce trouble la juste conduite qu'il attend de nous.

En entendant la voix déchirer le silence, Colbert s'immobilisa. Seul l'énorme pilier contre lequel il se trouvait le séparait de la réunion des conspirateurs, masquant la lumière des deux flambeaux qui les éclairaient. Retenant son souffle, il tendit l'oreille dans le silence revenu.

C'est une autre voix qui se fit entendre.

— D'un chien enragé on ne pleure pas la mort ! La providence a réglé nos doutes en faisant disparaître ce malfaisant. S'il y a quelque chose à regretter, c'est seulement que nous n'ayons pas frappé les esprits en organisant nous-mêmes la fin du damné Cardinal !

— La colère n'est pas ce que Notre Seigneur nous ordonne, reprit la première voix. Si j'ai voulu que nous nous réunissions à l'annonce de la mort du Cardinal, c'est pour arrêter sans délai notre conduite face à ce nouveau bouleversement.

La voix se fit plus dure.

— L'exemple de Morin devrait nous engager à plus de sagesse, mes frères. Notre pauvre frère s'est laissé gagner par la colère. Il a failli nous perdre en attirant l'attention sur nous et aussi le courroux du roi. Ce que nous détestions en Mazarin, c'est qu'il détournait la royauté divine de sa seule tâche : assurer la gloire de Notre Seigneur sur terre. En s'en prenant au pouvoir royal et en invoquant un droit de révolte, Morin – Dieu l'ait en sa pitié – a oublié cela et perverti notre message. Peu importe désormais qu'il ne nous ait pas rapporté les papiers prouvant l'union monstrueuse de Mazarin et de la reine mère. Tout cela est mort avec le Cardinal. Ce qui compte à présent, c'est de s'assurer des intentions du roi. Pour ma part...

— Monsieur le confesseur du roi, bien parlé !

Stupéfaits, tous les hommes assemblés tournèrent leurs regards vers l'homme qui venait de surgir derrière le pilier.

— Trahison !

L'un des dévots bondit en dégainant son poignard, mais son chef l'arrêta d'un geste.

— Voilà qui est sage, en vérité, monsieur le confesseur du roi, commenta l'invité inattendu d'une voix flegmatique. Je vous conseille en effet de garder ces armes au fourreau.

Interdits, les dévots restaient silencieux en observant celui qui descendait les marches menant vers eux.

— Messieurs, toute résistance serait inutile à moins de vouloir périr en martyr. Il y a là dehors deux compagnies de gardes qui encerclent le lieu et ne laisseront personne sortir vivant s'il n'a mon sauf-conduit.

— Qui êtes-vous ? demanda le confesseur du roi.

— Un homme assez informé pour savoir que vous vous êtes rendu auprès de Morin pour vous assurer de son silence. Assez informé pour connaître le nom et l'identité de chacun d'entre vous. Assez informé pour n'avoir jamais cessé de vous faire surveiller, les uns et les autres, depuis que votre société dévote a été dissoute au mois de septembre dernier. Assez informé pour vous avoir vu quitter le Louvre après que la nouvelle de la mort du Cardinal a été annoncée au roi. Allons, messieurs, brisons là ces jeux anonymes, dit-il en rabattant le capuchon de sa cape.

— Colbert !

— Lui-même, monsieur le confesseur, lui-même.

Prenant une chaise, Colbert s'assit.

— Nous voilà donc en place et présentés pour parler.

— Que voulez-vous ? demanda l'un des hommes d'une voix lourde de méfiance.

— Je veux éviter de tuer des gens dont je ne suis pas sûr qu'ils soient mes ennemis. La preuve en est là : si je l'avais voulu, vous seriez à cette heure tous morts ou en route pour une prison peu agréable. Si je ne l'ai pas voulu, et vos propos que j'entendais avant de me joindre à vous me poussent à croire que j'ai eu raison, c'est que je pense que nous pouvons éviter votre perte.

Devant l'air interrogateur des conjurés, Colbert s'accorda un instant de silence avant de poursuivre.

— Vous détestiez le Cardinal, soit. Il est mort. Vous vouliez le perdre en dévoilant le secret intime de ses liens avec la reine mère. Il en a emporté le scandale dans sa tombe. Pourquoi donc se battre ?

L'homme aux propos virulents se pencha en avant pour lancer avec mépris :

— Pour que l'on respecte la cause sacrée de Notre Seigneur.

Colbert posa son œil lourd sur lui :

— Et qui ici est ennemi de l'Eglise ? Nul, croyez-le, ne songe auprès du roi à rien de semblable. Le roi veut au contraire conforter l'ordre spirituel. Allez, nous sommes en confidence, je puis donc vous livrer ce qui est encore pour peu de temps un secret : dans quelques jours, le roi va demander à l'assemblée du clergé de sévir contre les déviants de tout poil en contraignant les ecclésiastiques à signer un Formulaire qui garantira leur strict respect de l'autorité de notre sainte mère l'Église et du roi, chevalier de Dieu sur terre.

Repoussant sa chaise, Colbert se mit à arpenter la pièce en dévisageant les hommes présents.

— Le temps des Morin est passé. Ne vous trompez pas d'heure. Servez votre cause. Ne vous trompez pas d'ennemi, ceux qui en veulent à la royauté parce qu'ils en veulent à l'ordre spirituel qui la fonde. J'ai à cet égard des craintes immenses, nourries par des soupçons dont le roi lui-même, mentit-il en passant sous silence le rôle de la reine mère, a bien voulu m'entretenir. C'est ensemble que je compte que nous les combattions. Ne laissez pas votre aveuglement priver Notre Seigneur des combattants dont il aura besoin, conclut-il en baissant les yeux d'un air pénétré.

A mesure qu'il percevait l'ébranlement des esprits qui l'entouraient, Colbert se sentait gagné par une excitation dont la flamme brillait à présent dans son regard sombre.

— Il faut donc choisir, mes amis : partir sans chaînes, et pouvoir continuer votre activité d'autant plus librement qu'elle se fera en coordination avec la volonté du roi, par mon canal. Ou bien sortir d'ici les fers aux pieds pour gagner ce soir la Bastille et demain l'échafaud. La parole est à vous. Vous ne dites rien ? Allons, ajouta-t-il en se dirigeant vers la sortie, je vais remonter à l'air libre. Vous avez dix minutes pour vous décider. Après, je ne réponds plus de rien.

Arrivé sur le seuil, il s'arrêta comme pour réparer un oubli.

— Ah ! Bien sûr mon père, vous venez avec moi. Sa Majesté m'a appelé de nouveau aujourd'hui à Vincennes pour le Conseil, et je suis certain que vous serez auprès des siens d'une grande utilité.

Sans attendre, Colbert ouvrit la porte et sortit.

Silencieux, le chef des dévots se signa et murmura une prière inintelligible. Puis, se drapant dans son manteau, il sortit à son tour. Entendant la porte grincer derrière lui, Colbert sourit en comprenant qu'il avait gagné la partie et attiré à lui des alliés d'autant plus fidèles qu'ils lui devaient leur survie.

39

Vincennes – jeudi 10 mars, neuf heures du matin

LES MAINS posées sur le plateau de marbre vert de la table, Colbert goûtait la délicieuse sensation de fraîcheur qui émanait de la pierre. Du coin de l'œil, il observait à la dérobée les huit autres hommes réunis dans la pièce pour ce premier conseil des ministres en l'absence du Cardinal : Séguier, le vieux chancelier de France, qui gardait sa main droite cachée pour en masquer le tremblement incontrôlé, Le Tellier, le front soucieux, Hugues de Lionne, l'air hautain comme à son habitude, La Vrillière, inquiet de tout changement au point que son regard balayait sans cesse les différents angles de la pièce, les deux Brienne, de plus en plus difficiles à distinguer dans leur insignifiance, songea-t-il, Guénégaud, incarnation du grand seigneur, et enfin Nicolas Fouquet, perdu dans la contemplation de la peinture allégorique ornant le chambranle.

La porte qui s'ouvrit d'un coup fit sursauter La Vrillière et se tourner d'un même regard les deux Brienne. Seul Séguier ne réagit qu'avec un temps de retard en voyant le mouvement général.

Tandis qu'ils se levaient, le roi entra d'un pas rapide. Vêtu d'un manteau bleu vif et ceint d'une écharpe de soie blanche, coiffé d'un ample chapeau décoré de deux plumes blanches elles aussi, il s'arrêta la main en avant, posée sur le pommeau de sa canne d'ivoire, dardant sur les présents un regard intense sous ses paupières basses.

— Monsieur, dit-il en s'adressant au chancelier sans ôter son chapeau et sans s'asseoir, je vous ai fait assembler avec mes ministres et secrétaires d'Etat pour vous dire que jusqu'à présent j'ai bien voulu laisser gouverner mes affaires par monsieur le Cardinal.

La canne fit un petit claquement sur le sol de pierre.

— Il est temps que je les gouverne moi-même. Il n'y aura donc plus de Premier ministre. Vous m'aiderez de vos conseils, quand je vous les demanderai.

Les neuf hommes s'inclinèrent sobrement.

— Monsieur de Brienne, pour toutes affaires militaires, vous verrez avec monsieur de Lionne. Monsieur le surintendant, vous bénéficierez du concours de monsieur Colbert, que j'ai fait intendant des finances au titre d'une charge extraordinaire créée en l'occasion. Messieurs, vous me rendrez compte directement de vos actions. Nous nous verrons pour cela dans les prochains jours.

Colbert tenta un gracieux sourire agrémenté d'une courbette en direction du surintendant, mais ne réussit qu'à produire une affreuse grimace tant ses gros yeux cachaient mal son excitation.

— La face du théâtre change, monsieur le chancelier. J'aurai d'autres principes dans le gouvernement de mon Etat, dans le règne de mes finances et dans les négociations au-dehors que n'avait monsieur le Cardinal. Vous savez mes volontés. C'est à vous, messieurs, de les exécuter.

Le roi sortit, daignant bavarder un instant avec les courtisans choisis pour venir rendre hommage au Cardinal. Au premier rang d'entre eux se trouvait l'archevêque de Rouen, Harlay de Champvallon, président de l'assemblée du clergé.

— Votre Majesté m'avait ordonné de m'adresser à monsieur le Cardinal pour toutes les affaires, interrogea-t-il avec déférence. Le voilà mort. A qui Votre Majesté veut-elle que je m'adresse ?

Saisissant au vol la dernière phrase entendue d'une oreille distraite, le roi se tourna tout à coup vers lui en le fixant avec un intérêt nouveau :
— A moi, monsieur l'archevêque, à moi-même.

40

Maincy – jeudi 10 mars, midi

— MONSIEUR DE PONTBRIAND. N'ayez pas de crainte. Je ne vous veux aucun mal.

L'homme qui venait de monter dans la voiture où se trouvait Gabriel était masqué. Il avait profité d'une halte du carrosse mis à la disposition du jeune comédien par Fouquet pour ouvrir prestement la portière et s'asseoir en face du secrétaire de Molière, médusé d'entendre ainsi prononcer son nom de famille.

— Que me voulez-vous ? Qui êtes-vous ? s'écria Gabriel tandis que la voiture repartait dans les rues étroites et pavées du tranquille village de Maincy, à quelques lieues du château de Vaux-le-Vicomte.

— Vous êtes Gabriel de Pontbriand, fils d'André de Pontbriand. Alors que vous aviez cinq ans, votre père est parti d'Amboise pour l'Angleterre et depuis vous n'avez plus eu de ses nouvelles. Votre mère et votre oncle vous ont dit qu'il était mort à Londres. Vous vivez à Paris rue des Lions Saint-Paul, poursuivit l'homme d'une voix étrangement calme face à un Gabriel de plus en plus interloqué. Votre oncle vous fait rechercher et la police vous surveille.

— Mais enfin qui êtes-vous ? s'énerva le comédien.

— Peu importe mon nom. Je suis un ami de votre père, à qui vous ressemblez d'ailleurs fort. Vous courez un grand danger et je suis venu vous en prévenir.

— Vous connaissiez mon père ? Pourquoi parlez-vous de lui au présent et de quel danger voulez-vous m'avertir ? interrogea Gabriel, de plus en plus fébrile.

— Là n'est pas le sujet. Aujourd'hui votre vie est menacée. Monsieur de Pontbriand, poursuivit l'homme d'un ton glacial, ne cherchez pas à comprendre, n'essayez pas de connaître l'origine ni le contenu des documents en votre possession.

— Quels documents ? demanda, excédé, le jeune comédien.

— Monsieur, le temps presse, nous arrivons bientôt à Vaux. Dois-je vraiment vous décrire par le détail ces documents codés en votre possession ? Peut-être ne connaissez-vous pas non plus monsieur Barrême ? Vous ne devez plus vous mêler de tout cela. Le royaume va vivre des heures qui peuvent se révéler déterminantes et tragiques. Sortez de la nasse dans laquelle vous vous êtes involontairement enfermé. De grâce, oubliez ces documents ou remettez-les à Barême. Ce serait une attitude sage. Il est des secrets plus grands que nos pauvres vies !

Le carrosse fit à nouveau halte, cette fois-ci en pleine campagne, au bout de l'immense allée bordée de chênes qui longeait le domaine du surintendant. C'est le moment que choisit l'intrus pour sortir du véhicule aussi prestement qu'il y était entré.

— Nous nous reverrons, « Cherubino », cria-t-il en sautant à terre pour enfourcher un cheval qui l'attendait sagement au pied d'un arbre. D'ici là, réfléchissez bien et soyez prudent.

En regardant s'éloigner la monture, Gabriel était resté bouche bée.

— « ″Cherubino ″, c'est le surnom dont m'affublait mon cher père ! Qui est cet homme ? Comment sait-il tout cela ? Que vaut cette mise en garde ? »

Tandis que le jeune homme était plongé dans de multiples interrogations, la voiture s'engagea dans l'allée majestueuse conduisant aux marches du château de Vaux-le-Vicomte.

En s'éloignant au galop sur la route de Melun, le mystérieux passager du carrosse avait jeté à terre son masque. Il était soulagé et heureux d'avoir pu ainsi parler à Gabriel.

« Cette ressemblance avec André son père est tout de même incroyable, se dit François d'Orbay, espérons que ce premier avertissement le pousse au moins à davantage de prudence ! »

41

Maincy – vendredi 11 mars, début d'après-midi

DEBOUT DEVANT LA PORTE de l'ancien couvent des Carmes de Melun, Charles Le Brun, le peintre illustre chargé de la décoration du château de Vaux-le-Vicomte, patientait stoïquement dans le froid depuis près d'une demi-heure.

Enfin, la voiture tirée par quatre chevaux en provenance du château voisin de Vaux-le-Vicomte apparut et s'arrêta devant le bâtiment racheté en 1658 par Fouquet aux religieuses de l'ordre des Carmélites. Le surintendant des finances en sortit, suivi de Jean de La Fontaine et de Gabriel.

— Alors, mon cher Le Brun, comment avancent nos ouvrages ? interrogea Fouquet en prenant le peintre par le bras pour le relever de son inclinaison respectueuse.

— Fort bien, Monseigneur, nos lissiers font des merveilles chaque jour. Vaux sera décoré selon vos souhaits. J'ai de plus une heureuse nouvelle. Notre production est à son rythme maximum, ce qui me permet de vous garantir aujourd'hui que nous respecterons les délais. Mais j'ai hâte de vous montrer cela, ajouta Le Brun.

— Monsieur de La Fontaine que vous connaissez et ce jeune homme qui est avec moi étaient eux aussi très désireux de visiter votre ruche. Allez, Le Brun, ouvrez-nous vos ateliers et dévoilez-nous ces merveilles.

Les quatre hommes entrèrent dans la cour intérieure du carmel. Gabriel était stupéfait de l'agitation qui régnait à l'intérieur et de l'organisation méthodique qui transparaissait à chaque regard. La manufacture était divisée en ateliers et magasins. « Une ruche, à la vérité, l'image est bien appropriée ! » pensa le jeune homme. Dans un coin de la cour, sous un auvent, s'entassaient les ballots de laine non cardée en provenance de différents élevages de moutons du royaume mobilisés afin de fournir une matière première de grande qualité. Le Brun commentait la visite :

— Il nous faut trois jours et sept opérations pour traiter la laine et la transformer. Sachez, Monseigneur, que pour une livre de laine huilée nous obtenons trois mille pieds de fil double. Ce fil magique qui devient sous les doigts de nos maîtres lissiers la trame et le corps de la tapisserie.

— N'avez-vous pas de problèmes d'approvisionnement ? interrogea Fouquet.

— Au début, Monseigneur, la médiocre qualité des laines reçues nous a obligés à renvoyer bien des ballots. Je dois dire que désormais, grâce à vos terres de Belle-Île, notre ressource s'avère régulière. Vos fermiers ont à cœur de sélectionner les plus belles toises, répondit Le Brun.

Après l'atelier de teinture, la visite se poursuivit par les locaux des cartonniers. C'est là que les tapisseries étaient peintes sur des toiles en version inversée mais à leur taille réelle. Le Brun était très fier de ces cartonniers hollandais qu'il avait fait venir tout exprès et qui recopiaient avec un incroyable talent ses peintures.

— Voyez, Monseigneur, dit fièrement le peintre devant un immense carton posé à plat sur la table. Voici la portière dont je vous ai montré les esquisses.

Fouquet se pencha sur l'ouvrage.

— J'admire votre talent, monsieur. Cet écureuil au milieu de l'œuvre est d'une finesse gracieuse qui me ravit. Je suis impatient de le voir apparaître en fil de soie et de coton et d'en admirer l'effet à Vaux.

Gabriel était fasciné. Chacun des trois cents ouvriers semblait avoir une connaissance précise des gestes qu'il devait accomplir. Tout apparaissait réglé comme un ballet, en particulier le travail des lissiers qui faisaient naître de leurs doigts incroyablement agiles, entrecroisant les fils sur les métiers à tisser, les œuvres d'art dessinées par le peintre. Dans les magasins, Gabriel eut tout le loisir d'admirer et de palper les tapisseries entreposées avant leur livraison à Vaux. C'est le moment que choisit Le Brun pour interroger son mécène à propos d'une affaire embarrassante.

— Monseigneur, j'ai fait parvenir hier les inventaires réclamés par monsieur Colbert, mais...

— De quoi s'agit-il ? l'interrompit Fouquet. De quels inventaires me parlez-vous ?

— Cela m'a semblé aussi étrange, reprit le directeur, soulagé de pouvoir en parler. Monsieur Colbert m'a fait demander un inventaire complet de la manufacture. J'ai dû passer deux jours à rédiger un mémorandum détaillant l'état exact de nos stocks, la liste de nos ouvriers et maîtres compagnons, leurs salaires, ainsi que le nombre de nos machines. Je pensais que vous étiez informé de cette requête.

— Mais en aucune façon ! s'emporta Fouquet. De quoi se mêle Colbert ? Je suis ici chez moi et j'entends bien y rester maître. Vous n'auriez jamais dû répondre à cette demande sans m'en aviser.

A quelques mètres de là, Gabriel ne perdait pas un mot de la discussion. « Ainsi, voilà que Colbert continue ses manœuvres : après les pièces de Molière qu'il veut abattre, maintenant la surveillance d'un ministre : voilà un homme qui n'a pas froid aux yeux et ne s'encombre décidément pas de scrupules », pensa-t-il avec une moue dégoûtée.

— Cela confirme notre soupçon, dit La Fontaine. Il a dû agir au nom du Cardinal mais aujourd'hui, après la disparition de Son Eminence, vous ne pouvez tolérer ces agissements. Monsieur le surintendant, poursuivit le fabuliste en entraînant Fouquet vers un coin plus discret du magasin, quand accepterez-vous de comprendre que Colbert, ce fourbe venimeux, cherche votre perte ? Je suis persuadé qu'il a œuvré toutes ces dernières semaines afin de pousser Mazarin moribond à suggérer au roi la suppression du ministériat dans le seul but de vous barrer la route du pouvoir. Vous êtes trop bon ou, permettez-moi de vous le dire, trop naïf. Il faut réagir !

Fouquet était troublé par l'audace de ce Colbert osant donner des ordres dans la propre maison du surintendant des finances. « La Fontaine a raison », se dit Gabriel qui se tenait silencieux à quelque distance. Ses yeux tombèrent sur le motif tiré du blason de Fouquet. « Un écureuil face à un serpent », songea-t-il en soupirant.

— Mon cher Jean, vous avez sans doute raison, dit après un long silence le surintendant en prenant le bras de son ami afin de revenir vers Le Brun resté au centre de la pièce. Je vais demander une audience à Sa Majesté sans tarder afin de mettre les choses au point. Je verrai aussi la reine mère. Vous connaissez l'affection qu'elle me porte. J'ai d'ailleurs une échéance à lui régler, cela me donnera un prétexte afin d'évoquer tout cela et de solliciter ses conseils.

Le Brun, toujours honteux de son absence d'à-propos, attendait avec quelque inquiétude le surintendant.

— A l'avenir, essayez d'être moins artiste dans votre gestion de la manufacture, dit en souriant Fouquet. Je vous pardonne en raison des merveilles produites ici sous votre autorité. Vous nous avez enchantés, monsieur le peintre. Toutefois, puisque l'art de l'inventaire semble aussi être votre muse, vous voudrez bien me faire parvenir dans les meilleurs délais un mémorandum contenant toutes les informations fournies par vous à Colbert.

Manifestement heureux de s'en tirer à si bon compte, Le Brun s'inclina.

— Vos ouvriers paraissent mal nourris, ajouta le surintendant des finances. Vous devez les épuiser à la tâche. Afin de leur manifester ma gratitude, versez-leur dès cette semaine un dixième de salaire en plus. Qu'y a-t-il, Gabriel ? poursuivit-il en se tournant vers le jeune homme.

— C'est... Je me demandais où sont logés tous ces gens, ouvriers, artistes : y a-t-il un corps de bâtiment prévu ?

Le Brun se renfrogna. Puis, devant un geste qui signifiait que Fouquet, ravi, reprenait la question à son compte, il s'exécuta non sans foudroyer Gabriel du regard.

— C'est-à-dire... commença-t-il, nous avons concentré nos efforts bien sûr sur la production... Tous les travaux attenants ne sont donc pas achevés et...

Fouquet le coupa d'une voix soudain glaciale.

— J'avais oublié cette question. Merci, Gabriel, de cette intervention heureuse. Elle me permet de réparer mon oubli, ce qui me satisfait. Mais elle m'oblige à vous répéter mes consignes, ce qui me déplaît, gronda-t-il. J'apprécierais que vous fassiez rapidement les travaux nécessaires pour transformer le vieil hôtel des carmélites et y loger décemment ces gens, ajouta le surintendant sur un ton ferme. Je ne supporte plus de voir ainsi à quelques lieues de mon château ces ouvriers plus mal logés que des animaux ! Que diable, monsieur Le Brun, combien de fois devrai-je vous dire le prix que j'attache aux conditions de vie de chacun de ceux qui me servent !

Silencieux, Gabriel posa un regard plein d'admiration sur le surintendant.

— J'y veillerai, Monseigneur, répondit seulement Le Brun en baissant la tête, j'y veillerai.

42

Domicile de François d'Orbay – vendredi 11 mars, onze heures du soir

DEBOUT DEVANT LA FENÊTRE de son grand bureau, ses mains longues et nerveuses jointes dans le dos, François d'Orbay regardait la pluie tomber en grosses gouttes sur les carreaux. Les traînées qui dégoulinaient l'empêchaient de bien voir la cour de l'hôtel particulier, déserte et éclairée seulement par deux lampes tempêtes fixées de part et d'autre du portail. Son visiteur était en retard mais curieusement, l'attente ne déplaisait pas à l'architecte. Il soupira et fit quelques pas jusqu'au centre de la pièce. Le miroir accroché au mur lui renvoya son image. Il s'y trouva les traits plus durs, le visage plus sec. Il s'approcha un peu plus. « Les années, déjà ? », songea-t-il avec une ironie douce-amère. Il lui semblait que le silence qui régnait dans la maison, troublé seulement par le crépitement des gouttes d'eau sur le toit et contre les fenêtres, le reposait. Quittant la pièce, il traversa le salon et le vestibule en direction des appartements de ses enfants, avançant de mémoire dans la pénombre, une main frôlant le mur. Le bruit de ses pas sur le carrelage alerta la gouvernante qui se releva à demi sur son lit dressé dans l'antichambre. La paume ouverte, il lui fit signe de se recoucher et poursuivit sans s'arrêter jusqu'à la porte de la pièce où dormaient le petit garçon et la petite fille. Un rai de lumière très léger qui filtrait par les persiennes de la fenêtre ouvrant sur le jardin lui permit de s'orienter. Il s'arrêta une seconde au chevet des deux lits, puis, s'agenouillant, remonta les draps sur les enfants jusqu'au menton.

« Combien de fois, pensa-t-il, ai-je pu ainsi les regarder dormir ? » Un an à Rome, une autre année à Londres, des voyages incessants : les années avaient passé si vite, la charge qui reposait sur ses épaules était si pesante. Il avait dû tant courir, se méfier, toujours craindre la trahison, imaginer le pire. Dieu que cette passion était dévorante ! Combien de fois en dix ans avait-il échappé à la prison ou à la mort ? Combien de fois avait-il pris des risques insensés sans jamais s'en ouvrir aux siens, sans que sa femme sache où se portaient ses pensées lorsqu'il demeurait de longs moments silencieux ? « Et encore ai-je eu de la chance », pensa-t-il avec un frisson. Il ferma les yeux pour chasser les visages familiers dont le souvenir lui revenait en mémoire, puis les rouvrit. Les deux enfants dormaient à poings fermés. Il enleva avec précaution le cheval de bois que le petit garçon avait gardé contre lui, soulevant doucement son bras inerte, et le posa à côté du lit ; il écarta les mèches qui balayaient le front de la petite fille. Puis, à regret, il se releva. La voix de son valet de chambre le tira de sa contemplation. Debout dans l'encadrement de la porte, l'homme l'appelait en chuchotant :

— Monsieur ! Monsieur ! Votre visiteur est arrivé.

L'architecte soupira et se retourna pour suivre son domestique. Sur le seuil de la pièce, il eut encore un long regard avant de refermer la porte en prenant garde que la serrure ne grince pas.

Giacomo Del Sarto était assis près de la cheminée, les mains tendues vers les flammes pour se réchauffer. La lumière du feu jouait sur son visage, soulignant le teint pâle de sa peau. Son manteau noir, dont l'eau dégoulinait sur les tomettes ocre du sol, était étendu à proximité sur une chaise. Il le désigna d'un air dégoûté à d'Orbay qui entrait :

— Il a suffi que je sorte de la voiture, le temps de faire quelques pas et me voilà transpercé par la pluie. Il est dit que nous sommes condamnés à nous voir par jour de tempête !

Il se leva et l'embrassa avec chaleur. Puis ils se rassirent tous deux, silencieux, tandis que le valet de chambre quittait la pièce.

— Eh bien, reprit Giacomo Del Sarto lorsque la porte fut refermée, que se passe-t-il ? J'ai quitté Rome dès réception de ton message. Je ne pensais pas que nous nous reverrions si vite après notre dernière réunion. Tu m'as inquiété, tu sais. Je n'aime pas ces procédures d'urgence.

D'Orbay soupira tout en tisonnant le feu.

— Je n'avais pas le choix. J'avais besoin de ton avis et pas le temps de rassembler nos frères. Je ne pense pas d'ailleurs que ce serait raisonnable par les temps qui courent.

Giacomo se pencha en avant, les sourcils froncés.

— A ce point ?

— Hélas, oui. Les nouvelles de ces derniers jours sont étranges. Il s'y mêle des influences diverses qui agissent les unes sur les autres... Sache tout d'abord que les documents perdus sont réapparus.

Le visiteur cria presque en sursautant :

— Quoi ? Où ?

— C'est une curieuse histoire. Il semble que notre inquiétude la plus forte depuis des années ait été fondée : les documents abandonnés dans les conditions que tu sais lors de l'évasion de notre frère André étaient bien entre les mains de Mazarin. Pour notre chance, ils lui sont demeurés inintelligibles. Le code n'a pas été cassé. Et sans doute avons-nous été servis par la méfiance maladive de l'Italien qui devait n'avoir qu'une peur, c'est de parler de cela à quelqu'un qui comprenne le secret avant lui... Bref, le chien est mort sans savoir...

— Mais les documents, coupa Del Sarto, comment sont-ils sortis des griffes de Mazarin et qui les détient ?

— J'y viens, c'est là que l'histoire est curieuse. Un groupe d'illuminés n'a pas hésité à incendier en partie le palais Mazarin pour couvrir un cambriolage. Je ne sais ce qu'ils cherchaient au juste, mais je suis à présent convaincu que ces malfaisants ont sans le savoir dérobé nos documents avant de les égarer dans leur fuite. Ils ont été retrouvés par un jeune homme dont le hasard a voulu qu'il croise la route de Nicolas Fouquet et devienne son protégé... Un jeune homme dont j'ai su l'identité en le voyant, avant même de connaître son nom, tellement sa ressemblance avec son père est frappante.

Giacomo accusa le coup et se renfonça dans son fauteuil en joignant les mains.

— Tu as deviné toi aussi, poursuivit d'Orbay en se levant. Eh bien oui, c'est le fils d'André, Gabriel de Pontbriand, qui a mis la main sur ces documents. Curieuse ironie de l'histoire, tu ne trouves pas ? interrogea-t-il avec un soupçon de fêlure dans la voix : il y a quinze ans le père échappe par miracle à la mort et perd ces documents. Pendant quinze ans, nous tremblons sans savoir où ils sont, protégés seulement par le code qui les gouverne. Et voilà que la Providence, ou appelle-la comme tu veux, s'amuse à plonger un second Pontbriand dans ce nid de serpents, à l'instant même où nous touchons au but...

— Nous pouvons les lui reprendre, sans lui dire ?

— Je crains que ce soit hélas moins simple. D'après Barrême, qui a trop parlé comme toujours mais a au moins pensé à m'alerter lorsque ce jeune innocent est venu tout de go lui demander de traduire ces papiers, il a vu la signature qui n'était pas codée. Il sait donc que c'est le seul fil qui le relie à son père. Je pourrais bien sûr le faire taire, dit-il d'une voix sinistre. La pensée m'en a traversé, je dois te l'avouer. Mais je n'en ai pas le droit. C'est pour cela que je voulais te voir.

— Et Nicolas ? Il ne faut pas perdre de vue l'essentiel. Qu'en dit-il ?

D'Orbay hocha la tête.

— Nous en avons parlé. C'est aussi la raison de ta venue. Les dernières informations postérieures à la mort de Mazarin semblent montrer que le jeune roi est décidé à quitter ses jeux et son oisiveté pour gouverner. Il ne veut plus de Premier ministre. C'est inquiétant pour nos plans. Nous aurions préféré le maintien d'un monarque manipulable comme nous l'espérions lors de notre rencontre de Rome, cela aurait été plus simple. Toutefois, loin de tergiverser, je pense qu'il faut à la lumière de ces événements hâter nos desseins. J'ai déjà donné des ordres pour que les travaux de Vaux s'accélèrent. Je n'ai pas de mal à justifier cela. Plus nous attendrons, plus notre situation sera difficile vis-à-vis du roi. En agissant vite au contraire, nous pouvons profiter de ce que ses résolutions n'auront pas encore été transformées en actes. Et nous réussirons d'autant plus sûrement que nous avons de nouveau l'espoir à travers le jeune Pontbriand de récupérer la clé du Secret, de rendre lisible le manuscrit qui va arriver bientôt de Rome. Fort de cet atout supplémentaire, Nicolas convaincra le roi, cela ne fait plus aucun doute.

Il se rassit face à son visiteur et le fixa profondément.

— Je crois qu'il faut agir cet été au plus tard, dès que nous aurons récupéré le manuscrit et la clé permettant de le révéler. Mais cela demande de prendre des risques. Qu'en penses-tu ?

— C'est à toi de juger, François, répondit doucement Giacomo. Essaie d'abord de récupérer la formule. Pour cela, ajouta-t-il, je pense que tu ne peux éviter de te rendre à Londres au préalable. Sur le reste, vois avec Nicolas, tu as mon blanc-seing.

D'Orbay parut soulagé.

— C'est ce que j'espérais t'entendre dire. Pour tout t'avouer, les chevaux de poste sont déjà réservés jusqu'à Calais. Je pars sans délai. C'est un accroc de plus à nos règles de sécurité, mais l'enjeu est trop important.

Le grand maître acquiesça avec un demi-sourire. Saisissant les deux mains de D'Orbay, il les serra avec force puis se releva pour attraper son manteau.

— Pour ma part, je reste deux jours ici. Le temps d'un débat en Sorbonne et d'une consultation privée. Nul ne pourra ainsi s'étonner de ce passage à Paris.

Six heures plus tard, alors que l'aube n'éclairait pas encore le pavé luisant de la pluie de la veille, François d'Orbay descendait les marches de l'escalier, costumé et botté pour le voyage. En traversant le vestibule, il songea aux petits corps endormis derrière la porte, et accéléra le pas.

43

Pavillon de chasse de Versailles – dimanche 13 mars, sept heures du soir

LES DERNIERS RAYONS du soleil achevaient de disparaître au-dessus de la forêt, accrochant encore quelques teintes rosées aux gros nuages accumulés à l'horizon. Par la fenêtre du carrosse anonyme venu la chercher à l'octroi du faubourg Saint-Germain, Louise de La Vallière se laissait aller à la contemplation du spectacle. Dans un effort pour contrôler l'émotion qui faisait trembler ses mains, elle avait observé le paysage durant tout le trajet qui l'avait menée par la route de Meudon jusqu'à la vallée marécageuse où se dressait le pavillon de Versailles. La jeune fille eut une moue de déception en apercevant au détour d'un dernier virage la masse rectangulaire du bâtiment.

— Je l'imaginais plus grand, murmura-t-elle pour elle-même.

Puis elle se sentit rougir de son audace, tandis que son cœur se remettait à battre à tout rompre. Le visage du roi vint s'imposer devant ses yeux, image fascinante qui avait bercé ses rêves depuis que, quinze jours plus tôt, dans la foulée de sa présentation au roi, elle avait reçu ce billet auquel elle n'avait osé répondre, puis un deuxième, puis un troisième... jusqu'à ce rendez-vous impératif. « Je chasserai ce jour à Versailles et ose espérer que vous accepterez de me rejoindre dans ce havre hérité de mon père et que je chéris tout particulièrement, pour y souper avec moi. Si vous me faites cette grâce, trouvez-vous à l'octroi de l'abbaye de Saint-Germain, où une voiture vous attendra, dès cinq heures. Je n'ai besoin de nulle réponse dans l'intervalle, n'osant vous demander un oui quand un peut-être suffit à emplir mon cœur d'espérance » : pour la centième fois, elle se récitait les termes de sa missive. Tout, jusqu'à l'absence de signature, la touchait, l'émouvait, la réjouissait en ajoutant au caractère romanesque de l'aventure. Un remords l'effleura de n'avoir pas parlé à Gabriel de ces échanges. Il est vrai qu'elle l'avait trouvé inquiet et curieusement distant au cours des jours passés, refusant de lui répondre lorsqu'elle le questionnait sur la raison de ce mutisme.

Le dernier cahot de la voiture avant qu'elle ne s'immobilise au bout d'une petite allée bordée de cyprès la ramena à la réalité. En descendant le marchepied, elle s'aperçut que la nuit était à présent complète.

— Prenez garde, madame, le sol est inégal, dit le valet qui éclairait son chemin.

Le froid la fit frissonner et elle remonta son étole sur sa tête, la serrant autour de ses épaules. Au bout de l'allée, une lanterne laissait entrevoir les contours du pavillon. En s'engageant sur le chemin de terre, Louise crut être revenue dans ses rêves d'enfant où elle marchait ainsi, où elle courait même, vers le prince susceptible de l'arracher à sa vie angevine, de l'emporter loin de sa famille, loin de cette réalité si pesante dont elle ne pouvait partager l'ennui qu'avec Gabriel, confident et camarade de jeu.

— Toi tu es un garçon, lui disait-elle. Tu peux partir, te sauver, te battre, t'engager dans la flibuste... Moi, je ne peux rien attendre.

Comme elle avait pleuré, quand il avait disparu sans laisser de traces !

La maison était à présent distincte, ses rangs de brique rouge intercalé avec la pierre blanche des carrières voisines.

— Mon Dieu, comme Amboise est loin, murmura-t-elle en

s'engageant sur la terrasse pavée qui menait au perron.

La chasse avait été décevante. La traque avait duré toute la journée pour que finalement le daguet parvienne à s'échapper, se jouant des équipages rompus de fatigue et frustrés de leur victoire. Furieux de cet épilogue, le roi avait abandonné la chasse sur place, passant sa colère en lançant à bride abattue sa monture dans les sous-bois pentus qui descendaient vers la vallée. Les mousquetaires qui peinaient à le suivre avaient été congédiés à la grille, le roi réclamant qu'on avance sa voiture sans délai et qu'on le laisse seul. Le carrosse repartit peu après avec tout le cortège, sans le roi toutefois, demeuré discrètement dans son appartement aménagé à l'étage du pavillon. Une heure plus tard, la colère du souverain n'était que peu retombée. Toujours habillé en chasseur, Louis XIV, qui avait seulement remplacé son baudrier de cuir par une veste d'intérieur en soie pourpre après s'être frictionné le torse à l'eau froide, déambulait encore dans son cabinet, ses lourdes bottes résonnant sur le parquet. Le crissement des roues d'un carrosse et le hennissement des chevaux l'attirèrent à la fenêtre. Depuis l'étage, celle-ci ouvrait sur les bois alentour dans le prolongement de l'allée aménagée derrière le pavillon pour faciliter les arrivées discrètes. Plissant les yeux pour accommoder sa vue, le souverain discerna tout à coup la tache claire de la robe de Louise. Elle avançait à pas rapides, relevant à peine ses jupes dont le bas masquait ses pieds et donnait l'impression qu'elle se déplaçait sans toucher le sol. Avec un soupir satisfait, le roi observait la silhouette gracieuse dont les traits se précisaient peu à peu. A l'approche du bâtiment, elle leva les yeux et il sourit en pensant qu'elle ne pouvait le voir. Il avisa qu'il était impressionné par l'innocence et la dignité qui se dégageaient de son cou élancé, de son visage mince, presque triangulaire, de ses grands yeux clairs. S'arrachant à sa contemplation tandis qu'elle atteignait le perron, le roi de France jeta machinalement un regard dans la glace en quittant la pièce. Il y vit le reflet d'un jeune homme de vingt-trois ans à la prunelle enflammée d'un reste de colère qu'adoucissait une lueur malicieuse.

Le roi essuya sa bouche, but une gorgée de vin et leva les yeux vers Louise.

— Le goût de ces cailles vous est-il agréable ? Et ce vin ? Il vient des vignes de Vougeot. Monsieur de Condé a eu la grâce de m'en faire tenir plusieurs caisses parce que j'avais eu la faiblesse de lui dire qu'il était à mon goût. Mais vous ne mangez rien, ajouta-t-il en se resservant dans l'un des nombreux plats alignés entre eux sur la table recouverte d'une nappe immaculée.

— Le prince de Condé ? murmura Louise.

Le roi se contenta de sourire.

— Telle est ma croix, mademoiselle. Chacun pense à interpréter mes mots et croit me surprendre en répétant des faits qui ont tiré de moi un mot de satisfaction, un jour, alors que ce mot peut-être était seulement un hasard...

S'apercevant que la jeune fille rougissait, le roi corrigea de lui-même :

— Tenez, dit-il en tirant de sa chemise une petite clé attachée par une chaîne d'or à son cou, savez-vous ce qu'est cette clé, mademoiselle ?

Devant l'air interdit de la jeune fille, le roi poursuivit :

— Elle m'a été offerte par un ami fidèle, tout heureux de m'apporter un jour un trésor sous la forme d'un chargement de cacao ramené des Indes avec une cargaison d'épices. Il a fait confectionner une boîte hermétiquement close et y a enfermé le cacao. Puis il me l'a donnée en me faisant promettre d'en porter toujours la clé sur moi de peur que l'on ne me dépouille. Je suis donc le commandeur du cacao, et nul ne peut y accéder sans que j'en sois informé...

Il retint à peine un éclat de rire.

— Vous noterez que j'ai accepté parce que c'est un ami très

cher. J'aime cette idée parce qu'elle me fait penser à lui.

Il se tut un instant et considéra l'air impressionné de la jeune fille.

— Que pensez-vous, dites ! Croyez-vous que je devrais arrêter, ôter la clé de mon cou, en remettre la charge à quelqu'un d'autre ? N'ayez pas peur, dites, c'est un conseil que le roi vous demande, dit-il en grondant faussement.

Louise releva à son tour les yeux doucement.

— Non pas, Sire, je crois qu'il vous faut la garder. Mais seulement en faire un double ou deux et permettre ainsi que la ressource soit plus aisément utilisée.

— Voilà qui est d'une fine mouche, commenta le roi dans un sourire. Mais assez écouté. Parlez-moi de vous.

— De moi ! se récria la jeune fille. Mais, Sire, il n'y a rien à dire sur moi. Je suis née il y a dix-sept ans à Amboise, j'ai grandi heureuse grâce à la générosité de votre oncle, Dieu l'ait en sa sainte garde, et j'ai dû à sa protection d'être choisie pour accompagner votre future belle-sœur. Il n'y a rien d'autre à dire. Je n'ai ni cargaison de cacao à faire porter à Votre Majesté, ni conversation spirituelle pour l'entretenir...

Louise s'interrompit, inquiète. Le roi venait de se lever de table d'un coup en jetant sa serviette sur son assiette. Constatant qu'il souriait toujours, elle retrouva son calme et se leva à son tour, stupéfaite de le voir contourner la table et tirer lui-même la chaise derrière elle. Comme elle esquissait une révérence, il lui prit la main sans un mot et l'entraîna avec lui vers le jardin. Les nuages s'étaient dissipés, des étoiles scintillaient à présent dans la nuit noire.

— J'aime cet air humide et doux, dit le roi de France. Il me rappelle le goût de mon enfance. Cet endroit est pour moi un repos et aussi un rêve, le rêve d'autre chose, dit-il songeur en contemplant le ciel.

Comme elle frissonnait tout à coup, il s'inquiéta de savoir si elle avait froid. Elle fit non de la tête, mais sans l'entendre, il se précipita dans la pièce, la laissant seule et stupéfaite pour réapparaître un instant plus tard porteur d'un châle de soie.

— Il m'a été donné par l'ambassadeur de Venise en appui à des fariboles innombrables qu'il me racontait sur les exploits de ses compatriotes en Chine, commenta le roi à mi-voix tout en le posant sur les épaules de Louise. Songez que les fils qui couvrent votre dos ont parcouru des milliers de kilomètres depuis la Chine jusqu'à Versailles, ajouta-t-il en s'écartant pour juger de l'effet de la soierie.

— Voilà que j'ai froid moi aussi, reprit-il en tendant ses paumes vers la jeune fille.

Tapie dans l'ombre des arbres, à quelques pas de là, la silhouette qui avait observé toute la scène regarda le roi et la jeune fille rentrer côte à côte dans la pièce. Elle resta là quelques secondes encore, puis disparut, avalée par la nuit.

44

Domicile de Jean-Baptiste Colbert – lundi 14 mars, onze heures du matin

BRAS CROISÉS, Colbert hésita un instant puis réitéra son ordre :

— Plus à gauche, encore davantage !

Docilement, les ouvriers qui portaient les lourdes vasques antiques les déplacèrent pouce par pouce le long du mur du vestibule, face à l'escalier de pierre qui montait au premier étage.

— Voilà, s'exclama le nouvel intendant des finances, c'est mieux.

S'approchant, il estima en avançant le pied la régularité de l'espace entre chacune des vasques et les cabochons de marbre noir qui séparaient les dalles de marbre blanc du sol. L'air satisfait, il se recula pour jouir du spectacle.

— Bien, fit-il en se frottant les mains et en commençant à gravir deux à deux les marches qui menaient à l'étage, la commode du palier à présent !

Résignés, les ouvriers lui emboîtèrent le pas.

— Quatre jours que ça dure, murmura l'un.

— Il ne dort donc jamais, gémit un autre.

— Allons, allons, pressons, s'impatienta Colbert tout en paraphant à la hâte un document qu'un secrétaire lui présentait dans l'escalier.

— Ah ! s'interrompit-il en examinant une feuille de la liasse que lui avait également remise son collaborateur avant de repartir aussi vite qu'il était venu. L'heure avance et les rendez-vous doivent être là. Tant pis, soupira-t-il à regret en jetant un œil à la commode destinée à changer de place. Nous continuerons plus tard.

Tout en rebroussant chemin pour se diriger vers son bureau situé au rez-de-chaussée, sur le jardin, Colbert prit le temps de jouir un instant encore du spectacle de ce nouvel intérieur, de « son » nouvel intérieur, songea-t-il. Depuis quatre jours qu'il était devenu propriétaire en puissance – dans l'attente seulement de la ratification du testament par le Parlement de Paris – de ce petit hôtel contigu à celui du Cardinal dans lequel il était logé gracieusement depuis plusieurs années, Colbert regardait désormais chaque pièce et chaque meuble avec passion. Comme doté d'une énergie nouvelle, il avait donc sacrifié quelques-unes de ses rares heures de sommeil pour entreprendre de redécorer totalement ces lieux auxquels il n'accordait auparavant que peu d'attention.

— Monsieur Lulli est là, monsieur, annonça Toussaint Roze, sur lequel Colbert avait fait main basse sans tarder, en passant la tête par la porte de l'antichambre.

Sans répondre, Colbert fit signe qu'on ne trouble pas sa réflexion. Le visiteur attendrait. C'était là aussi une règle que s'était fixée le nouveau propriétaire.

— Où en étais-je, reprit-il à voix basse en frottant ses yeux dont les paupières lourdes du sommeil manquant paraissaient plus épaisses encore.

La première étape franchie, Fouquet miraculeusement écarté de son rêve de Premier ministre, il fallait conforter le succès. En nourrissant la défiance du roi, amorcée par le truchement du Cardinal avant sa mort, envers le surintendant des finances : « Voilà qui est en route », songea Colbert. En coupant Fouquet de ses réseaux autant que possible : « Voilà la tâche d'aujourd'hui », murmura-t-il en jetant un nouveau coup d'œil sur la liste de noms posée devant lui. « Cela posé, il faut également penser à surveiller le caractère bouillonnant de Sa Majesté, se dit-il encore d'un air songeur. Et tirer au clair cette curieuse histoire de documents volés dont m'a entretenu la reine mère. Il y a là quelque chose que l'on me cache ou qui ne tourne pas rond... Je ne sais quel rôle y jouent le surintendant, ce saltimbanque et cette intrigante, mais je finirai bien par en avoir le fin mot. »

Un sourire carnassier déforma sa bouche :

« Et puis penser un instant à moi tout de même », acheva-t-il en agitant la cloche dont s'était servi pendant si longtemps le Cardinal. Toussaint Roze réapparut à l'appel du son familier :

— Je n'ai pas vu le brevet de vice-protecteur de l'Académie des beaux-arts dont je me suis entretenu avec monsieur Le Tellier, et qu'il devait faire porter ici ?

— Je l'attends ce matin, monsieur.

— Bien. Je le regarderai à mon déjeuner. Faites venir mes rendez-vous à présent.

Tandis que Roze refermait la porte, Colbert jeta un regard sur le jardin en pensant qu'il fallait aussi qu'il s'occupe de faire redessiner les bosquets.

— Mais les plantes poussent si lentement, cela prend trop de temps, grogna-t-il d'un ton contrarié.

La vue des murs clos du petit parc avait fait surgir dans son esprit l'idée des jardins de Vaux dont ses espions lui rapportaient régulièrement des descriptions qu'il se refusait à lire tant elles le mettaient en colère.

La porte se rouvrit comme il détournait les yeux de la végétation qui bourgeonnait à peine.

— Monsieur Lulli, monsieur, annonça Toussaint Roze en s'effaçant.

Le musicien italien entra, courbé en deux dans une révérence. Joignant les mains, il les tendit vers Colbert dans un air suppliant.

— Ah, monsieur Colbert, je suis désespéré !

— Allons monsieur, allons, tempéra l'intendant un peu surpris de cette attaque théâtrale. Que me vaut votre visite ?

— Avec monsieur le Cardinal, monsieur Colbert, j'ai perdu plus qu'un protecteur, un mécène, et la source de mon inspiration... Le Cardinal, monsieur Colbert, se lamentait l'Italien dont les phrases interminables et la diction trop rapide se compliquaient encore de son accent prononcé.

Colbert leva la main pour arrêter le flot de paroles.

— Il suffit, monsieur, j'entends bien votre peine, elle est légitime, je la partage et le royaume tout entier en fait autant. Pour le reste, de grâce : que vous faut-il ? Que vous manque-t-il ? Que voulez-vous ?

Désarçonné par le ton direct et la froideur dont venait d'user Colbert, le musicien resta une seconde interdit.

— Eh bien... commença-t-il.

Colbert l'invita du geste à poursuivre.

« Comme je les déteste, lui et ses congénères », songeait-il tandis que Lulli entamait une suite de périphrases destinée à démontrer qu'il ne voulait rien pour lui, « comme je les écraserai volontiers ; comment diable le Cardinal faisait-il pour les supporter ? Et quelle faiblesse de Fouquet de les entretenir... Au moins, le commerce des tableaux dont la protection de l'Académie des beaux-arts me donnera le monopole me permettra-t-il de gagner de l'argent ! Mais cela, ces jérémiades de saltimbanque. Enfin, puisqu'il demande... »

— C'est bon, monsieur, interrompit-il. Vous voulez être intendant de la musique ? J'ai entendu votre demande et je veillerai avec bienveillance sur son devenir en parlant pour vous à Sa Majesté.

Agacé, Colbert retira sa main dont Lulli tentait de s'emparer.

— Cela demandera un peu de temps. Je dois prêter serment pour mes nouvelles charges. Par ailleurs, les affaires du Cardinal que j'ai la mission de régler, dit-il en bombant le torse, vont occuper largement mes jours. Cependant n'ayez crainte, je veille.

Lulli ouvrit la bouche pour remercier mais Colbert le devança.

— Ne remerciez pas, monsieur, avant que les choses soient faites. Je ne vous demande rien de cela, d'ailleurs, seulement de m'assurer de votre fidélité...

Lulli hocha la tête vigoureusement.

— ...ex-clu-sive, compléta Colbert en le regardant droit dans les yeux. Nous nous sommes bien compris, n'est-ce pas ?

Baissant les yeux, le musicien acquiesça de nouveau.

Lulli reparti, Colbert eut une petite moue de satisfaction.

— Et d'un. Un petit, mais un tout de même. Le suivant est préférable, ajouta-t-il d'un air gourmand. Vous penserez à faire mander monsieur Molière dès que possible, dit Colbert à Toussaint Roze qui rentrait après avoir raccompagné le musicien, de préférence avant mon départ tout à l'heure pour Fontainebleau, où je dois rejoindre le roi, ajouta-t-il sans parvenir à s'empêcher de prendre un air supérieur.

Puis la lueur joyeuse et cruelle qui s'était allumée dans son œil se fit plus intense.

— Est-il déjà là ? ajouta-t-il en regardant de nouveau sa feuille de rendez-vous.

Et comme Roze faisait signe que oui :

— Faites entrer monsieur Everhard Jabach ! ordonna Colbert.

45

Fontainebleau – lundi 14 mars, onze heures du matin

FOUQUET DÉTESTAIT son bureau situé dans le bâtiment de la surintendance des finances construit sous Louis XIII et accolé à la cour des Offices, à quelques pas du corps principal du château de Fontainebleau. En cette fin de matinée, il terminait de fastidieuses signatures. Le dernier document qu'il eut à examiner concernait une décision prise la veille par le roi de transformer en paroisse autonome l'église Saint-Louis de Fontainebleau et de l'affecter aux missionnaires lazaristes.

« Décidément, se dit le surintendant, le roi s'occupe vraiment de tout désormais. Me voilà transformé en comptable de paroisse ! » En entendant sonner onze coups à l'horloge située sur la façade de l'hôtel d'Albret tout proche, Nicolas Fouquet s'interrompit. L'heure de son audience avec Louis XIV approchait, il devait sans tarder se mettre en route.

Venu pour la première fois à Fontainebleau à l'âge de six ans, le roi aimait y revenir régulièrement afin d'échapper aux lourdeurs de l'étiquette de la Cour à Paris. Souhaitant sans doute dissiper l'émotion et la tristesse de la mort de son parrain, Louis XIV avait cette fois fait hâter le départ. Il avait même décidé de s'y installer alors qu'une grande partie du mobilier que l'on transportait à chaque séjour royal était encore à Paris. Arrivé la veille, il avait déjà en cette fin de matinée revêtu sa tenue de chasse, les gants repliés et coincés à l'intérieur d'une imposante ceinture de cuir qui laissait dépasser son coutelas fétiche. C'est avec cette lame offerte par Mazarin pour ses treize ans qu'il servait les plus beaux cerfs de la forêt toute proche. Quand Fouquet entra, précédé du premier valet du souverain, il s'arrêta, médusé. En face de lui, le roi de France en grande tenue de chasse dansait !

— Par ici, monsieur le surintendant des finances, dit le roi en tournant à peine la tête afin de ne pas perdre le fil de la figure qu'il exécutait. Voyez-vous, je répète tout comme un baladin. Je répète le « ballet des Saisons » afin d'être prêt pour les fêtes que je donnerai ici au printemps qui approche.

Ne sachant trop que répondre, Fouquet admira l'allure du jeune souverain, rythmée par le seul martèlement sur le parquet de la canne du maître de ballet.

— Voilà qui suffira, dit le roi en s'épongeant le front avec un fin mouchoir en dentelle extrait de sa manche. L'heure est aux affaires de l'Etat et je dois m'entretenir avec monsieur le surintendant.

Louis XIV renvoya d'un geste son maître de ballet et les valets présents, et s'installa dans son fauteuil.

Nicolas Fouquet, debout devant son roi, exécuta comme l'exigeait l'étiquette trois magnifiques révérences en balayant le sol avec la plume de son chapeau. Au geste de la tête que lui fit en réponse le roi, il sut qu'il pouvait parler.

— Sire, j'ai bien entendu Votre Majesté lors du Grand Conseil qui a suivi la disparition de Son Eminence et si j'ai demandé à lui parler ce matin, c'est pour évoquer une question concernant la gestion des finances du royaume qui me chagrine. Je me dois d'indiquer à Votre Majesté la vérité sur le passé. Sous l'emprise de la nécessité, il m'est arrivé de déroger au respect des formes et ordonnances dans la gestion du Trésor. Votre Majesté recueillera probablement des échos de tout cela.

Etonné par ces confidences inattendues, Louis XIV fixait au fond des yeux son ministre des finances.

— Sachez, poursuivit Fouquet, que tout ce que j'ai fait l'a été en parfait accord et sous la seule autorité du cardinal Mazarin. Nous avons pris d'énormes risques afin de rétablir la confiance dans la solvabilité de l'Etat, en particulier depuis la terrible crise des liquidités de 1654. Souvent, Sire, sans que Votre Majesté le sache, j'ai gagé mes biens pour garantir la signature du roi de France. Aujourd'hui vous prenez à votre charge le gouvernement du pays. Il était de mon devoir de vous dire la vérité. Je suis venu humblement solliciter votre pardon pour les écarts commis dans le seul intérêt des finances du royaume. Mon crime est d'avoir toujours voulu faire au mieux afin de protéger mon roi et de respecter à la lettre les ordres du Cardinal votre parrain, termina le surintendant en baissant la tête.

Louis XIV semblait impressionné par cet aveu.

— Effectivement, répondit-il, il m'est arrivé d'entendre à votre sujet certaines rumeurs affairistes. Le service de l'Etat tel que je le conçois demande une extrême rigueur. J'attends des ministres une abnégation exemplaire. L'intérêt du royaume doit prévaloir désormais sur les intérêts personnels et familiaux, monsieur le surintendant.

— Ce sont des paroles que je fais miennes volontiers, Sire. Combien de fois les ai-je prononcées ! Vous savez combien votre cher parrain aimait sa famille. Vous-même avez pu mesurer dans ces derniers jours ce que l'avidité des plus intimes pouvait avoir comme conséquences, à l'heure où il devient nécessaire de solder les héritages.

Avec cette allusion au testament de Mazarin, Fouquet savait qu'il frappait juste. Le roi n'ignorait rien des dérives financières de son premier ministre et sans doute encore moins du rôle de Colbert pour dissimuler les sources de la fortune du clan de l'Italien. Il pouvait imaginer sans difficulté tout ce que Fouquet savait des affaires de Mazarin. N'était-ce pas pour lui le moment propice pour enterrer tout cela avec le cher Cardinal ? Le roi savait aussi que Fouquet ne lui avait jamais manqué. Au contraire, il avait pu à de nombreuses reprises bénéficier des sommes récoltées grâce à l'agilité de son ministre.

— Monsieur le ministre, dit le roi, votre démarche vous honore. Oublions le passé, je vous accorde mon pardon. Pour l'avenir, je vous demande de vous en tenir aux règles usuelles. Aussi, je vous ordonne dès à présent de mettre fin aux emprunts à taux usuraires, de faire cesser la pratique des remises excessives aux traites et de solder sur-le-champ toutes aliénations et affaires extraordinaires.

— Sire, répondit le surintendant soulagé de ces paroles, je fais la promesse de continuer à servir Votre Majesté avec tout le zèle et l'affection imaginables.

— Pour vous donner un autre gage de ma confiance, dit le jeune roi d'une voix plus douce, je vous charge de créer un conseil du commerce extérieur afin de doter le royaume des moyens de lutter contre la concurrence de certains de nos voisins. Vous y prendrez avec messieurs Aligre, Colbert et Lefèvre d'Ormesson, les décisions indispensables pour la prospérité du royaume. Oublions le passé pour œuvrer à la grandeur de la France, conclut le roi en se levant tandis que Fouquet s'inclinait jusqu'à terre. Monsieur d'Artagnan m'attend et j'ai hâte d'aller débusquer ce huit-cors dont le grand veneur me vante la hardiesse, lança Louis XIV en quittant la pièce à grandes enjambées pour rejoindre l'équipée de sa chasse.

Dans le couloir, Fouquet croisa Lionne qui lui parla aussitôt de ses dettes de jeu et le sollicita afin d'obtenir de nouveaux délais de paiement. Magnanime, à l'image du souverain, Fouquet lui accorda une fois de plus ce qu'il demandait. C'était le meilleur moyen de s'inféoder ce membre puissant du Conseil du roi. Tandis que Fouquet regagnait son bureau, le cœur léger, il tomba nez à nez avec Colbert.

— Monsieur Colbert, comme je suis content de vous trouver, lui dit-il d'une voix enjouée. Sa Majesté m'a confié la mise sur pied et la direction du Conseil du commerce extérieur. Je lui ai suggéré votre participation, connaissant votre goût pour les affaires maritimes. Sachez que, malgré ses premières réticences en raison du poids des charges qui pèsent désormais sur vous, le roi m'a toutefois accordé cette requête. Nous nous reverrons donc prochainement à ce sujet, conclut Fouquet en poursuivant son chemin sans prêter plus attention à son interlocuteur.

— Vous m'en voyez fort aise, répondit d'une voix sombre Colbert.

46

Londres, quartier de Westminster – mercredi 16 mars, neuf heures du matin

ARRIVÉ PAR LES BORDS de la Tamise, François d'Orbay avait bifurqué dès que la courbe du fleuve lui avait laissé entrevoir la silhouette encore lointaine de la Tour de Londres. Il s'était enfoncé dans les ruelles qui remontaient depuis les quais boueux vers le centre de la ville, bénissant le ciel à plusieurs reprises de sa bonne connaissance des lieux. Le brouillard qui voilait l'horizon à son réveil semblait en effet s'épaissir à chaque minute. A travers les méandres qu'empruntaient ces rues étroites bordées de maisons de bois hautes, il aurait eu peu de chance de trouver son chemin sans le secours d'un autochtone. Une hypothèse qui, en ces temps troublés, était bien périlleuse à mettre en œuvre. En se retournant, il s'efforça sans succès d'apercevoir une nouvelle fois les contours de la Tour qui guidait sa route. Les rares lampes qui éclairaient les enseignes des auberges lui apparaissaient seulement comme des halos jaunâtres. Baissant la tête, il pressa le pas.

Dix ans s'étaient écoulés depuis leur dernière rencontre. Il était si jeune alors, presque un apprenti. Tant d'événements s'étaient déroulés depuis. Il sentit une appréhension s'insinuer dans son esprit, comme si les expériences accumulées durant cette période, les voyages, les rencontres, la famille qu'il avait fondée, faisaient peser sur ce rendez-vous le risque de souligner combien leurs trajectoires avaient divergé.

Il songeait de nouveau à s'arrêter quand la masse sombre de l'abbaye surgit tout à coup devant lui. Le brouillard en masquait la hauteur, dissimulant la plus grande partie du bâtiment, mais il reconnut avec joie le portail de fer.

« Le brouillard peut bien s'épaissir, pensa-t-il en sautant par-dessus, maintenant, il est mon allié. » Il s'engagea sur le chemin conduisant au portail de l'église, puis tourna sur le sentier de terre qui divergeait après quelques pas pour se diriger vers les saules du cimetière. Lorsqu'il atteignit le rideau d'arbres, il disparut lui aussi, happé par la brume.

André de Pontbriand frissonna, sentant le froid gagner ses pieds. Dissimulé derrière un arbre, il vit avec satisfaction François d'Orbay apparaître sous les frondaisons. « Presque à l'heure », songea-t-il. Il le suivit tandis qu'il traversait le petit pont de bois permettant de franchir le ruisseau qui bordait les tombes, observant avec attention les mouvements, la démarche, les hésitations de son ancien élève. Il sourit en le regardant froncer les sourcils en cherchant l'arbre indiqué, puis se glissa à sa suite.

Immobile, François d'Orbay contemplait le saule pleureur. Il se penchait pour déchiffrer l'expression inscrite sur la tombe lorsque la voix derrière lui le fit se retourner.

— C'est la tombe de John Donne. J'aime ses poèmes et j'aime venir flâner ici, de temps à autre. Même si l'heure est matinale et le temps peu engageant...

Les accents étaient les mêmes, l'intonation aussi, un peu traînante. D'Orbay s'avança pour serrer l'homme dans ses bras.

— Laisse-moi te regarder, fit celui-ci en reculant, ses bras tendus toujours posés sur les épaules de François. Tu as toujours des yeux d'enfant. Mais il y a là quelques petites rides et dans cet œil un éclat de dureté que je ne connaissais pas.

Emu, François d'Orbay resta un instant silencieux. « Qu'il a vieilli », pensait-il en observant les cheveux blancs, la peau presque translucide, les traits amaigris. Même les yeux bleus qui paraissaient plus grands dans ce visage mangé de fatigue ne brillaient plus du même éclat, comme si toute la vie qui habitait ce grand corps émacié s'y était réfugiée pour y livrer un dernier combat.

Ce fut lui qui brisa le silence.

— Viens, François, marchons un peu, le déplacement ne m'est pas aisé mais je n'aime pas rester immobile.

Puis, comme d'Orbay regardait du coin de l'œil les grimaces que semblaient lui tirer les mouvements raides de sa jambe droite :

— Ça ne s'est pas arrangé non plus, n'est-ce pas ? dit-il d'une voix sinistre.

Ils firent quelques pas, lentement, le long du ruisseau. On voyait mieux à présent, et d'Orbay eut le sentiment de cheminer à côté d'une ombre. Seul le souffle épuisé du vieil homme matérialisait sa présence à ses côtés.

— Tu connais ce poème de John Donne, François : « Du sang, de la souffrance, de la sueur et des larmes / sont tout ce que la terre possède... » ? J'ai parfois l'impression, je te l'avoue, qu'il a été écrit pour moi.

André de Pontbriand se tenait à présent droit face à la masse de l'abbaye, presque invisible, ses yeux bleus paraissant transpercer le mur de brume.

— Quinze ans, François, cela fait quinze ans que je vis comme un rat, quinze ans que je n'ai vu ma famille, embrassé ma femme, serré mes enfants dans mes bras. Quinze ans que je végète comme un contemplatif de peur de compromettre mes frères. Quinze ans que je me reproche d'avoir mis notre cause en danger et d'avoir sauvé ma vie sans avoir réparé le préjudice que j'avais créé.

Lorsqu'il se retourna vers François, celui-ci vit de la fièvre dans ses yeux.

— N'est-ce pas curieux ? J'ai sauvé ma vie, mais pour vivre comme un mort, caché et inutile. Occupé seulement parfois à instruire des enfants comme toi, autrefois, et puis ne plus les revoir... Et tout cela pour que l'un après l'autre nos projets échouent, s'indigna-t-il, comme cela a encore été le cas ici en Angleterre !

— Les conditions ne se sont pas révélées propices, coupa François d'un ton net. Les hommes n'étaient pas aptes, trop divisés, trop ambitieux.

André de Pontbriand eut un geste de lassitude :

— Pas à moi, de grâce. Je connais la vérité : pourquoi se la cacher ? Les nôtres ont cru qu'il suffisait de tuer un roi pour abattre l'édifice de la tyrannie et changer le cours des choses, modifier le destin d'un pays. Sauf que tuer le roi d'Angleterre n'a servi à rien, parce qu'il avait un fils et des partisans qui ont survécu ; pire, qui ont trouvé dans sa mort une énergie nouvelle pour combattre la révolution en marche. Et sais-tu pourquoi ce sont eux qui ont gagné au final, pourquoi cette tentative pour abolir un ordre despotique a échoué, pourquoi il y a de nouveau un roi sur le trône d'Angleterre ? Parce que cette révolution n'était pas capable de mettre sous les yeux de tous la preuve de la pureté de ses intentions. Tout ce qu'elle pouvait montrer, c'était le sang dégouttant de la tête coupée d'un homme. Quelle erreur : croire que tuer le roi pouvait remplacer la démonstration des raisons pour lesquelles il convient d'abattre la monarchie... Oh je comprends bien l'impatience de ceux qui ont agi : il est si difficile de détenir la vérité et de ne pouvoir la dévoiler. Mais aussi tragique que soit la perspective de devoir attendre, peut-être des siècles supplémentaires, nous ne devons plus nous laisser aveugler, nous ne devons plus croire que nous pouvons triompher avant d'avoir retrouvé la clé qui donne accès au Secret.

Le visage du vieil homme se crispa.

— Je sais si bien quelle est la règle. J'ai tellement payé pour elle que ma croyance dans son succès final est peut-être tout ce qui me tient encore en vie...

D'Orbay eut une moue gênée et posa la main sur le bras de l'homme dont la voix s'était soudain éteinte.

— Laissons. Parle-moi de la raison de ta venue. Le risque est bien grand pour toi de te déplacer aujourd'hui jusqu'à Londres et de délaisser la France. Il est aussi bien grand de fournir un indice quelconque qui puisse mener à moi, nous faire repérer et mettre à mal ma couverture. Ce n'est pas que je l'aime, mais cette société de commerce a rendu trop de services en convoyant nos frères discrètement pour la tenir pour quantité négligeable. Et tout cela en urgence, sans même satisfaire aux formalités de sécurité minimales : voilà qui ne te ressemble pas, acheva-t-il d'un ton redevenu calme en même temps qu'interrogateur.

Ils se tenaient à présent face à face, le vieil homme dominant d'Orbay de près d'une demi-tête.

- Pourquoi es-tu là, dix ans après, François d'Orbay, pourquoi es-tu venu voir le vieux Charles Saint John, honnête commerçant prospérant sur le commerce des Indes ?

D'Orbay avala sa salive.

— Pour vous parler de souvenirs amers et anciens, mon maître, entama-t-il d'une voix douce.

L'homme poussa un profond soupir.

— Je ne suis pas venu là pour Saint John, mon maître. C'est à André de Pontbriand que je suis venu demander conseil.

Le vieil homme bondit, comme animé d'un feu tout à coup rallumé :

— Ne le touchez pas !

André de Pontbriand avait écouté calmement le récit circonstancié que d'Orbay lui avait dressé de la situation. Ses yeux plissés, il avait analysé les atouts et les faiblesses de la position, scruté les sentiments de son interlocuteur sans rien montrer de son propre avis. Mais l'annonce du rôle joué par son fils rompit brusquement son impassibilité. Il agrippa d'Orbay par le revers de son manteau.

— Ne le touchez pas, tu entends ? Je veux le voir, amène-le moi et je le convaincrai. Je récupérerai ce code. D'ailleurs, moi seul peux l'identifier et le déchiffrer sans délai. Je veux le voir ! répéta-t-il en haussant la voix.

D'Orbay fit signe qu'on pouvait les entendre. Acquiesçant de la tête, Pontbriand ne relâcha pourtant pas le manteau.

— La chose n'est pas facile, se défendit l'architecte. Vous l'avez dit, les risques sont grands et nos ennemis sont partout. Notre seule chance est qu'il ne sache rien de précis sur nous.

— Amène-le-moi, répéta Pontbriand. Je ne veux pas ignorer ce signe. Et j'ai déjà trop attendu. Les geôles du cardinal de Mazarin ne m'ont pas tué mais ma jambe disloquée n'est pas la seule séquelle qu'elles m'aient laissée. Je n'ai pas échappé à ce chien pour mourir là sans que rien se soit passé d'autre, siffla-t-il tandis que s'allumait de nouveau dans son œil la lumière froide de la colère. Quinze ans, François, que je vis seul comme une bête : tu ne crois pas que j'ai le droit d'être utile ? Et si cela me permet de voir mon fils qui était un enfant et l'est encore dans mon souvenir, est-ce un crime ?

Il lâcha le manteau.

— Je veux réparer le mal que j'ai fait en les perdant et en privant notre compagnie de la capacité de dévoiler au monde le secret dont elle est dépositaire. Sans mes erreurs, nos frères auraient peut-être déjà réussi... Et laisse-moi expliquer à mon fils pourquoi il n'a pas de père depuis quinze ans.

Voyant qu'il chancelait, d'Orbay voulut le soutenir mais l'homme se déroba.

— Tu étais un élève et j'étais un maître. Tu me vouvoies encore. Mais je ne suis plus rien qu'un poids, et tu es un des maîtres à présent...

Renouvelant son geste, François d'Orbay tendit le bras vers André de Pontbriand qui, cette fois, se laissa faire.

Tandis qu'ils reprenaient leur marche entre les tombes, le soleil apparut pour la première fois de la matinée, auréole pâle cerclée de blanc qui s'esquissait à peine derrière les traînées blanchâtres du brouillard.

47

Château de Vaux-le-Vicomte – mercredi 16 mars, cinq heures du soir

ISAAC BARTET savait tout. C'était d'ailleurs sa fonction de tout savoir. L'homme était entré de nombreuses années auparavant au service du cardinal Mazarin et lui servait d'enquêteur dans certaines affaires délicates. Depuis quelque temps, il œuvrait aussi en secret pour le surintendant, jouant ainsi un double jeu reposant sur un équilibre fragile entre informations glanées et données au Premier ministre et à Fouquet. Il attendait sagement le seigneur des lieux dans le petit salon en cours de décoration séparant les deux ailes du château de Vaux-le-Vicomte. Fouquet lui avait demandé une enquête complète sur le jeune Gabriel. L'espion avait travaillé vite et comme toujours efficacement. Il avait découvert les origines précises du jeune homme et ses liens avec Louise de La Vallière, sans toutefois pouvoir affirmer que cette dernière était sa maîtresse. Il avait surtout appris que la police de Colbert, dirigée par Charles Perrault, surveillait le comédien et le soupçonnait d'être mêlé d'une manière ou d'une autre au cambriolage de la demeure du Cardinal. Grâce à ses réseaux dans tout Paris, l'homme de main avait aussi percé le mystère des agresseurs de Gabriel. Il savait que les dévots à la recherche du contrat de mariage entre Anne d'Autriche et Mazarin étaient sans doute à l'origine de l'incendie de la bibliothèque du Cardinal. Eux aussi, comme la police, imaginaient que Gabriel était mêlé à tout cela. Isaac

1661

Bartet était heureux de sa moisson et avait décidé de faire le chemin jusqu'à Vaux afin d'en rendre compte à Fouquet, mais aussi de l'informer des derniers faits et gestes de Colbert.

Gabriel rentrait quant à lui d'une grande promenade autour du domaine, profitant ainsi des quelques pâles rayons de soleil ayant percé les nuages après ces journées de pluies quasi incessantes.

Ce séjour à Vaux lui avait permis de faire le point à propos des événements du mois passé. Gabriel avait mesuré le danger qu'il courait à vouloir conserver les liasses contenues dans le maroquin grenat perdu sans doute par les cambrioleurs de la bibliothèque du Cardinal. La découverte de la signature de son propre père n'avait cessé de le hanter et il était bien décidé à percer le mystère de ces codes dans l'espoir fou de retrouver la trace de celui qui lui avait tant manqué depuis son enfance. Au fond de lui, le jeune homme avait maintenant l'intuition qu'André de Pontbriand n'était peut-être pas mort. Cette absence tout au long de sa jeunesse à Amboise lui paraissait sujette à tellement d'interrogations, tout comme l'attitude de chaque membre de sa famille lorsque le petit Gabriel les interrogeait sur ce père disparu.

Perdu dans ses pensées, il avait poussé sa balade jusqu'au ru des moulins qui traversait la propriété. En passant devant le colosse surplombant les jardins, il avait eu la curiosité d'ouvrir la trappe d'accès à l'ingénieux réseau d'approvisionnement en eau des différents bassins. Poussant son exploration, il était alors descendu par l'étroit escalier de fer et avait inspecté l'ouvrage dans le détail. Gabriel avait trouvé l'endroit idéal pour y dissimuler le maroquin en cuir grenat qu'il ne voulait pas garder dans sa chambre du château. « En descellant cette grosse pierre, je dégagerai la place nécessaire pour mettre les documents à l'abri », s'était-il dit en examinant la construction. Il se promit d'y revenir dès la tombée de la nuit, à l'heure où les ouvriers affectés sur les différents chantiers des jardins auraient déserté les lieux. Sur le chemin du retour, le jeune homme était rêveur. Il n'avait cessé depuis le matin de penser à Louise.

Isaac Bartet, trop heureux du hasard de cette rencontre, décida en voyant Gabriel d'en profiter pour le tester et guetter ses réactions.

— Bonne promenade dans les jardins ? lui lança l'homme de main de Fouquet.

— Merci, excellente, répondit Gabriel surpris d'être ainsi accosté par cet inconnu.

— Vous êtes, je crois, le secrétaire de monsieur Molière ? reprit Bartet.

— Si fait, rétorqua Gabriel de plus en plus interloqué.

— Et vous résidez ici depuis plusieurs jours.

L'insistance de Bartet commençait à incommoder Gabriel.

— Je vous prie de m'excuser, monsieur, mais j'ai à faire en d'autres lieux et je n'ai de surcroît que peu de goût pour le jeu des questions.

— Dommage, répliqua Bartet sans se désarçonner. Vous ne savez alors sans doute pas que votre maître, le talentueux Molière, était hier soir dans le bureau de monsieur Colbert pour qui il travaille désormais ? Voilà qui va vous obliger, jeune homme, à choisir vos fidélités. Vous ne me connaissez pas, ajouta Bartet, mais moi je sais qui vous êtes. Sachez que je travaille pour monsieur le surintendant. Mon nom est Bartet, Isaac Bartet. Vous pouvez donc me faire confiance, car on me prête comme moindre qualité celle d'être l'homme le mieux informé de la Cour !

— Molière au service de Colbert ! répéta, incrédule, Gabriel. Mais c'est tout bonnement impossible, il écrit en ce moment même une pièce pour le surintendant !

— Répondre à une commande sonnante et trébuchante et jurer fidélité sous Mazarin n'implique pas, mon cher garçon, de s'interdire de changer de monture au gré des vents politiques.

Vous me semblez bien naïf. Colbert est puissant et risque de le devenir de plus en plus. Dans la seule journée d'hier, c'est Lulli puis votre Molière qu'il a retournés comme deux crêpes !

Gabriel était bouleversé. Son avenir de comédien dans la prestigieuse troupe était en jeu dans cette affaire. Son rêve d'enfant de monter sur scène venait de s'éloigner tout à coup.

— Tant que nous sommes dans les nouvelles, savez-vous que le roi de France a une nouvelle maîtresse ? reprit sur un ton qui se voulait badin Isaac Bartet tout en faisant semblant de ne pas voir le trouble du jeune homme. Leur premier rendez-vous a eu lieu dans le plus grand secret hier au soir à Versailles.

A cette annonce Gabriel blêmit, ce qui n'échappa évidemment pas à l'homme de main qui poursuivit :

— J'ai personnellement vu la jeune fille rejoindre notre vigoureux souverain pour un dîner intime. Cette petite La Vallière a de la santé. A peine installée à la Cour, la voilà déjà sur les sommets.

— Etes-vous sûr de ce que vous dites ? gronda Gabriel en empoignant par le bras l'informateur qui ne s'attendait pas à cette réaction mais en était ravi.

— Tout doux jeune homme, tout doux. Evidemment j'en suis sûr, puisque je l'ai vu de mes yeux vu ! Seriez-vous jaloux ? Mais peut-être connaissez-vous mademoiselle de La Vallière ? ajouta Bartet. Je vous prie, dans ce cas, de bien vouloir accepter mes excuses si j'ai pu vous paraître manquer de manières à son égard...

Se ravisant, Gabriel lâcha le bras de son interlocuteur. Abattu et dépité par cette double trahison, il s'engouffra dans le grand vestibule sans un mot et gagna sa chambre. Tout en songeant aux conséquences de ce qu'il venait d'apprendre, il fouilla ses affaires afin de mettre la main sur le maroquin de cuir. Par la fenêtre, il constata que le jour déclinait sur l'immense chantier des jardins du château. Il ouvrit le porte-document et regarda de nouveau le parchemin où figurait la signature de son père. Une larme perla aux yeux du jeune homme. En quittant de nouveau sa chambre puis le château pour se diriger vers la cache repérée un peu plus tôt, une sourde colère bouillonnait en lui.

« Je vais cacher ces maudits documents, se dit-il en serrant contre sa poitrine le maroquin, et ce soir, qu'elle le veuille ou non, mademoiselle de La Vallière entendra ses quatre vérités ! »

La pleine lune éclairait à présent le château presque comme en plein jour. Les arbres projetaient leurs ombres mouvantes au gré des vents sur l'immense chantier des jardins dont l'harmonie subtile était née dans l'imaginaire de Le Nôtre. Coiffé d'un chapeau de feutre noir et vêtu d'un chaud manteau aux formes larges, Gabriel quitta le bâtiment principal et se dirigea à grandes enjambées vers les écuries. Quelques minutes plus tard, il en ressortit avec un magnifique pur-sang bai tenu fermement par la bride. Afin d'éviter les allées pavées trop sonores à son goût, il emprunta le chemin de terre le long des communs, faisant ainsi un léger détour pour quitter la propriété. En cette nuit claire et froide, la moindre respiration du cavalier comme de sa monture produisait un fin nuage de vapeur, marquant d'une légère trace dans l'air leur cheminement jusqu'aux grilles. Une fois à l'extérieur, Gabriel se hissa d'un bond sur le cheval et s'éloigna au galop afin de rejoindre la route de Paris.

Le froid qui fouettait maintenant son visage permit à Gabriel, lancé au galop entre les grands arbres qui bordaient la route, de retrouver un peu de calme. Depuis qu'il avait appris la rencontre entre le roi et Louise, le jeune homme n'avait en effet pas décoléré. Il ne supportait pas l'idée de ce rendez-vous dans l'intimité du relais de chasse de Versailles. Pour lutter contre cet échauffement, le froid vif mêlé à l'idée qu'il reprenait ce soir le cours de sa vie en main lui était presque agréable.

« Je ne vais tout de même pas rester enfermé dans ce château alors que mon avenir se joue peut-être dans la capitale. Et puis, se dit-il, trop de gens semblent en savoir plus que moi. Cela me coûtera peut-être pour l'heure mes ambitions de scène, mais je ne serai pas tranquille tant que je n'aurai pas levé le voile sur tout cela. »

Gabriel arriva fort tard à Paris. Il se rendit directement au domicile de Louise de La Vallière. La jeune fille s'apprêtait à se coucher après avoir passé une bonne partie de la soirée auprès d'Henriette, sa jeune maîtresse, en mal de conversation et d'affection. Louise était fatiguée du train que lui faisait mener la future belle-sœur du roi. Gabriel la trouva revêtue d'une simple chemise de nuit agrémentée d'un petit col en dentelles. Louise marqua sa surprise et sa joie de revoir le jeune homme en se jetant dans ses bras dès sa porte ouverte.

— Gabriel, comme je suis heureuse de te voir, dit-elle en le serrant contre elle. Mais que fais-tu là à cette heure ? Où étais-tu depuis tous ces jours ?

Peu attendri par cet accueil, Gabriel repoussa un peu brutalement sa jeune amie.

— J'étais inquiet pour toi, lui lança-t-il avec méchanceté. J'ai craint que tu n'aies pris froid dans la forêt de Versailles, à moins bien sûr que le roi de France n'ait proposé de te réchauffer ?

L'attaque était si grossière que Louise en resta interdite. Gabriel reprit de plus belle.

— Evidemment, tu ne réponds pas. Crois-tu, pauvre petite fille, que Louis XIV voie autre chose en toi qu'une perdrix de plus à son tableau de chasse que l'on dit déjà fort riche !

Un instant désarçonnée par la violence de cette tirade, Louise sourit au jeune homme un peu décontenancé par cette réaction à laquelle il ne s'attendait pas.

— Seriez-vous jaloux, monsieur de Pontbriand ? lui demanda-t-elle avec un brin d'ironie qui ne masquait pas son émotion. Tu m'en vois flattée. Mais dis-moi, pour t'emporter ainsi, que sais-tu donc de mes échanges avec le roi ?

— J'en sais ce que nul n'en ignore à Paris !

— A savoir ? rétorqua-t-elle d'un air pincé.

— A savoir qu'à peine arrivée à la Cour, la jeune La Vallière s'est empressée de séduire le roi dans le seul but d'assouvir ses ambitions. A savoir qu'un rendez-vous galant a eu lieu à Versailles il y a peu. Oseras-tu me dire le contraire ?

— Mon pauvre Gabriel, tu ne comprends décidément rien aux échanges entre les grands du royaume ! Qui te dit que cette rencontre n'était pas dictée par mon service auprès d'Henriette d'Angleterre ? Et puis après tout, je n'ai aucun compte à te rendre, assena la jeune fille courroucée.

Gabriel sentit sa colère tomber d'un coup. Le tremblement qui faisait vibrer la voix de Louise, les larmes qu'elle s'efforçait de contenir mais qui faisaient briller ses yeux clairs, le sang qui colorait ses joues, tous ces signes lui jaillissaient au visage comme autant de preuves de sa sincérité.

— Tu ne le connais pas, poursuivait Louise, tu ne peux pas imaginer comme il est différent de l'impression laissée aux gens qui ne le voient qu'en public.

La jeune fille eut un geste d'impuissance et poussa un soupir de découragement.

— Oh ! A quoi bon essayer d'expliquer... Je ne sais pas pourquoi j'imaginais que toi... Est-ce là tout ce que tu étais venu me dire ? conclut-elle sèchement.

Gabriel secoua la tête en signe de dénégation. Il s'approcha et lui prit les mains.

— Regarde-moi, Louise, ordonna-t-il doucement. Me crois-tu si je te dis que j'ai seulement peur pour toi ? Je ne t'accuse pas, je ne te juge pas. Je serai là, simplement.

Louise cessa de détourner le regard. Leurs yeux se croisèrent un instant dans le silence, puis Gabriel reprit.

— Il y a autre chose. J'ai appris ce soir même que Molière aurait fait des offres de service à Colbert. Alors j'ai pensé que ta proximité avec Monsieur, si généreux avec la troupe du théâtre du Palais-Royal, me permettrait peut-être d'en savoir plus afin d'en informer sans tarder le surintendant des finances.

Louise souriait à présent.

— Avoir une amie dont les oreilles traînent dans les antichambres royales pourrait donc se révéler utile, monsieur le moralisateur ? répondit-elle. Enlève ton manteau et assieds-toi.

Tout en préparant un vin chaud à la cannelle, la jeune fille qui s'était couvert les épaules d'un châle en laine blanche raconta à Gabriel tout ce qu'elle savait des dernières manœuvres de la Cour. Elle avait eu en effet plusieurs fois l'occasion au cours des dernières journées de surprendre les conversations du frère du roi. Gabriel fut soulagé d'apprendre que Nicolas Fouquet avait obtenu à Fontainebleau le pardon du roi et retrouvait une place de premier ordre dans le gouvernement du royaume. En revanche, la nouvelle confirmée du ralliement de Lulli et Molière à Colbert l'inquiétait.

— Mon exil n'est sans doute pas près de se terminer, dit Gabriel, conscient du risque de voir Molière, inquiet de la suspicion de la police de Colbert, s'éloigner de lui.

— Il serait en effet plus prudent de rester discret et surtout de ne pas quitter la protection de Fouquet, lui conseilla Louise.

— Si jamais il devait m'arriver malheur, dit le jeune homme au moment où il prenait congé, sache que j'ai dissimulé dans le parc du château de Vaux des documents de première importance. Ils sont au fond du puits, aux pieds du colosse qui domine les jardins. Toi seule connais cette cache et l'existence de ces papiers ! Je ne peux rien te dire de plus pour l'instant, ajouta-t-il. Il faut que tu me fasses confiance.

La jeune fille caressa tendrement la joue de Gabriel.

— Heureux de vous avoir vu ce soir et d'avoir retrouvé votre confiance, monsieur l'espion, murmura Louise tandis que Gabriel dévalait les escaliers.

Un instant plus tard, il galopait de nouveau dans les rues endormies vers la route froide du château de Vaux-le-Vicomte.

48

Paris, palais de la Cité – vendredi 18 mars, quatre heures de l'après-midi

« INTENDANT DES FINANCES » : le titre tournait sans cesse dans l'esprit de Jean-Baptiste Colbert, comme une litanie étourdissante. Au moment de prêter serment, quelques instants plus tôt, le protégé du défunt Cardinal avait senti son cœur s'emplir d'une joie orgueilleuse lorsque ces mots prononcés par le président du Parlement avaient résonné à ses oreilles. « Intendant des finances ». Assis sur une banquette rouge bordée d'or, dans la grande galerie qui longeait la salle des séances à présent vidée de la foule, Colbert, vêtu de son éternel habit noir seulement rehaussé pour l'occasion d'une ceinture de moire, s'efforçait de retenir un instant encore l'émotion de cette reconnaissance publique. Fermant les yeux, il essaya de retrouver le sentiment exact qu'il avait ressenti, de se figurer de nouveau le visage de chacun des assistants... Des pas claquant sur le marbre du couloir et résonnant sous la voûte de pierre lui firent tourner la tête.

— Vous êtes là, monsieur ! s'exclama Toussaint Roze en levant les bras. Je craignais que vous ne soyez reparti seul ou dans une autre voiture.

Colbert laissa tomber un regard glacial.

— Je méditais quelques instants. Enfin, allons s'il le faut, maugréa-t-il.

— C'est que monsieur Perrault vous attend, monsieur, près

de la voiture, s'excusa Roze comme ils se dirigeaient vers la sortie. Et monsieur Le Tellier a fait dire qu'il souhaiterait vous voir ce soir pour vous entretenir d'une affaire importante ayant trait, m'a-t-il dit, à la sûreté de l'Etat...

Colbert ne daigna pas répondre mais son regard se voila d'une lueur mauvaise. Quelle idée avait-il eue de mander son enquêteur ici à cette heure ? Avec Perrault lui revenaient à l'esprit les mauvaises nouvelles des derniers jours, ombres sur les succès éclatants de sa promotion.

— L'avez-vous déniché ? lança-t-il à son enquêteur sans même le saluer.

Perrault bredouilla en tenant la portière tandis que Colbert montait, suivi de Roze.

— Non, bien sûr que non, continua Colbert en s'échauffant. Mais il ne s'est tout de même pas envolé, que diable ! Ce garçon est bien quelque part ? Alors trouvez-le. Entre ce Molière qui ne sait même pas le nom complet de son secrétaire et vous qui ne connaissez pas davantage le lieu où il se cache, que faut-il que je fasse ? Que je le cherche moi-même ?

A présent penché à la portière refermée, Colbert se tut une seconde puis lança un regard noir à Perrault resté immobile.

— J'ai besoin de résultats, Perrault. Vite. Trouvez ce garçon, trouvez les papiers, mais trouvez quelque chose, parbleu !

Rabattant le rideau d'un geste rageur, Colbert donna le signal du départ d'un coup sec contre la paroi. En regardant la voiture s'éloigner, Perrault déglutit avec difficulté.

Colbert respira profondément. Les paroles et le ton utilisés pour tancer Perrault lui laissaient un goût agréable en bouche. Pas assez pourtant pour se sentir de nouveau détendu, apte à revenir à sa satisfaction de la journée.

« Reste à comprendre ce qui tourne vraiment dans l'esprit du roi, songeait-il. Je n'aime pas cette audience accordée à Fouquet ni cette histoire de Conseil du commerce extérieur. Il me faut disposer de meilleures informations. »

Un large sourire s'épanouit tout à coup sur sa face disgracieuse.

« Mais oui ! Voilà une idée, pensa-t-il. Comment être informé des intentions du roi et peut-être aussi avancer d'un seul coup cette affaire dans laquelle Perrault a enlisé le début prometteur de son enquête ? »

L'air satisfait, il se tourna vers Toussaint Roze assis à côté de lui.

— Organisez dès notre retour une rencontre avec la nièce du Cardinal.

— Mais laquelle ? objecta Roze d'un air craintif.

Colbert soupira.

— Olympe, bien sûr.

Et, se renfonçant dans la banquette confortable du carrosse tout en fermant les yeux, Colbert entreprit de nouveau de revivre sa prestation de serment : « Intendant des finances »...

Roze, les mains posées sur ses genoux, renonça à demander si le rendez-vous était très urgent.

49

Mont-Louis – dimanche 3 avril, huit heures du soir

COLBERT reconnut le chemin qui le menait à Mont-Louis. Mais cette fois-ci, contrairement à ce qui s'était passé dans la nuit du 10 mars, sa visite se faisait à visage découvert. Par l'intermédiaire de Le Tellier, il allait rencontrer l'archevêque de Paris, absent depuis près de dix ans de la capitale. Ce retour en France semi-clandestin de Paul de Gondi et la perspective de leur rencontre émoustillaient Colbert, soucieux désormais de ne rien négliger dans sa recherche effrénée de soutiens.

L'ancien frondeur avait préparé, dès l'annonce de la mort de son ennemi Mazarin, cette ambassade à Paris. A dessein, craignant toujours d'être arrêté, l'exilé romain avait sollicité l'hospitalité du père de La Chaise. C'est donc dans les appartements privés de ce dernier qu'il attendait son visiteur. Celui-ci l'imaginait avec gourmandise regarder avec nostalgie par la fenêtre les faubourgs de la ville dont il était éloigné depuis si longtemps.

— Le printemps illuminait Paris cet après-midi, Monseigneur, mais le soleil de France ne vaut sans doute pas celui d'Italie, dit en entrant dans la pièce Colbert avec une pointe d'ironie.

Paul de Gondi se retourna doucement au son de la voix qui interrompait ainsi sa rêverie.

— C'est la fin de l'hiver, monsieur Colbert, et le soleil brille désormais pour tout le monde, répondit l'archevêque, pas mécontent du ton direct pris par leur conversation.

Après les propos de politesse d'usage, les deux hommes s'installèrent l'un en face de l'autre dans les seuls fauteuils de la modeste demeure du Supérieur.

— Mon cher Colbert, je n'emprunterai aucun détour pour vous livrer la raison de ma venue. La mort de Mazarin ouvre une ère nouvelle pour le royaume. Le temps me semble venu de purger le passé, dit l'archevêque d'un ton ferme. Nombreux sont ceux qui réclament mon retour à Paris et me prient de venir occuper enfin le siège archiépiscopal qui est le mien !

« Voilà un gaillard bien sûr de lui », se dit Colbert tout en s'efforçant de se montrer comme suspendu aux lèvres de Paul de Gondi.

— Je veux croire que l'impossibilité qui m'est faite de revenir dans ma chère patrie s'est nouée sur un malentendu entre le roi et Sa Sainteté, poursuivit l'archevêque d'une voix de plus en plus assurée. Pour ma part, j'ai toujours été fidèle à Sa Majesté. C'est d'ailleurs ce qui m'a amené à combattre les dérives financières intolérables du Cardinal. Aujourd'hui, l'exil me pèse terriblement. Mon désir le plus cher serait de pouvoir rentrer à Paris. Sachant le prix de cette requête, je suis disposé à fournir plusieurs gages de ma bonne volonté à l'égard du roi.

« Nous y voilà », se dit Colbert en hochant la tête afin d'inciter l'archevêque à poursuivre son propos.

— En un mot, monsieur Colbert, je suis fermement résolu à déposer aux pieds de Sa Majesté mes droits sur l'archevêché de Paris...

« Fort bien », se dit Colbert toujours silencieux afin de laisser Paul de Gondi dévoiler encore un peu plus ses intentions.

— Evidemment, reprit l'ancien frondeur, il conviendrait que le roi m'accordât en signe de sa confiance retrouvée les garanties que peut espérer un ancien prisonnier exilé soucieux de disposer de sa liberté d'aller et venir comme bon lui semble.

— Je vous entends, monsieur l'archevêque, dit sobrement Colbert. Mais vous parliez à l'instant de plusieurs gages ?

Surpris par cette réaction pour le moins froide, Paul de Gondi réfléchit un instant avant de reprendre.

— Dans ce cas, mes amis dont vous connaissez l'influence dans le royaume seront vos obligés.

« Voilà qui est plus intéressant », se dit Colbert en saisissant l'allusion aux dévots et à leur soutien sans faille dans le passé à Fouquet et à sa famille.

— Mais encore ? insista le petit homme, curieux de pousser son avantage.

— J'y viens, monsieur Colbert. Vous êtes à la recherche de documents volés dans le palais du Cardinal. Ces documents ne sont plus entre les mains de ceux pourtant à l'origine de leur disparition.

Colbert sursauta. « Le diable d'archevêque, se dit-il, étonné de ces révélations. Voilà qui explique pourquoi il loge ici. »

— Mais ce que vous ne savez sans doute pas concerne la nature exacte des paperasses envolées. J'ai à ce propos une hypothèse que je crois fort crédible.

— Je suis tout ouïe, Monseigneur, lança Colbert d'un ton soudainement amusé.

— Dans la prison de Nantes où Mazarin m'avait fait jeter, j'ai eu pour compagnon de cellule un homme dont je n'ai jamais su le nom réel, expliqua Gondi. Il se faisait appeler Naüm. Nous avons eu le temps de faire connaissance et je puis attester que l'individu était fort instruit et digne de confiance. J'ai eu plusieurs fois le loisir de tester la qualité de ses raisonnements et la véracité de ces récits. Naüm était malade. Sentant sa fin proche, il a souhaité me faire des confidences. Je ne sais par quelle entremise, il m'a dit avoir remis contre une forte somme d'argent au cardinal Mazarin d'extraordinaires documents. Il avait été arrêté peu de temps après. Il était persuadé que le Cardinal voulait l'éliminer. En mourant, le pauvre homme m'a révélé l'endroit où il avait dissimulé son argent. C'est d'ailleurs ce pactole qui m'a permis de rejoindre Rome et d'y vivre après mon évasion, ajouta Paul de Gondi, manifestement encore heureux de ce pied de nez fait à Mazarin.

— Mais, l'interrompit Colbert, que contenaient donc ces « extraordinaires documents » ?

— Il s'agissait selon lui de la formule permettant d'accéder à un texte capable à lui seul de mettre en cause les fondements de l'Etat et de la sainte Eglise. Je n'en sais guère plus. Naüm était peu loquace, d'autant que la maladie le privait la plupart du temps de sa conscience. Ce nom de Naüm ne vous aura sans doute pas échappé dans la comptabilité de Son Eminence ? interrogea Paul de Gondi avec un léger sourire.

Colbert ne sut que répondre. Effectivement, il se souvenait d'avoir remarqué ce nom étrange apparu en face de très fortes sommes dans la comptabilité privée du Cardinal. Il avait d'ailleurs sollicité un éclaircissement de Mazarin, sans obtenir la moindre réponse. Le premier ministre s'était contenté de lui dire de classer cette somme sous la rubrique « service exceptionnel de Sa Majesté ».

Tout s'éclairait peu à peu dans son esprit. L'angoisse du Cardinal en apprenant la disparition de ses papiers n'était-elle pas liée à la perte de ce secret acheté fort cher à ce Naüm quelques années auparavant ?

« L'archevêque en sait beaucoup plus qu'il ne veut bien me le dire », pensa Colbert, de plus en plus persuadé que Gondi manipulait les réseaux dévots depuis Rome et était sans doute à l'origine du cambriolage des appartements du Cardinal.

— Merci de votre confiance, Monseigneur, dit Colbert d'une voix qui se voulait flatteuse, je serai votre intermédiaire fidèle auprès de Sa Majesté. Je mesure combien le royaume aurait à gagner à retrouver un homme de votre valeur. Je m'emploierai à faire fructifier notre entretien.

En entendant ces paroles, Paul de Gondi sourit en pensant qu'il avait visé juste.

Après avoir quitté l'exilé à la porte du bâtiment, Colbert monta dans son carrosse. Tandis que la voiture s'ébranlait, il contemplait les contours lointains de la capitale, en se disant qu'après tout, le rêve d'un retour triomphal à la Cour allait peut-être enfin pour l'archevêque de Paris devenir réalité.

50

Saint-Mandé, hôtel de Nicolas Fouquet – dimanche 10 avril, dans la soirée

— TU AS VU, Louise, les marronniers sont déjà en fleur !

Collant sa joue sur la vitre de sa portière, Louise de La Vallière se pencha pour observer les fleurs blanches dont la couleur paraissait plus vive encore sous l'éclat des derniers rayons de soleil. L'approche de la nuit, tandis qu'elles venaient de passer l'octroi de Vincennes et roulaient à présent à travers les faubourgs, faisait courir un souffle de fraîcheur et frissonner les occupantes du carrosse.

« Voilà le printemps, pensa Louise, mon premier printemps à Paris. » Comme malgré elle, tout la ramenait vers le roi. Elle essaya d'imaginer ce que serait le pavillon de Versailles à cette saison...

— Louise, tu rêves ?

Interpellée, Louise sursauta, ce qui fit rire sa voisine. Aude de Saint-Sauveur, comme elle demoiselle d'honneur affectée à la maison de la future épouse du frère du roi, tendit le doigt vers des lumières apparues à gauche de la voiture.

— Regarde, rêveuse, là, devant, c'est le donjon de Vincennes. Et là, ajouta-t-elle en décalant son doigt vers la gauche, cette allée de flambeaux, c'est celle qui mène à la maison de monsieur le surintendant !

Amusée, Louise laissait dire en silence, observant l'excitation de sa voisine.

— Prions le ciel que ce mariage arrive vite, que nous ayons aussi nos fêtes, ajouta Aude comme si le mariage d'Henriette d'Angleterre était aussi un peu le sien.

« Grand bien lui fasse, songea Louise, les yeux perdus dans le vide, il est vrai qu'elle n'a que cela, elle, d'être demoiselle d'honneur. »

Elle se sentit rougir sous le ton supérieur qu'avait pris sa petite voix intérieure et arrangea son collier pour se donner une contenance.

— Nous arrivons, nous arrivons, commenta encore Aude au comble de l'impatience.

La voiture remontait l'allée bordée de chaque côté d'une haie de valets en livrée bleu et or, chacun porteur d'un des flambeaux dont les lumières concurrençaient depuis la route l'éclairage du donjon voisin.

Depuis son bureau, Nicolas Fouquet observait l'arrivée de ses invités en songeant qu'il aurait dû repousser cette fête. Un mois seulement après la mort du Cardinal et le remaniement voulu par le roi, elle arrivait sans autre raison que le bon vouloir de sa femme, et ce malgré sa grossesse qui la fatiguait et l'empêcherait à coup sûr de profiter de ses invités. Pour la première fois, ces réjouissances lui apparaissaient sous leur jour inutile. « Allons, se dit-il, mettant sa mauvaise humeur au compte des heures trop nombreuses passées à travailler ces dernières semaines, rejoignons-les et faisons contre mauvaise fortune bon cœur ». Dans son esprit cependant tournait l'idée d'une autre fête, la seule qu'il attendît vraiment, celle qui devait inaugurer son château de Vaux.

En haut de l'escalier monumental qui surplombait le hall d'entrée, Fouquet s'arrêta néanmoins encore un instant. Les invités étaient à présent entrés et un flot ininterrompu allait et venait des salons vers le jardin où se tenaient deux orchestres de chambre.

« Du moins le temps est avec nous », pensa-t-il pour se

donner du courage. Et, prenant une profonde inspiration, il plongea vers la foule.

Louise s'ennuyait. Une demi-heure à peine s'était pourtant écoulée depuis son arrivée. Mais elle devait admettre qu'elle n'avait pas la tête à s'amuser, si belle que fût la soirée et prestigieuse la liste des invités. Le feu de Bengale tiré en ouverture ne l'avait distraite qu'un instant. Les tables regorgeant de plats de viandes, de pyramides des légumes et des fruits les plus insolites ne la tentaient pas. Et les petits animaux, singes et oiseaux aux couleurs chatoyantes, qui se promenaient parmi les invités en faisant des tours lui avaient seulement tiré un sourire. Aude disparue sans qu'elle s'en aperçoive, Louise s'était donc retrouvée assise sur une banquette à côté d'un buste antique en marbre noir juché sur une colonne.

— Vous vous ennuyez de votre comédien servant, mademoiselle de La Vallière ?

Le ton ironique la fit sursauter pour la deuxième fois de la soirée, et c'est avec un air mauvais qu'elle se retourna vers l'apostropheur.

Droit devant elle se tenait le maître des lieux, Nicolas Fouquet, arborant un sourire en coin un brin moqueur. Surprise, Louise se leva pour esquisser une révérence, tout en pensant que le quolibet n'était qu'à demi faux : Gabriel lui manquait en effet, malgré cette jalousie absurde...

— La jeunesse est inconséquente, vous ne trouvez pas ? poursuivit le surintendant. Vous vous ennuyez à Paris tandis que lui s'ennuie à Vaux, si j'en crois ce que j'en observe. Vous le verriez traîner cet air languissant et ronger son frein. Il n'ose pas trop le montrer, parce qu'il est bien élevé, mais tout comédien qu'il soit, il est aussi facile à lire qu'un livre ouvert.

Percevant une pointe de méfiance dans l'œil de Louise, Fouquet se rapprocha d'elle.

— N'ayez crainte, mademoiselle, Gabriel a bien voulu en se plaçant sous ma protection me faire la faveur d'assez de confidences pour que je sache ce qui vous unit, c'est-à-dire son nom, sa naissance et sa jeunesse. Je ne lui veux que du bien. Mais outre les menaces qui tournent autour de lui et rendent préférable son éloignement de Paris, je crains que les manœuvres de monsieur Colbert à l'égard de cet ingrat de Molière n'aient largement hypothéqué sa situation professionnelle. Je ne sais encore ce qui se trame pour que, tout Gabriel de Pontbriand qu'il est, ses faits et gestes intéressent tant de personnages haut placés. Mais je le saurai. D'ici là, mieux vaut être prudent.

Son ton se fit plus pressant.

— Cela vaut aussi pour vous, mademoiselle. Il est dit que l'année 1661 est périlleuse pour les nouveaux venus à la Cour. Prenez garde à vous, lui intima-t-il d'un ton sérieux. Il est des jeux plus graves qu'ils n'ont l'air et des nids de serpents que l'on ne devine pas avant d'avoir posé le pied dessus...

Rendue perplexe par cette phrase énigmatique, Louise le regarda d'un air interrogateur.

— Qu'est-ce à dire, monsieur ?

— Monsieur le surintendant !

Happé par un groupe d'invités, Fouquet fit un geste vague pour indiquer à Louise qu'il ne pouvait répondre. Elle le regarda s'éloigner avec au cœur une désagréable appréhension.

« Pourquoi dit-il cela ? pensait-elle en fronçant les sourcils fins qui bordaient ses grands yeux bleus. Et que sait-il au juste ? »

Elle n'eut pas le temps de se répondre à elle-même qu'une main sur son bras nu la fit sursauter pour la troisième fois de la soirée.

— Ma chère, quelle nervosité, dit doucement la voix d'Olympe Mancini.

Louise s'inclina en essayant de contenir le rouge qu'elle sentait monter à ses joues.

— A quoi rêvent les jeunes filles ? poursuivit Olympe en s'asseyant près d'elle. Causons un peu, voulez-vous ? Vous êtes jeune, nouvelle dans ces parages, je voudrais vous parler comme à une amie. La Cour est un monde cruel et surtout un monde difficile à comprendre, plein de codes et de manières qui sont autant de chausse-trappes pour le nouveau venu. Il est bon de ne pas s'y aventurer seule, et si facile d'y prendre des vessies pour des lanternes... ou des princes charmants, laissa-t-elle glisser d'un ton faussement détaché.

Toute la méfiance de Louise se mit en alerte. Elle imaginait les yeux d'Olympe sur sa nuque, sur sa joue. Ne rien laisser paraître.

— Les gens sont comme les saisons, reprit Olympe, changeants et imprévisibles. Il vaut mieux partir de l'idée que l'on n'a pas d'amis si ce n'est ceux avec lesquels on partage un intérêt commun. Je sais, cela va paraître triste et cynique à votre cœur d'enfant, mais je serais méchante de ne pas vous mettre en garde.

Louise sentit les doigts froids d'Olympe sur son poignet.

— Je peux être votre amie ; je dois être votre amie. Une amie très sûre, très fidèle et très utile. Une amie capable de garder vos secrets et de les protéger. Croyez-le ou non, ils ne m'intéressent pas, dit-elle d'une voix soudain sèche.

Silencieuse, Louise écoutait les mots s'accumuler, augmentant son sentiment de malaise. Elle respira et se retourna pour regarder Olympe en face.

— Voilà une amitié bien précieuse, répondit-elle d'une voix lente dont elle s'efforçait de contrôler les intonations. Je crains de n'avoir pas les moyens de me l'offrir.

Olympe hésita une seconde avant de répondre.

— Ne soyez pas sotte. Ce qui m'intéresse, c'est ce que vous voyez, ce que vous entendez, juste cela. Vous me parlerez, et c'est tout.

- Les secrets sont comme les parfums, dit Louise en dégageant sa main. Ils ne supportent pas d'être éventés...

— Justement ! se récria Olympe d'une voix presque menaçante où perçait sa crainte de sentir sa proie lui échapper.

— ... et puis je ne peux répondre seule à cette question. M'autorisez-vous à en proposer les termes à Sa Majesté ? lança Louise en s'enfuyant sans attendre de réponse, comme effrayée par son audace.

— La peste ! jura Olympe entre ses dents. Elle me le paiera.

Courant jusqu'au jardin, Louise déboucha sur la terrasse en manquant de renverser un domestique chargé d'un plateau. L'air frais chargé de l'odeur des fleurs emplit ses poumons. Elle s'aperçut qu'elle tremblait.

La fête touchait à sa fin. Par petits groupes, les invités quittaient la maison, remontant l'allée où les valets avaient repris place. Le froid occupait doucement le terrain déserté. Ballottée par les cahots des roues sur le chemin de terre encore boueux de la pluie de la veille, Louise resserra son châle sur ses épaules. A côté d'elle, Aude dormait déjà, sa tête penchée s'apprêtant à tomber sur son épaule à chaque nouveau soubresaut. Le grincement lancinant des moyeux résonnait aux oreilles de Louise. Elle essayait de s'y abandonner, incapable d'oublier toutefois sa rencontre avec Olympe. Les propos de celle-ci lui paraissaient coller sa peau comme le jus trop sucré des prunes qu'elle chapardait autrefois avec Gabriel : « Il y a si longtemps », songea-t-elle... Elle frémit de nouveau en repensant aux menaces que voilaient à peine les propos mielleux d'Olympe, révélant qu'elle connaissait le lien qui l'unissait au roi, que des gens mal intentionnés pourraient s'en offusquer et chercher à lui nuire, qu'elle avait besoin de protection et qu'il serait si simple, si anodin, de s'assurer la reconnaissance de gens puissants en les informant de ce que disait le roi, de ses préoccupations.

Louise se demanda si elle avait eu raison de dire non plutôt que de ne rien dire. Quoi qu'il en soit, les éclairs que lançaient les yeux d'Olympe quand elle l'avait quittée signifiaient sans doute envisageable qu'il n'y avait plus de retour en arrière possible.

— Demain, nous verrons demain, murmura encore Louise en sentant le sommeil la gagner.

Un instant plus tard, tandis que le cocher lançait les chevaux sur la route de l'octroi de Paris et que le donjon de Vincennes disparaissait déjà à l'horizon, plus un bruit ne troublait le silence et l'obscurité qui régnaient dans le carrosse.

51

Saint-Mandé, hôtel de Nicolas Fouquet – dimanche 10 avril, après la fête

LES DERNIERS INVITÉS avaient quitté la demeure du surintendant des finances. Tous les domestiques s'affairaient à ranger le mobilier et la vaisselle afin d'effacer les traces des restes des buffets dressés dans les nombreuses pièces de réception de la maison. Nicolas Fouquet n'avait pas envie d'aller se coucher, d'autant que la grossesse de sa femme le privait des plaisirs de la chair. Il avait réuni dans son cabinet de travail François d'Orbay et Jean de La Fontaine afin d'y déguster ce vin de Porto qu'il faisait venir par caisses entières. La conversation était détendue et joyeuse. Après les semaines d'interrogations liées à l'état de santé du Cardinal puis à la mise en place du nouveau dispositif gouvernemental voulu par Louis XIV, le surintendant avait le sentiment que les choses étaient rentrées dans l'ordre. Sa démarche de Fontainebleau et le pardon accordé par le souverain semblaient avoir lavé tous les soupçons que Colbert s'était perfidement employé à instiller depuis des mois.

— L'avez-vous vu, disait La Fontaine, gonflé comme une grenouille cherchant à se faire aussi grosse qu'un bœuf lors de sa prestation de serment ?

La comparaison fit éclater de rire Fouquet.

— Bien vu, mon cher Jean ! La grenouille qui veut se gonfler comme le bœuf, voilà bien une idée qui vous permettra de brosser une de ces fables dont vous avez le secret ! Il est vrai que, depuis quelques semaines, la couleuvre qui figure sur les armoiries de ce bon monsieur Colbert semble bien à plat, ajouta le surintendant. Je dois dire que depuis ma nomination à la tête du Conseil du commerce extérieur, le cher homme ne manque pas une occasion pour me réaffirmer sa fidélité. Le miel de ses compliments accompagne chacune de nos rencontres.

— Monseigneur, méfiez-vous des couleuvres qui paraissent endormies au soleil, reprit d'Orbay en savourant son Porto. L'animal est plus fourbe que la grenouille !

— Vous avez raison, mon cher d'Orbay.

Le surintendant se laissa aller en arrière dans son fauteuil. Il songeait en cet instant à la douce beauté de mademoiselle de La Vallière et regrettait de n'avoir pu prolonger la conversation avec elle.

— Je me demande ce qu'Olympe Mancini voulait à la jeune La Vallière.

On aurait pu croire en l'écoutant que François d'Orbay lisait dans les pensées de Fouquet.

— Rien de bon, sans doute, répondit La Fontaine. La pauvre petite avait l'air pincé tandis que l'autre lui tenait le bras.

Le surintendant avait les yeux fermés et semblait ne plus entendre ce qui se disait autour de lui. Enfin, il se redressa et reprit la parole.

— Je dois partir d'ici quelques jours pour Londres afin de régler plusieurs affaires financières de première importance. En mon absence, je compte sur vous, messieurs, pour veiller au bon déroulement de nos chantiers à Vaux. Mon cher Jean, il vous faudra tancer Le Brun qui n'a pas fait livrer les tapisseries promises et retarde ainsi une grande partie de la décoration du château. Quant à vous, d'Orbay, je vous charge de superviser les travaux des jardins : j'ai l'impression que la mise en eau des bassins prend du retard. Que diable, en ce mois d'avril l'excuse des frimas ne devrait plus avoir cours ! Enfin, vous veillerez à ce que les essences et plantes que je vous ai désignées soient mises en terre pour garantir leur maturité dès l'été, ajouta Fouquet en échangeant avec son architecte un regard complice.

En apprenant le départ prochain du surintendant pour la capitale anglaise, une idée avait germé dans le cerveau de François d'Orbay.

— Rassurez-vous, Monseigneur, je veillerai personnellement à faire doubler les équipes et à motiver chacun pour que les retards accumulés cet hiver soient rattrapés, dit l'architecte. J'étais encore hier sur le chantier et je puis vous garantir sa bonne avancée. Ce qui m'inquiète à Vaux, si vous le permettez, c'est autre chose.

— Que voulez-vous dire ? interrogea le surintendant en fronçant les sourcils.

— Je veux parler du jeune Gabriel que vous avez pris sous votre protection. J'ai le sentiment que la mélancolie le gagne.

— Etes-vous sûr ? reprit Fouquet, comprenant où d'Orbay voulait en venir en lui transmettant un message sans alerter La Fontaine. Que lui arrive-t-il ?

— C'est sans doute la trahison de Molière qui l'a privé de son rêve de théâtreux. J'imagine aussi que son éloignement de Paris est pour lui cause de tristesse. Que voulez-vous, Monseigneur, à son âge, les joies de la campagne s'épuisent vite ! Il faudrait sans doute lui permettre de changer d'air, ajouta finement l'architecte dont l'œil était devenu tout à coup plus vif.

— Et si vous l'emmeniez avec vous à Londres ? suggéra tout de go La Fontaine à Fouquet.

Cette proposition était celle qu'espérait l'architecte depuis un instant. Il imaginait déjà la joie qu'éprouverait son vieux maître André de Pontbriand en retrouvant son fils.

— Excellente idée ! dit le surintendant en éclatant de rire, heureux de l'habileté de D'Orbay. J'emmènerai donc le jeune tourtereau à Londres. Toutefois, messieurs, je ne puis vous garantir que les brumes de la Tamise lui rendent le sourire !

52

Palais du Louvre, cabinet de travail de Colbert – vendredi 15 avril, six heures du soir

L'AIR SOMBRE, les mains dans le dos, Colbert déambulait sans discontinuer depuis près de vingt minutes, suivant machinalement les contours de la frise qui bordait le grand tapis des Gobelins posé au sol devant son bureau. Assis de part et d'autre dans deux bergères d'un bleu éclatant, le frère du roi, duc d'Orléans, et Olympe Mancini paraissaient tout aussi préoccupés. Le duc d'Orléans en particulier pétrissait entre ses doigts boudinés sertis de bagues les rubans verts qui ornaient sa veste de soie blanche.
— Tout de même, poursuivit-il de sa voix de fausset, sur un ton vaguement plaintif, tout de même, je m'attendais en abandonnant l'idée d'aller chasser aujourd'hui avec mon frère à d'autres nouvelles ; à des nouvelles plus conformes à nos espérances...
— J'aime à ce que vous parliez de « nos espérances », Monseigneur, interrompit Colbert sans cesser sa déambulation et en prenant une profonde inspiration destinée à masquer son agacement. Tout d'abord parce que ce mot me flatte, étant indigne de la bonne manière que vous me faites en m'associant à vos préoccupations. Ensuite, parce que je nous vois là parvenus à un diagnostic commun par des chemins divers. Vous pensez que mademoiselle de La Vallière nourrit les récriminations de votre future épouse et pourrait vous desservir en

véhiculant ces calomnies à votre endroit auprès du roi. Je peux le redouter et cela m'indispose puisque cela vous blesse. Vous pensez ensuite cette jeune fille incontrôlable. J'en suis également convaincu. Il est fréquent que la tête tourne à ces jeunes courtisanes. Tant pis pour elle. Nous lui avons donné toute sa chance, ajouta-t-il en se retournant vers Olympe demeurée silencieuse. Elle n'a pas voulu la saisir. Tant pis pour elle, répéta-t-il. J'ajoute pour ma part, dit-il en arrêtant enfin sa ronde et en fixant Olympe d'un regard vif, que j'ai des craintes plus fortes encore.

— Je vous confirme l'avoir vue longuement converser avec le surintendant à Saint-Mandé, affirma la jeune femme comme en réponse à une sollicitation muette.

— Et prononcer même le nom d'un jeune homme nommé Gabriel, coupa Colbert, un jeune homme dont la propension à se trouver à proximité de comploteurs avérés contre la sûreté de l'Etat commence à m'être très pénible, et ce d'autant plus qu'il a disparu sans laisser de traces juste après avoir rencontré en tête-à-tête... le surintendant Fouquet ! Vous avez raison, Monseigneur, poursuivit-il en haussant le ton, tout cela n'a que trop duré. Nous avons décrit des faits, des faits lassants. Il faut maintenant des actes. Sans retard. Il faut en finir. Mes hommes se chargent de retrouver ce Gabriel et de mettre la main...

Colbert s'interrompit, signifiant d'un geste que le récit serait trop long.

— Enfin, ceci est une autre histoire. Ils se chargent donc de le retrouver. Mais il faut parallèlement rendre impossible toute connection avec le roi via mademoiselle de La Vallière. Elle doit donc être écartée, conclut-il d'un ton sinistre.

Le frère du roi demeura figé un instant.

— Ce qui signifie concrètement ? reprit-il d'une voix inquiète.

— Ce qui signifie, dit Colbert en se rapprochant d'Olympe, que la messagère qui proposait la sécurité va se faire le messager de l'insécurité.

L'air interdit du prince, sourcils froncés, arracha un sourire à Colbert.

— Vous n'étiez pas né, Monseigneur, mais vous vous remémorez certainement l'aventure survenue à votre mère la reine, que Dieu l'ait en sa sainte garde.

Voyant que le prince ne réagissait pas, Colbert poursuivit d'un ton professoral.

— Découvrant qu'elle informait par lettre des siens parents espagnols des faits et gestes du roi de France, votre père Louis XIII la voulut répudier puis écarter. Elle eut la chance de bénéficier du soutien actif du défunt cardinal de Mazarin, Dieu ait son âme. Eh bien, ce qui a été peut être encore. A ceci près que mademoiselle de La Vallière n'aurait pas pour la défendre un avocat de la trempe du Cardinal !

— Si elle complotait ! s'enthousiasma le frère du roi, comprenant tout à coup.

— Voilà, l'encouragea Colbert. Enfin une conversation que je trouve constructive, dit-il à l'adresse d'Olympe.

Celle-ci se leva et salua les deux hommes d'une révérence avant de se diriger vers la porte.

— Vous croyez donc que le problème est en voie de résolution ? interrogea le prince.

— Je ne le crois pas. J'en suis convaincu, répondit Colbert d'un ton rassurant. Monseigneur, la plus grande vertu des femmes telle qu'Olympe est qu'elles comprennent sans qu'il soit besoin de parler longuement ni explicitement... dès lors qu'il s'agit d'aller dans le sens de leur haine. Je ne doute pas de son habileté à mettre en œuvre les idées. Elle a à ce propos cette imagination concrète qui caractérise si bien les femmes.

Le frère du roi se contenta d'acquiescer.

53

Londres, palais de Buckingham – vendredi 22 avril, cinq heures de l'après-midi

PATIENTANT À CÔTÉ de Fouquet dans la salle de réception des ambassadeurs, Gabriel leva les yeux vers le linteau de la cheminée monumentale en pierre soutenu par deux géants barbus, et étouffa une exclamation de surprise.

— Ça ! dit-il en désignant au surintendant le blason sculpté dans la pierre.

Fouquet sourit en levant les yeux.

— Quel est l'objet de votre étonnement, mon jeune ami ?

— Mais, eh bien, c'est en français monsieur le surintendant, insista Gabriel en montrant la devise. C'est écrit là, « honni soit qui mal y pense » !

— Cela ne m'avait pas échappé, reprit Fouquet d'un ton flegmatique. D'autant moins que c'est la devise du roi et de sa famille. C'est d'ailleurs une partie de ce que lui reprochaient ses opposants et les assassins de son père... Enfin, tout vous étonne donc et je n'ai pas un secrétaire mais un écolier, rabroua-t-il affectueusement Gabriel.

Les portes s'ouvrirent pour laisser place au cortège royal, en tête duquel venait le roi d'Angleterre, Charles II. Gabriel fut fasciné par la force de caractère qui émanait du roi tandis qu'il gagnait à pas lents l'estrade drapée de pourpre où l'attendait le trône surplombé de l'écusson frappé des lions d'Angleterre.

« Comme il est jeune, songea Gabriel, presque aussi jeune

que le roi de France. Presque aussi jeune que moi. »

Le protocole suivait son cours, le roi recevant l'hommage des visiteurs étrangers, espagnols, autrichiens, français, chacun se regardant en chiens de faïence, tous cherchant à percer la raison véritable de ces ambassades proclamées de courtoisie après du jeune et nouveau monarque tout juste rétabli sur le trône. Gabriel songea que c'était là sans doute la raison de la tension perceptible dans la salle, de la froideur et de l'austérité ambiantes. A moins que ce ne soit le poids de la méfiance, se ravisa-t-il en observant la présence massive de gardes autour de l'estrade, occupés à surveiller étroitement les visiteurs et à inspecter du regard leurs vêtements à la recherche d'une arme possible.

— Gabriel, Gabriel.

L'appel chuchoté fit se retourner le jeune homme à l'instant même où Fouquet, qui s'était avancé, s'inclinait devant Charles II en lui remettant une lettre du roi.

Gabriel ne vit tout d'abord qu'une silhouette massive dans l'encoignure d'une porte latérale, à quelques mètres sur sa droite.

— Gabriel, insista l'ombre, toujours à voix basse.

« J'ai déjà entendu cette voix », pensa Gabriel en s'approchant lentement tout en essayant de garder un œil sur Fouquet.

- Qui m'appelle ? interrogea-t-il sur le même ton.

Une main le saisit au poignet, le tirant brusquement jusque dans l'ombre de la porte. Gabriel ne put retenir une exclamation de surprise.

— Monsieur Barrême !

Le mathématicien lui fit signe de parler plus bas tout en l'attirant hors de la pièce.

— Chut ! Pas de nom. Ne dites rien et suivez-moi.

— Mais que faites-vous là ? répliqua Gabriel sans bouger. Et où voulez-vous que je vous suive ?

Barrême se retourna d'un air courroucé.

— Mais vous ne cessez donc jamais de poser des questions

oiseuses quand il ne faut pas ? J'avais déjà remarqué cette manie.

Gabriel ne bougeait toujours pas.

— Au nom du ciel, Gabriel, suivez-moi, reprit Barrême d'un ton pressant. Nous n'avons que peu de temps pour que votre absence passe inaperçue. Vous voulez connaître le fin mot de ces papiers que vous m'avez montrés... ajouta-t-il en baissant encore la voix.

Gabriel jeta un œil dans la salle et vit Fouquet qui parlait toujours avec le roi. Il hésita encore une seconde, puis fit signe à Barrême d'aller de l'avant.

« Etrange personnage », pensa-t-il en emboîtant le pas du gros homme.

54

Londres, domicile d'André de Pontbriand – vendredi 22 avril, cinq heures et demie de l'après-midi

CELUI QUI se faisait appeler Charles Saint John n'y tenait plus. Incapable de se concentrer sur l'épais livre de comptes de sa modeste société de commerce, il ne pouvait pas non plus rester à regarder le spectacle de sa rue comme il le faisait usuellement lorsque l'attention à sa tâche lui faisait défaut. Depuis l'annonce par Barrême de la visite organisée cet après-midi, le vieil homme fatigué était gagné par une sorte de fièvre.

« Voilà quinze ans que je ne l'ai vu. Comment est-il ? Comment va-t-il réagir ? Que pense-t-il de moi ? Que dois-je lui dire sur ces quinze années d'abandon ? » s'interrogeait sans cesse celui qui s'était peu à peu résigné à ne plus jamais revoir aucun membre de sa famille.

Située dans un quartier populaire, la maison de Charles Saint John s'élevait sur deux étages. Au rez-de-chaussée s'entassaient en permanence les marchandises en provenance des différentes compagnies maritimes de commerce avec lesquelles l'exilé faisait affaire. Deux commis étaient chargés de la manutention et de vérifier tout ce qui transitait par là. Cette activité était pour le vieil homme une couverture idéale lui ayant permis de voyager à de très nombreuses reprises sans susciter le moindre soupçon. C'était aussi sa seule source de revenus. L'étage abritait ses appartements, simples et confortables. A côté de sa chambre, il avait fait installer un cabinet de travail qui lui servait également de bibliothèque. En quinze ans, l'homme s'était constitué une solide collection essentiellement d'ouvrages de poésie. Lui-même s'était essayé à l'écriture et conservait plusieurs manuscrits, mais il n'avait jamais osé les faire publier.

Revenu une nouvelle fois près de sa fenêtre, il vit s'arrêter devant chez lui une voiture. Le cocher sauta à terre afin de déplier les trois marches qui facilitaient la descente des voyageurs, puis indiqua d'un geste à ses clients la maison du commerçant. Le cœur du vieil homme se mit à battre plus fort. Barrême sortit le premier du véhicule, aussitôt suivi par Gabriel. Derrière sa fenêtre, celui qui attendait avec tellement d'impatience ne réagit pas immédiatement, comme abasourdi de voir apparaître celui qui n'était plus le petit « Cherubino » resté dans sa mémoire. Honteux de cette hésitation, il sentit la sueur perler sur son front et se parla à lui-même.

— Gabriel... Mon petit !

— Mais où m'emmenez-vous donc ? dit Gabriel en retenant le gros homme qui s'apprêtait à entrer tout en levant les yeux sur cette modeste maison de commerce.

— Vous touchez au but. Soyez donc un peu patient, lui répondit le mathématicien en le poussant à l'intérieur de la pièce d'accueil des clients. Montez à l'étage. *On* vous attend, ajouta-t-il en indiquant d'un geste les escaliers.

Gabriel monta seul. En arrivant sur le palier de l'étage de la maison, il se tenait aux aguets, craignant quelque nouvelle manœuvre inamicale. Tandis qu'il s'approchait de la porte entrouverte, une voix retentit.

— Entre !

De plus en plus interloqué, le jeune comédien répondit à cette invitation et pénétra dans le cabinet de travail où lui apparut, de dos, un homme aux cheveux blancs, les bras immobiles, comme figé. Lentement, dans un mouvement quasi théâtral, la silhouette se retourna pour faire face à son visiteur.

Gabriel fut d'abord frappé par l'éclat bleu pâle des yeux de celui qui le regardait à présent sans un mot. La situation devenant gênante pour le jeune homme, il se crut obligé d'esquisser une phrase.

— Monsieur...

— Je suis heureux de te voir. Je ne pensais pas que cet instant me serait donné un jour, interrompit le vieil homme en marchant lentement en direction de Gabriel, comme on le ferait d'un oiseau pour éviter qu'il ne s'envole.

Au fur et à mesure que le visage se rapprochait, Gabriel sentit une terrible émotion l'envahir. « Cette voix, se dit-il en détaillant son vis-à-vis, et maintenant ce regard, ce visage... » Il recula d'un pas.

— Qui êtes-vous ? demanda-t-il d'une voix à peine intelligible.

Sans répondre, l'homme avança encore. Levant le bras, il eut un geste maladroit pour saisir l'épaule de Gabriel.

Le jeune homme perçut le tremblement des doigts.

— Comme tu es grand, dit doucement l'homme.

Gabriel vit ses yeux s'embuer.

— Vous n'êtes pas... balbutia le jeune homme qui comprit dans un éclair, au moment où le faux Charles Saint John le serrait dans ses bras.

— Mon enfant, mon cher enfant, je te retrouve enfin, exulta André de Pontbriand en embrassant son fils.

Une foule d'images déferlait dans l'esprit de Gabriel, incapable à cet instant de répondre à son père tant son émotion et sa gêne étaient grandes. Son père qui avait marqué son enfance, son père tant pleuré dans la solitude des nuits d'Amboise, son père dont il ne connaissait rien et dont la force et les conseils lui avaient tant manqué, son père était là sous ce masque de vieillard. Cet homme qu'il reconnaissait maintenant sans le connaître vraiment lui était à la fois familier et complètement étranger.

Des secondes passèrent en silence. André de Pontbriand

restait là, ses bras noués autour du torse de son fils, comme s'il cherchait à compenser des années d'arrachement. Puis il dénoua son étreinte et recula pour regarder de nouveau cet homme qui était son enfant, cet homme au visage fort sur les joues duquel coulaient des larmes.

— Mais enfin, que faites-vous ici sous un faux nom ? Et pourquoi nous avoir abandonnés en laissant croire à votre mort ? J'ai pour le moins le souhait d'obtenir vos explications avant d'accepter vos embrassades !

Avec un sourire amer, André de Pontbriand regardait les poings serrés de son fils, son regard ardent dans ses yeux encore rougis. Passé le premier étonnement, l'émotion se tournait en colère.

« Comme il me ressemble », pensa-t-il.

— Tu as raison mon petit, lui répondit-il d'une voix triste. Je vous ai sacrifiés à une cause qui nous dépasse tous. Je porte dans mon cœur la responsabilité de cet exil comme une blessure qui ne se refermera jamais. Tu es maintenant un homme et tu as le droit de connaître la vérité. Ne me juge pas avant de savoir ! Je vais répondre à toutes tes interrogations. Mais avant, installons-nous, veux-tu ? poursuivit-il en désignant la partie de la pièce aménagée en salon. Je vais faire monter du thé. Tu vois, depuis tout ce temps je me suis laissé séduire par les habitudes anglaises ! ajouta-t-il avec une fausse légèreté.

André de Pontbriand trempa ses lèvres dans son breuvage puis entreprit le récit des quinze années passées.

— Tu dois d'abord savoir que j'ai l'honneur de servir depuis l'âge de vingt ans une noble compagnie dans laquelle œuvrait déjà ton grand-père ainsi que son propre père et le père de son père. Nous sommes seulement quatorze compagnons répartis à travers le monde afin de protéger un secret dont la valeur est inestimable. C'est cette cause sacrée qui m'a amené ici à

Londres et qui m'a empêché par la suite de vous rejoindre. L'annonce de ma mort était destinée à vous préserver des dangers qu'une trahison pouvait faire peser sur notre famille. Sache pour satisfaire ta curiosité que le traître à la compagnie se faisait appeler Naüm. Il y a quinze ans de cela, il a cédé contre une forte somme d'argent au cardinal Mazarin un document où mon nom apparaissait. Ce document qu'il m'a volé est la clé sans laquelle on ne peut accéder au Secret. Heureusement, ayant été initié par ton grand-père aux mystères de l'art cryptique j'avais pris soin de le coder. L'enjeu était si important que, étant percé à jour et recherché par la police du Cardinal, j'ai dû m'exiler et couper tout lien avec mon passé. Vois-tu, mon cher Gabriel, pour sauver l'honneur des Pontbriand et préserver votre intégrité, j'ai pris cette terrible décision de ne plus vous revoir et de me fondre dans la peau de Charles Saint John.

Gabriel frissonnait en levant ainsi une partie du voile qui avait recouvert son enfance. Il avait la sensation d'être pris de vertige.

— Mais pourquoi ? répliqua-t-il abasourdi, pourquoi ?

— Laisse-moi t'expliquer, laisse-moi le temps, coupa son père, nous avons tous deux attendu si longtemps...

Le vieil homme lui donna de nombreux éléments sur sa vie à Londres, sa nouvelle activité, ses voyages pour commercer au loin. Il interrogea ensuite son fils pour avoir des nouvelles de toute la famille.

Tout en l'écoutant, Gabriel observait avec intensité le décor où il se trouvait, essayant d'enregistrer chaque sensation, odeur, bruit, chaque détail de l'ameublement. Combien de fois n'avait-il pas en songe vu son père se promener dans des décors inconnus et toujours fantastiques. La banalité de cet intérieur le fascinait et l'émouvait tout à la fois.

La fugue vers Paris de Gabriel désirant fuir l'autorité de son oncle et rejoindre Molière fit sourire André, heureux de découvrir le caractère audacieux de sa progéniture. La conversation se prolongea longtemps entre les deux hommes qui avaient quinze ans de retard à rattraper.

Le jeune homme raconta à son tour dans le détail à son père les conditions de son arrivée dans la capitale et l'incroyable découverte l'ayant conduit par des enchaînements étranges et des interventions surprenantes jusqu'ici. A l'évocation de Nicolas Fouquet et de François d'Orbay, André de Pontbriand sourit. Gabriel l'interrogea à plusieurs reprises à propos de ce secret et de cette mystérieuse compagnie de quatorze membres qui l'intriguait. Il fut toutefois frustré de ses réponses pour le moins sibyllines. Il voulait en savoir plus.

— Ne me torture pas ainsi, mon fils, lui dit en riant André au bout d'un moment. Seuls les initiés peuvent connaître les règles de notre compagnie et la nature du texte que nous protégeons. Tu cours assez de dangers et tu en sais déjà trop. Barrême, qui est un ami fidèle, m'a parlé de la liasse que tu lui as montrée.

Il fixa le jeune homme de son regard d'acier.

— Qu'as-tu fait de ces papiers ?

— Ils sont ici à Londres, dans mes malles, répondit Gabriel.

— Ma voiture est à ta disposition. Va les chercher et reviens dîner avec moi, nous avons encore tant de choses à nous dire.

Trop heureux de cette perspective, Gabriel se leva pour quitter la demeure, impatient de lever le mystère de toute cette histoire.

— Reviens vite, ne put s'empêcher d'ajouter le vieil homme. Et prends bien garde à toi.

55

Londres, domicile d'André de Pontbriand – vendredi 22 avril, neuf heures du soir

EN REVENANT chez son père, Gabriel trouva ce dernier encore au travail dans son cabinet du premier étage. Son visage était marqué par la fatigue.

— Par bonheur, mon fils, tu as pu revenir sans tarder, lui dit d'un ton réjoui André de Pontbriand.

— Voilà, répondit Gabriel en lui tendant le maroquin grenat gonflé des fameux papiers. C'est ce que j'ai trouvé au fond du trou du souffleur du théâtre.

—Voyons cela, dit André en chaussant ses lorgnons. Assieds-toi, mon fils, il y en a probablement pour un moment.

André de Pontbriand examina un à un avec minutie les parchemins extraits du porte-document. Au fur et à mesure de sa lecture, il les classait en tas distincts sur la grande table d'acajou lui servant de bureau. Gabriel observait avec admiration son père en prenant le temps de détailler cet homme pour le redécouvrir. Il retrouvait peu à peu des expressions ou des traits familiers lui rappelant de vagues souvenirs d'enfance.

— Nous y sommes, dit enfin le vieil homme en se frottant les yeux. Comme tu le vois, j'ai classé ces papiers en trois catégories. Là, dit-il d'une voix chargée d'émotion en désignant un document isolé, il s'agit du document vendu par Naüm à Mazarin, avec au dos le mot d'envoi codé suivi de ma signature, que tu as reconnue.

André de Pontbriand laissa sa main tremblante glisser sur le document. Bouleversé, Gabriel contempla en silence le combat que menait son père contre les sentiments qui le submergeaient.

— Si tu savais ce que représente pour moi ce morceau de papier, dit le vieil homme d'une voix à peine audible en laissant la feuille glisser lentement entre ses doigts. Et au-delà de moi, pour l'avenir du monde ! Et c'est toi qui le ramènes à moi...

S'arrachant à ses souvenirs avec un effort, il stoppa net la question que Gabriel s'apprêtait à poser et se tourna vers le reste des documents.

— Ici, poursuivit-il en désignant le deuxième paquet, il s'agit d'un cryptage infiniment plus simple, appelé code italien. Il est facile d'accès depuis des années pour tous les familiers de la Cour et n'est plus utilisé depuis qu'il a été éventé durant la Fronde. Il est de notoriété que c'est ce code qu'utilisait Anne d'Autriche pour sa correspondance secrète. A première vue, je crois d'ailleurs comprendre que ce sont des actes officiels. Il me faudra peu de temps pour en venir à bout et savoir de quoi il retourne. Là, enfin, ce sont des pièces financières dont la rédaction est faite de manière à éviter une lecture accidentelle par un néophyte. Il s'agit en quelque sorte d'une comptabilité dissimulée attestant des manipulations diverses opérées par Son Eminence afin de s'enrichir. Tu vois, dans celle-ci par exemple, dit André en montrant une liasse à son fils, on peut découvrir le montage obscur imaginé pour faire acheter les octrois de Montereau et de Moret par des prête-noms à la solde du Cardinal.

— Je comprends mieux la hargne de Colbert et de ses sbires ! s'exclama Gabriel.

— Ceux qui ont perdu ou dissimulé ce porte-document dans ton théâtre devaient parfaitement savoir ce qu'ils cherchaient, reprit André. Mais revenons à ces documents codés à l'italienne, ajouta-t-il en se tournant vers la deuxième pile. Laisse-moi quelques instants afin de traduire ces actes notariés.

Ils recèlent selon toute vraisemblance un lourd secret d'Etat.

Alors que son père sortait de ses tiroirs d'étranges réglettes couvertes de chiffres et s'employait à les calquer sur les documents en question, Gabriel se dit qu'il avait été bien inconscient du caractère explosif de ce maroquin.

« Voilà qui explique largement pourquoi la terre entière semblait m'en vouloir », pensa le jeune homme de plus en plus impatient de connaître la vérité.

— Eh bien, monsieur de Pontbriand, vous étiez assis sur une bombe ! s'écria après de longues minutes de silence le vieil homme, heureux de son travail.

Il se leva et fit le tour de la table pour montrer le document à Gabriel, piaffant d'impatience devant les signes d'étonnement manifestés par son père avec de plus en plus de force à mesure qu'il avançait dans sa lecture.

— Nous avons là tout d'abord l'acte officiel de mariage entre Anne d'Autriche et Son Eminence le cardinal Mazarin ! Te rends-tu compte, mon fils ? Si les frondeurs ou leurs obligés s'étaient trouvés en possession de ces parchemins, je crois que le royaume de France aurait connu une déflagration aux répercussions incalculables. D'autant que ce code est un jeu d'enfant pour qui est un peu féru d'art cryptique !

Gabriel n'en revenait pas. Evidemment, la rumeur avait couru dans tout Paris, mais personne n'imaginait que la preuve du mariage entre la mère du roi et le Premier ministre pouvait être si facilement accessible.

— Mais ce n'est rien à côté de la lettre qui était jointe à l'acte.

Gabriel s'agita.

— Que dit-elle ? Qui l'a envoyée ?

— Anne d'Autriche, mon fils, au cardinal Mazarin. Et son contenu est incroyable : cette lettre, Gabriel, écrite en 1638, il y a vingt-trois ans, c'est celle d'une jeune mère qui écrit après la naissance de son enfant, au père de celui-ci...

— Mazarin, le père du roi ?

La tête lui tournait.

— Mon fils, dit André, tu es désormais assez au fait des affaires du royaume pour mesurer le niveau d'importance de ces paperasses. Il y a là de quoi déclencher une guerre civile...

— Mais que devons-nous en faire ?

— La plus extrême prudence s'impose. J'imagine que Colbert est à la recherche active de tout cela. Ta vie et la mienne n'auraient pas beaucoup de poids en contrepartie de ces papiers, conclut-il d'une voix sombre. Tu es à Londres encore pour quelques jours, m'as-tu dit. Je vais d'abord prendre les dispositions qui s'imposent vis-à-vis de mes frères afin de les rassurer sur le sort des papiers de notre compagnie. De ce côté-là, je ne suis pas inquiet, comme je te l'ai dit, les codes n'ont pas été percés, ils sont indéchiffrables par tout autre que moi. Je t'expliquerai un jour comment je peux en être aussi certain, ajouta André pour répondre aux interrogations qu'il lisait dans le regard de son fils. Pour ce qui est de la comptabilité secrète de Mazarin et des preuves de son mariage, tu reprendras ces paperasses. Je crois en effet que l'hôtel particulier où le roi d'Angleterre vous a logés est l'endroit le mieux gardé du royaume. Nous aviserons avant ton départ de la conduite à tenir.

Gabriel se sentait tout à coup rassuré face à la froide détermination de son père. Il mesurait en ce moment combien cette protection paternelle lui avait fait défaut.

— L'heure avance, père, dit le jeune homme en regardant la pendule qui marquait onze heures et demie.

— Et tu dois avoir faim ! Moi je dévorerais un ours, ajouta André en entraînant Gabriel vers une pièce du rez-de-chaussée où un repas froid les attendait.

— Je me réjouis de ce que vous avez dit tout à l'heure, dit le jeune comédien en attaquant une magnifique tranche de gigot. Je vais prier pour que le retour de ces papiers compromettants vous permette de revenir au plus vite à Amboise, ajouta le jeune homme, pris tout à coup d'une émotion qu'il essayait en vain de contenir.

A ces mots, André de Pontbriand ne put retenir ses larmes.

— C'est mon vœu le plus cher, dit-il. Tu n'imagines pas à quel point le bonheur de te revoir m'a transformé. Ce soir, je ne sens presque plus les douleurs qui pourtant m'assaillaient depuis quelques mois. Comme si ta force et ta jeunesse m'avaient transmis leur énergie !

La conversation se poursuivit entre les deux hommes avides de se découvrir et de rattraper les années perdues. Sans cesse, Gabriel essayait de faire parler son père à propos de ce texte si précieux auquel plusieurs générations de Pontbriand avaient voué leur vie.

Enfin, Gabriel parut plonger dans une profonde réflexion.

— A quoi songes-tu tout à coup ? demanda son père après un instant de silence.

— Mais moi, tu ne pensais pas me faire entrer dans la même ligne ? Si ce secret est si important, tu ne voulais pas que je devienne un des veilleurs destinés à le protéger ?

— Crois-moi mon fils, lui dit André. Si ce soir je ne t'en dis pas plus sur le secret de notre famille, c'est pour te protéger. Ne sois pas impatient !

Devant le regard sombre de Gabriel, le vieil homme se pencha vers lui en le fixant droit dans les yeux.

— Tu veux que je te dise la vérité ? Pendant des années, j'ai espéré que le lien se couperait. Pendant des années, j'ai vécu reclus à panser mes plaies, haïssant ma destinée et souhaitant sans y croire que tu lui échappes. J'espérais encore que ma génération achèverait notre quête et que tu en serais libéré... C'est pourquoi j'ai été si bouleversé quand j'ai appris ce qui était arrivé, que tu avais trouvé les documents... Ne m'en veux pas, ajouta-t-il d'un ton soudain las. Allons, va. Tu veux que je te prouve ce que je dis : eh bien, je vais te livrer un secret qui vaut plus que l'or : ouvre bien tes oreilles, Gabriel, ce que tu vas entendre, bien peu d'hommes l'ont entendu. Je vais te lire la traduction de ce texte perdu depuis si longtemps et que tu as retrouvé. Ainsi, tu seras déjà un peu des nôtres.

Il s'éclipsa pour remonter dans son bureau et revint un instant plus tard avec le document.

Ebahi, Gabriel écouta ce qui lui parut une longue succession de noms de plantes et de dosages savants.

Sa lecture achevée, André de Pontbriand sourit.

A une heure du matin, après avoir encore conversé un grand moment avec son fils, le vieil homme décida d'aller se coucher. Il proposa à Gabriel de passer la nuit chez lui.

— Tu dormiras dans le fauteuil de mon bureau, ajouta son père. Nous pourrons ainsi poursuivre l'examen des documents demain matin.

Ravi, le jeune homme salua son hôte et monta s'installer pour la nuit. Incapable de trouver le sommeil, Gabriel tourna longtemps dans sa tête les phrases étranges prononcées par son père. Il était très tard lorsqu'il sombra enfin dans un sommeil agité.

56

Londres – samedi 23 avril, quatre heures du matin

LE BRUIT de meubles chutant à terre réveilla brusquement Gabriel qui ne comprit pas immédiatement ce qui se passait.

— Au secours !

La voix étouffée de son père ne laissa aucun doute au jeune homme qui eut tôt fait de s'emparer de son épée posée quelques heures auparavant au pied du fauteuil dans lequel il s'était endormi. En un saut, Gabriel avait bondi dans le couloir. L'obscurité l'obligeait à se diriger à tâtons dans une maison qu'il ne connaissait pas. Arrivé devant la chambre de son père éclairée par un faible rayon de lune, il eut juste le temps d'apercevoir le corps d'André de Pontbriand étendu inerte en travers du lit. Au même moment, un homme le bouscula en sortant de la pièce.

— Halte-là, hurla Gabriel.

Pour seule réponse il vit briller une lame menaçante. Le combat s'engagea aussitôt. Tandis qu'il repoussait les assauts de son agresseur, Gabriel se rendit compte que ce dernier n'était pas seul en entendant un véritable fracas au rez-de-chaussée. Manifestement, les bureaux de commerce de Charles Saint John faisaient l'objet d'une fouille en règle. Poussé par la rage, le jeune homme redoubla d'énergie pour se débarrasser de celui qui venait de s'en prendre à son père. Sautant agilement afin d'éviter les coups de son adversaire, il se retrouva d'abord dans les escaliers puis assez vite dans la grande pièce d'accueil des clients. Là, tout était retourné. Les ballots de tissus précieux avaient été éventrés, les caisses d'épices vidées. Gabriel aperçut dans la pièce contiguë plusieurs hommes, une torche à la main, en train de vider les meubles où le commerçant rangeait sa comptabilité.

— Vous êtes faits ! cria-t-il en se précipitant vers ces ombres.

Inconscient du danger, le jeune homme croisa le fer à quatre contre un. Il n'avait rien perdu des leçons reçues de son oncle à Amboise et maniait la lame avec une dextérité rare, repoussant avec adresse les assauts des quatre gredins. Sa souplesse faisait merveille. Il blessa profondément à l'épaule l'un de ses adversaires. Puis, d'un coup de maître, il planta sa lame en plein cœur d'un autre qui s'effondra sans même trouver la force de pousser un cri.

Sur un ordre bref du blessé, les trois survivants s'enfuirent par la fenêtre qu'ils avaient brisée pour pénétrer dans la maison. Gabriel hésita un instant à les poursuivre dans les rues sombres, puis se ravisa en pensant à son père étendu à l'étage. Le jeune homme s'empara d'une torche et se précipita dans la chambre où il avait surpris quelques minutes auparavant l'agresseur. En s'approchant du lit, Gabriel blêmit. Une petite tache de sang marquait nettement la chemise de nuit à l'emplacement exact du cœur.

— Ils l'ont tué ! murmura-t-il en découvrant le visage livide du vieil homme.

Les images se bousculaient dans la tête du jeune homme, bouleversé par la vision du corps de ce père miraculeusement retrouvé quelques heures auparavant.

Gabriel s'efforça de retrouver son calme. Il devait immédiatement retourner se placer sous la protection de Fouquet. Il s'engouffra dans le bureau de son père pour rassembler ses affaires et en particulier les si précieux documents qu'il lui fallait désormais protéger. Avant de descendre, il s'arrêta une dernière fois dans la chambre où gisait le corps d'André de Pontbriand.

— Père, je m'efforcerai de t'être fidèle, murmura le jeune homme, les yeux pleins de larmes en jetant un dernier regard vers ce père dont la vie restait encore tellement chargée de mystère.

Avant de quitter la demeure, Gabriel eut l'idée de fouiller l'homme qu'il avait tué et qui gisait dans son sang.

— Qui sont donc ces gredins et pour qui travaillent-ils ?

La découverte d'une lettre dans la poche intérieure de l'habit de sa victime offrit la réponse au jeune homme.

La missive était signée de Charles Perrault, chef de la police de Colbert. Les hommes avaient pour consigne de suivre *« le jeune Gabriel dans son séjour londonien et de récupérer impérativement et par tous moyens tous documents en possession du dit comédien »*.

Le jeune homme sentait une terrible colère l'envahir.

« Ainsi, c'est Colbert lui-même qui est la cause de la mort de mon père, se dit-il. Eh bien, Colbert le paiera de sa vie, même si je dois y sacrifier le restant de mes jours ! »

La lecture complète de la missive lui apporta d'autres informations. *« A l'issue de votre mission vous vous arrêterez à Beauvais au relais de poste et vous me ferez porter un billet m'informant de votre retour en France. Quoi qu'il arrive, vous m'attendrez sur place. »*

En un éclair, Gabriel décida de ne pas perdre une minute de plus à Londres et de se lancer à la poursuite des assassins de son père.

« Je vais passer déposer un billet à l'intention de Fouquet afin de lui annoncer mon retour à Paris, se dit le jeune homme en quittant la demeure de son père, puis je filerai jusqu'à Beauvais ! »

La douleur et le chagrin avaient fait place à une rage froide.

57

Sur la route de Paris – dimanche 24 avril

GABRIEL n'avait pas ménagé ses montures. Depuis Londres, le jeune homme avait filé droit vers la côte et réussi à s'embarquer *in extremis* pour la France. Ayant mis à profit la traversée pour se reposer et dormir, aussitôt débarqué du côté de Boulogne, l'héritier des Pontbriand s'était précipité vers le premier relais de poste venu afin d'enfourcher un nouveau cheval. Il l'avait choisi vigoureux pour galoper sans perdre de temps vers Beauvais.

Tout au long de ce voyage, Gabriel n'avait cessé de se remémorer les événements des heures passées. L'image du cadavre de son père était venue lui brouiller l'esprit sans qu'il puisse l'écarter. Il n'avait désormais qu'une idée en tête : venger cette mort, d'abord en rattrapant les fuyards pour leur faire rendre gorge, puis en remontant jusqu'à l'ordonnateur lui-même. « Colbert devra payer ce crime, quoi qu'il m'en coûte ! » se disait sans cesse le jeune homme, ivre de douleur.

En arrivant enfin à Beauvais, Gabriel contourna la magnifique cathédrale vieille de plus de quatre siècles, afin de rejoindre le relais de poste situé à deux pas de là. Il y avait peu de monde à cette heure.

— Monseigneur, que puis-je pour votre service ? lui demanda en l'accueillant Scipion Carion courbé en deux.

Le maître de poste était petit et grassouillet, mais son visage de bon vivant inspirait la confiance.

— Je dois rejoindre des amis, dit le jeune homme désireux de n'éveiller aucun soupçon. Ils m'attendent peut-être déjà. Et puis j'ai faim et soif.

Scipion Carion entraîna aussitôt par le bras son client vers la salle de l'auberge afin de satisfaire la fringale du voyageur. Gabriel le suivit sans se départir de sa méfiance, surveillant discrètement les clients attablés.

— Vous trouverez chez moi la meilleure cuisinière de Beauvais. C'est madame Carion elle-même que vous verrez aux fourneaux, annonça fièrement l'homme en installant Gabriel à une table proche de la fenêtre.

En scrutant les autres convives, Gabriel se redressa tout à coup d'un bond et mit la main à son épée.

— Vous ! dit-il en bondissant vers trois hommes attablés dans le fond de la pièce.

Les compères, manifestement surpris de cette rencontre, se jetèrent à leur tour, l'épée à la main, sur le jeune homme. Le combat s'engagea tandis que l'aubergiste poussait des cris :

— De grâce, messieurs, épargnez ma famille ! Je n'ai que cette auberge pour faire vivre les miens ! Je vous en conjure, ne cassez rien ! suppliait le pauvre homme tandis que la vaisselle des tables volait à chaque affrontement.

De nouveau, l'agilité du jeune Pontbriand déconcertait les combattants aussi surpris de ces retrouvailles que de sa vaillance.

Pourtant, malgré sa dextérité, Gabriel se sentait maintenant en difficulté. Une estafilade légère à l'épaule le décida à rompre le combat. Sautant par la fenêtre ouverte, il se retrouva dans la cour du relais de poste. Aussitôt les trois hommes bondirent à l'extérieur de l'auberge.

— Attention, il est dangereux ! cria l'un d'eux en se lançant à la poursuite du fuyard.

Ils rattrapèrent leur proie devant la cathédrale et le combat reprit sur les marches du grand édifice.

Le jeune homme, adossé à la lourde porte en bois du bâtiment, se croyait perdu. Pensant alors à son père qu'il ne reverrait plus, il redoubla de hargne et transperça l'un des assaillants dont le corps ensanglanté dévala les marches du parvis. « Heureusement que l'endroit est désert », pensa Gabriel, soucieux de se tirer de ce mauvais pas au plus vite. Il tua le deuxième agresseur en lui fichant la lame de son épée en plein œil. La colère décuplant ses forces, Gabriel acheva le travail en touchant le cœur du seul adversaire restant, qui s'affaissa à son tour.

« Voilà qui est fait ! pensa l'héritier des Pontbriand, essuyant son épée ensanglantée sur les vêtements transpercés de sa dernière victime. Maintenant, pas de temps à perdre, je dois filer avant que ces gredins ne soient découverts. »

En quittant précipitamment les abords de la cathédrale pour trouver un moyen rapide et discret de regagner Paris, Gabriel sentait une sorte d'ivresse l'envahir.

— Ce n'est qu'un premier pas, dit-il en inspectant de la main la légère blessure de son épaule. Maintenant, à nous deux, Colbert !

58

Paris, domicile de Julie – mercredi 27 avril, huit heures du matin

EN ARRIVANT à Paris trois jours plus tôt, Gabriel s'était réfugié chez son amie Julie. La comédienne vivait seule dans une modeste chambre située sous les toits, non loin du théâtre du Palais-Royal. La jeune femme avait accueilli avec surprise et émotion le fuyard, trop heureuse de retrouver son confident disparu si brutalement de la troupe de Molière. Ne disant rien de ses aventures, le jeune homme avait commencé son séjour en dormant pendant presque vingt heures d'affilée. A son réveil, la colère née à la vue du cadavre de son père ne l'avait pas quitté. Plus que jamais, il était déterminé à éliminer Colbert. Pour ne pas inquiéter Julie, il avait inventé pour elle une histoire dont il s'était fait le héros et qui le contraignait à se cacher quelques jours à Paris. Elle l'avait cru ou avait fait semblant d'y croire, heureuse de ce concours de circonstances qui l'obligeait à demeurer chez elle. Elle n'avait pas demandé pour combien de temps, n'avait posé aucune question. Et le deuxième soir, de retour du théâtre, où elle jouait encore *Dom Garcie*, elle l'avait invité dans son lit. La jolie comédienne ne cachait plus en effet des sentiments qui n'avaient pas échappé à son ami. Ce dernier, sensible quant à lui à ses charmes, goûtait ainsi aux joies d'un plaisir délectable, même s'il n'apaisait pas son chagrin.

Chaque jour, quand Julie partait pour le théâtre, Gabriel rôdait autour du Palais-Royal ou encore de la demeure de

Colbert à la recherche du meilleur moyen d'éliminer celui qu'il considérait désormais comme un ennemi personnel. A la vue des murs, de la cour aperçue par le portail un instant entrebâillé au passage d'une voiture aux rideaux fermés - celle de Colbert lui-même, peut-être ? - Gabriel sentait son sang bouillir. Patiemment, debout dans le froid, caché dans l'ombre des portes cochères de la rue, il avait noté les heures des entrées et des sorties des domestiques, les habitudes de la garde, tous les détails enfin qui lui paraissaient susceptibles de pouvoir nourrir sa vengeance.

En ce matin ensoleillé, il était encore couché, sensuellement enlacé avec Julie, quand on frappa à la porte de la chambre.

— Ouvrez Gabriel ! Je sais que vous êtes là ! dit la voix de celui qui tambourinait à la porte.

Le jeune homme sauta hors du lit et empoigna son épée.

— N'ouvre pas, supplia Julie effrayée par ce réveil brutal, en remontant le drap afin de cacher ses seins.

— Ouvrez je vous dis ! ajouta la voix. C'est François d'Orbay.

Rassuré, Gabriel ouvrit immédiatement la porte. A la vue du jeune homme nu comme un ver, son épée à la main, l'architecte sourit.

— Voilà bien la preuve que vous n'avez rien à cacher, monsieur le fuyard ! Habillez-vous, ajouta d'Orbay sans prêter plus attention à la jeune fille maintenant disparue sous le drap, et descendez me rejoindre dans ma voiture. J'ai à vous parler. Ordre du surintendant des finances !

Gabriel referma la porte et se précipita vers ses vêtements jetés çà et là dans la pièce.

— Ne te tracasse pas, dit-il gentiment à Julie en déposant un baiser sur son front. C'est un ami de Nicolas Fouquet. Je reviens aussi vite que possible.

La jeune fille lui jeta un regard éclairé d'un sourire un peu triste.

— Va, dit-elle.

Puis plus bas :

— Adieu, monsieur le mystérieux...

Une lourde voiture à six chevaux stationnait effectivement dans la rue. Les rideaux tirés empêchaient de voir à l'intérieur. L'architecte attendait Gabriel en parcourant une gazette.

— Heureux de vous revoir, monsieur de Pontbriand. Nous étions très inquiets après votre disparition de Londres !

— Mais j'avais laissé un billet d'explication au surintendant ! répondit Gabriel qui s'installa en face de son interlocuteur. Si je suis parti aussi précipitamment, c'est pour des raisons impérieuses et personnelles que je ne puis vous livrer, monsieur l'architecte.

— Je sais ! le coupa sobrement François d'Orbay en posant la main sur son bras, et je partage votre douleur. Croyez bien...

— Que savez-vous donc ? interrompit durement le jeune homme.

Etonné par cette brutalité, François d'Orbay sourit et reprit doucement la parole.

— Vous allez m'écouter sans m'interrompre, Gabriel. Charles Saint John – ou plus exactement André de Pontbriand, votre père n'est-ce pas ? – était un de mes amis. Je l'ai connu bien avant votre naissance. Sa mort violente m'a terriblement peiné, d'autant que je l'avais rencontré il y a peu encore à Londres. Je sais dans les grandes lignes ce qui s'est passé. J'avais demandé que l'on veillât sur vous de loin et...

Il s'interrompit un instant, serrant les mâchoires.

— Enfin, mes hommes sont arrivés trop tard pour empêcher cela. Ils vous ont seulement vu vous enfuir avant de perdre votre trace au passage de la Manche. Je n'ai compris qu'après, en apprenant par des sources secrètes la mort des trois hommes à Beauvais, ce qui s'était passé à partir de là. Ce n'était pas très difficile. Plus délicat a été de vous retrouver à Paris. Mais croyez-moi, si je vous ai fait rechercher depuis mon retour c'est bien parce que j'ai craint pour votre vie. Je dois d'ailleurs vous avouer que votre cachette chez cette jeune comédienne était idéale à tout point de vue, si j'en crois ce que j'ai aperçu tout à l'heure, ajouta l'architecte avec un rictus complice. Si Isaac Bartet ne vous avait pas aperçu rôdant autour du domicile de Colbert puis suivi jusqu'ici, nous en serions encore à nous interroger pour savoir si vous étiez toujours en vie !

L'air sombre, les sourcils froncés, Gabriel regarda François d'Orbay. Il ne comprenait pas le jeu exact de ce dernier et décida de rester prudent tant qu'il ignorerait le degré d'information du proche collaborateur du surintendant.

— Je ne sais ce que vous manigancez, mais je me dois de vous inciter à la plus extrême prudence, reprit d'Orbay. Monsieur Colbert n'aime guère que l'on occise ses hommes !

— Je veux me venger et punir ce Colbert de ces crimes. Si comme vous le dites vous étiez un ami de mon père, son lâche assassinat par les sbires de Perrault ne devrait pas vous laisser insensible. Pour ma part je suis depuis plusieurs semaines au centre d'une intrigue qui me dépasse et dont bien des ressorts me sont encore inconnus, mais quels qu'en soient les dangers je ne laisserai pas impunie la mort d'un Pontbriand !

— Holà, comme vous y allez ! Tout doux, jeune homme. Vous voulez éliminer Colbert, rien que cela ! N'est-ce pas un peu présomptueux de votre part ?

Face au silence buté du garçon, d'Orbay poursuivit :

— Avec votre père, nous partagions un engagement au service d'une cause qui nous dépasse. Peut-être vous en aura-t-il parlé ? C'est d'ailleurs dans le sens de ce combat et dans la nature des documents qui sont tombés en votre possession qu'il vous faut chercher la source de vos malheurs. Si vous voulez vraiment être fidèle à la mémoire d'André de Pontbriand, avant de commettre je ne sais quelle bêtise au nom de l'honneur, il m'apparaît hautement souhaitable que vous puissiez avoir une conversation avec Nicolas Fouquet lui-même.

Gabriel resta sans voix. Il ne savait que faire ni comment réagir, tout en éprouvant le sentiment fort désagréable que son interlocuteur en savait beaucoup plus qu'il ne voulait bien lui dire.

Comprenant ce malaise, François d'Orbay sortit de la manche de son gant un billet qu'il tendit à Gabriel.

Mon cher François,
Grâce à toi je viens à l'instant de retrouver Gabriel. Quel bonheur ! Je profite qu'il soit parti chercher ce que nous espérons pour t'adresser ce billet plein de l'émotion et de la reconnaissance d'un père. Si le destin venait à me frapper je compte sur toi pour prendre soin de mon cherubino.
Ton ami Charles Saint John.

En lisant ce message posthume, Gabriel blêmit.

— Soit, monsieur l'architecte, je vous crois, mais ce mot de mon père ne me délivre pas de la nécessité de le venger. Vous savez ce qui s'est passé, soit. Sachez alors que j'ai trouvé sur l'un des hommes, celui que j'ai tué à Londres, une note impliquant directement Colbert. C'est lui qui a tenu la main des assassins.

Il criait presque à présent.

— Je le tuerai. Je veux venger mon père !

D'Orbay prit une voix glaciale.

— Et nous le vengerons, croyez-moi. Mais pas maintenant. Et pas ainsi. Croyez-vous Colbert assez naïf pour ne pas demeurer sur ses gardes ? Il vous fait surveiller, vous disparaissez, ses hommes sont assassinés ? Et il continuerait d'agir comme si de rien n'était ? Sa garde, j'en suis sûr, a déjà été renforcée, même si, comme c'est probable, le lien n'est pas encore fait entre la mort de ces hommes et vous-même. Si Bartet vous a retrouvé, croyez-vous que ce sera impossible à d'autres ?

Gabriel resta silencieux, ébranlé par les arguments de D'Orbay.

— Vous jeter seul dans ses griffes ne servirait pas votre

vengeance et compromettrait notre dessein. De grâce, gagnez Vaux, voyez Fouquet. Je vous jure que Colbert ne perd rien pour attendre.

Gabriel acquiesça de la tête.

— Soit, je suivrai vos conseils et j'irai donc rencontrer monsieur le surintendant, mais faites-moi l'amitié de me livrer enfin tout ce que vous savez à propos de mon père et du mystère qui entoure son existence et semble aussi, hélas, avoir causé sa mort !

Soulagé, d'Orbay soupira et posa de nouveau sa main sur celle du jeune homme pâle.

— C'est une longue histoire, dit-t-il en donnant le signal du départ, une longue histoire. Mais c'est à Nicolas Fouquet de vous la conter. Lui seul en a le droit. Il a été choisi, ajouta-t-il d'un ton énigmatique.

59

Vaux-le-Vicomte – samedi 30 avril, trois heures de l'après-midi

GABRIEL regarda le caillou blanc rebondir à la surface de la pièce d'eau, puis couler à pic sous le miroir éblouissant.

Le soleil de l'après-midi éclaboussait les jardins presque achevés et relevait encore l'éclat de la pierre blonde des façades du château. Les échafaudages disparus, les fleurs et les arbustes recouvrant peu à peu les mottes de terre pour donner vie aux parterres, Vaux s'animait lentement, dévoilant par touches successives la majesté de son projet.

Rien de tout cela pourtant n'occupait l'esprit du jeune homme. Seule lui apparaissait, obsédante, la distance qui séparait Vaux de Paris, c'est-à-dire de l'assassin de son père. Deux jours s'étaient écoulés depuis qu'il avait accepté de suivre d'Orbay. Deux jours durant lesquels sa volonté de vengeance avait continué de s'affronter avec sa conviction qu'attaquer seul l'homme qui osait arborer un serpent pour emblème conduirait à l'échec et au suicide.

– Gabriel.

La voix douce fit se retourner le jeune homme. Lâchant les cailloux qu'il tenait dans sa main, il se leva d'un bond pour faire face à celui qui venait de l'interpeller.

– Monsieur le surintendant ?

Les yeux baissés, l'ombre de son chapeau recouvrant son visage, Fouquet retira sans un mot ses gants maculés de poussière et dégrafa le manteau de voyage destiné à protéger son pourpoint vert sombre.

— J'arrive de Paris, dit-il.

Relevant les yeux, il croisa le regard de Gabriel.

— Il faut que je vous parle, mon cher Pontbriand, reprit-il.

Le soleil tombant sur les vitres de la façade éblouit Gabriel au même instant. Ses yeux cillèrent et il recula d'un pas, aveuglé. Dans l'éclair de son éblouissement, il entendit encore la voix de Fouquet

— Il s'agit de votre père.

Le visage de Gabriel se durcit.

— François m'a parlé de votre conversation, reprit Fouquet.

Il s'approcha.

— J'imagine votre impatience, votre rage, votre peine. François les partage comme chacun d'entre nous.

Il avait appuyé volontairement sur le dernier mot.

— Et nous vengerons votre père.

Le prenant par le coude, Fouquet l'entraîna avec lui, à pas lents.

— Je ne l'ai rencontré qu'une fois, il y a déjà longtemps et très brièvement. Pour moi, il était d'ailleurs Charles Saint John et non André de Pontbriand... Et pourtant cette rencontre a été suffisante pour qu'il me parle de vous, à mots à peine couverts, et de ce qu'il appelait son autre rêve, pour le distinguer de la quête que mène notre confrérie. Ce rêve, malgré son désir tout aussi ardent de vous préserver des souffrances qu'il avait connues, c'était de faire de vous son héritier. Je n'ai pas compris tout de suite, je l'avoue, ce qu'il voulait dire. Il s'en est rendu compte et m'a répété le mot « héritier ». Il voulait dire : héritier parmi nous et non seulement héritier comme son fils.

Fouquet s'arrêta pour regarder Gabriel bien en face.

— Cet héritage-là est d'une nature bien particulière, monsieur de Pontbriand.

Des larmes brillaient dans les yeux du jeune homme qui ne desserrait pas les dents.

— Je n'irai pas par quatre chemins, Gabriel. Nous avons

besoin de vous. Les documents que vous avez miraculeusement récupérés au théâtre puis sauvés de nouveau le soir où votre père a été assassiné, ces documents qui ont mis votre vie en péril sont d'une importance capitale. Ce sont eux qui ont modifié le cours de la vie de votre père et la vôtre. Vous avez aujourd'hui la chance de changer cette malédiction. En me les remettant, vous accomplirez le vœu le plus cher de votre père... Et vous prendrez sa suite.

— Mais quels sont ces secrets maléfiques qui ont brisé ma famille ? coupa Gabriel d'une voix tranchante.

— Je vous le dirai, vous en avez gagné le droit à bien des titres. Mais je veux que ce soit votre choix. Gabriel, entendre l'histoire de ce secret n'est pas neutre : l'entendre, c'est déjà l'accepter et accepter de le servir. Quand je vous aurai parlé, il n'y aura plus de retour possible.

Le surintendant se tut un instant et s'écarta légèrement de Gabriel.

— Reposez-vous. Et réfléchissez. Le temps nous est propice, pour une fois. Nous sommes seuls jusqu'à demain. Je vais aller vérifier les travaux. Puis nous dînerons avec La Fontaine. Continuez de ne laisser rien paraître, je vous en conjure. La Fontaine est un ami très cher mais il n'est pas des nôtres et ne doit pas apprendre ce qui est en jeu dans cette bataille. Au besoin, ne descendez pas, je dirai que vous êtes souffrant. Je vous attendrai ensuite ce soir, dans mon bureau, à onze heures. Si vous y êtes aussi, je considérerai que vous acceptez votre héritage et le poids de ces secrets.

Sans attendre de réponse, le surintendant des finances laissa là Gabriel et reprit la direction du château.

La nuit était tombée sur le château de Vaux. Debout devant la porte-fenêtre qui ouvrait du bureau sur la terrasse, les mains dans le dos, Nicolas Fouquet regardait le ciel d'encre, constellé d'étoiles. Dans le silence, il esquissa un sourire en entendant derrière lui le bruit léger des pas sur le parquet du salon attenant. La porte grinça doucement en s'ouvrant. Fouquet se retourna pour apercevoir Gabriel, debout, immobile dans l'embrasure de la porte. Deux flambeaux allumés l'éclairaient d'un halo lumineux qui soulignait la pâleur de ses traits. Vêtu d'une simple chemise blanche, il s'avança d'un pas souple, fixant Fouquet droit dans les yeux. Arrivé au centre de la pièce, il s'arrêta net.

— Je vous écoute.

— La nuit est douce, répliqua Fouquet en indiquant la porte. Marchons, voulez-vous ?

Au loin, les lumières du château scintillaient encore. Engagés sur une allée bordée de jeunes peupliers, les deux hommes sentaient la brise chaude qui faisait bruire le feuillage caresser leur visage.

- C'est une bien longue histoire, Gabriel. Elle a commencé il y a plus de mille six cents ans, en Terre sainte, au bord du lac de Tibériade, dans la maison d'un pêcheur qui n'était pas revenu chez lui depuis des années, depuis qu'il avait suivi un prophète nommé Jésus. Cet homme s'appelait Simon Pierre et son village Capharnaüm. Et cette histoire a commencé alors qu'il était occupé à relire des témoignages écrits par d'autres compagnons du maître. Ces témoignages étaient au nombre de quatre. Quatre écrits que le monde allait apprendre à connaître sous le nom d'Evangiles. Quatre écrits qui n'auraient pas laissé place à cette histoire si Simon Pierre n'avait été fou de rage et horrifié au terme de sa lecture. Il prit alors une terrible décision. La décision de réécrire une partie de ces textes, de les modifier. Rien que de très banal, finalement : un acte de censure. Sauf que celui-ci a changé le cours de la vie des peuples et du monde. Simon Pierre a coupé les textes. Il les a expurgés et en a dicté une nouvelle version, celle que nous connaissons. Puis il a enfoui les textes originaux dans une amphore. Et personne n'a rien su pendant douze siècles. Jusqu'à ce que les croisades envoient en Terre sainte nos chevaliers. Jusqu'à ce que quelques-uns d'entre eux, sur la route de la Syrie, s'arrêtent à leur tour au bord du lac de Tibériade et cherchent refuge dans une grotte rendue accessible par douze siècles d'érosion. Jusqu'à ce que dans cette grotte ils retrouvent cette amphore. Il a encore fallu que parmi eux figure un lettré connaissant l'araméen. Puis que ce lettré prenne le temps dans son couvent de Jérusalem, des mois plus tard, de déchiffrer ces écrits, rédigés sur des papyrus. Et enfin que, malgré la terreur qui l'envahissait à sa lecture, après avoir vérifié mille et mille fois que ses yeux ne le trompaient pas, ce lettré trouve le courage de dévoiler sa découverte au chapitre de son ordre. Ce lettré était aussi un soldat. Son ordre, celui du Temple. Et ces écrits ont alors reçu un nom : celui de Cinquième Evangile. Tel est le Secret dont était porteur votre père. Comme moi, comme d'autres, il était le gardien du Cinquième Evangile, prêt à tout sacrifier pour que ce Secret ne soit pas révélé à des mains indignes, susceptibles de s'en mal servir ou de le détruire. Sa révélation hors de tout contrôle pourrait provoquer une situation d'anarchie épouvantablement meurtrière. Comme d'autres, votre père avait fait vœu de porter ce secret et d'attendre jusqu'à ce que des circonstances propices permettent, en le révélant à un homme capable d'en assumer le sens et l'héritage devant son peuple, de conjurer la manipulation de Pierre.

Abasourdi, Gabriel était suspendu aux lèvres de Fouquet.

— Mais ces documents, où sont-ils ? Je les ai transportés ?

Fouquet sourit.

— Non. Vous avez, par un hasard incroyable, transporté la clé qui permet d'y accéder. Pour protéger le Secret, les chevaliers l'ont en effet caché. Après avoir traduit le texte, ils l'ont recopié entre les lignes de chacune des feuilles de papyrus utilisées par Pierre. Puis ils ont trempé les pages de ce codex dans un bain d'une encre spéciale qui les a rendues illisibles. C'est d'un savant arabe qu'ils tenaient cet art. Toutes les pages du codex sont ainsi noires, des deux côtés. Et seule l'immersion du codex dans une décoction de plantes réalisée selon un dosage extrêmement précis peut faire disparaître la teinture et réapparaître le texte véritable en araméen et en latin. De surcroît, cette opération doit être effectuée à une heure et une date précises, qui ne reviennent qu'une fois par an. C'est la formule de la décoction qui figure sur le document codé par votre père. L'histoire de cette formule est presque aussi extraordinaire que celle du codex lui-même. Elle a été perdue lors du sac des commanderies du Temple par Philippe le Bel. Nul ne savait ce qu'elle était devenue. Le codex, illisible en l'état, était pour sa part caché soigneusement, à Rome. Nous étions seulement les gardiens d'une mémoire, dont nous nous transmettions l'existence de génération en génération, prêts à agir si nous retrouvions la trace de la formule. C'est ce qui est advenu en pleine Fronde, il y a un peu plus de quinze ans. La formule est réapparue entre les mains d'un négociant génois. Comment était-elle arrivée là, on ne le sait pas précisément. On sait seulement que lors du pillage des commanderies, l'un de nos frères, au moment d'être pris et assassiné, privé de toute communication avec notre confrérie, avait dans un geste de désespoir confié la formule à un serviteur qui ne savait même pas ce qu'il possédait là. Il lui a ordonné de fuir en Italie et de prendre contact là-bas avec l'un des nôtres. Ce qu'il n'a pas fait. Ce misérable a cherché à monnayer ce qu'il possédait, sans y parvenir. Il est mort dans la misère vers 1350. Il est probable que la formule soit demeurée trois siècles dans un grenier avant que le hasard des ventes et des reventes la transporte dans une malle jusqu'à Gênes. La formule était restée avec d'autres documents appartenant au templier. Des lettres, principalement, les objets de valeur ayant été détruits. Le Génois avait connu votre père vingt ans plus tôt. Ils avaient combattu ensemble dans les armées françaises contre les Habsbourg. Ils étaient restés en relation épistolaire et ce marchand savait le goût de votre père pour l'histoire de l'ordre du Temple. Il lui a donc proposé de lui envoyer ces documents, sans imaginer un instant ce dont il s'agissait. Votre père, lui, n'a pas tardé à s'en apercevoir. Nous touchions au but. Une réunion extraordinaire des quatorze membres de notre confrérie a été organisée en hâte, à Rome. Hélas, à son arrivée à Rome, votre père s'est ouvert à l'un de nos frères, avec lequel il faisait route, de l'objet de cette réunion. Seule la passion de votre père pour l'art du cryptage nous a alors sauvés. Il n'a eu en effet que le temps de crypter le texte dans un code connu de nous seuls. Le lendemain même, veille de la date de la réunion, le traître le dénonçait et le livrait aux agents de Mazarin en Italie. Enlevé, ramené en France, emprisonné, torturé, votre père n'a rien dit. Il a fini par s'évader, mais en laissant derrière lui la formule codée, perdue pour quinze ans, jusqu'à ce que la Providence vous mette sur sa route.

— Mais l'original de la formule ? interrogea Gabriel bouleversé.

— Il l'a détruit en comprenant qu'il avait été trahi.

Le surintendant détourna le regard.

— Cette histoire est le fruit curieux de circonstances où les hommes n'ont pu s'empêcher d'écrire. Pourquoi Pierre n'a-t-il pas détruit les papyrus ? Je ne me suis jamais expliqué ce qui l'avait retenu. L'aurait-il fait que nul n'aurait rien su...

Il soupira, puis reprit d'une voix où perçait la tension.

— Depuis quatre siècles, nous attendons l'occasion, patiemment, pas à pas. Forts de la possession du codex, même s'il nous était impossible de le rendre lisible pour le plus grand nombre, nous avons engagé des actions préparatoires à sa révélation dans de nombreux pays, avec l'espoir que nous remettrions la main sur la formule. En France, j'ai été choisi par mes frères pour préparer l'occasion. Et entre-temps, la révolution anglaise a failli nous offrir le succès. Cromwell était notre homme : le grain de sable dans ses reins qui l'a tué n'eût-il pas existé que la face du monde et notre destin eussent été différents. Mais...

Gabriel ouvrit la bouche mais Fouquet le devança.

— Ne me demandez pas maintenant de vous livrer le

contenu du codex. Pour l'instant, vous devez me faire confiance, sur la base de la confiance que je vous témoigne moi-même en vous révélant l'existence même de notre secret. Les plantes nécessaires à la décoction poussent dans l'orangerie et seront prêtes dans quelques semaines pour la transmutation ; le lieu est prêt lui aussi, dit-il en montrant le château. Tout est désormais possible... si vous me faites confiance.

Il s'approcha de Gabriel. De nouveau, un sourire flottait sur son visage.

— Voilà, monsieur de Pontbriand, vous savez la moitié de votre héritage. Vous savez ce qui faisait le sens de la vie d'André de Pontbriand. Voulez-vous connaître l'autre moitié ? Elle va vous dire comment devenir son fils une deuxième fois.

Gabriel lui rendit son sourire. Les hommes se faisaient face, silhouettes environnées de ténèbres.

— Parlez, monsieur. Vous ne pouvez me révéler la nature du Secret, soit. Alors dites-moi, quel est cet enjeu qui vaut pour un fils de différer la vengeance de son père ?

— Ouvrez les yeux, Gabriel : il est autour de vous. L'enjeu, c'est ce que symbolisent ces murs, ajouta-t-il en montrant de la main les toits de Vaux qui scintillaient sous la lumière de la lune.

Gabriel tressaillit.

— L'heure approche. Suivez-moi.

En silence, ils quittèrent l'allée de peupliers pour monter à flanc de coteau à travers les arbres.

— Cette butte a été faite de la terre enlevée pour les fondations du château, dit Fouquet en débouchant sur le haut du talus. Regardez sur votre gauche, vous allez comprendre.

Gabriel se retourna. Devant lui apparaissait à présent dans la clarté lunaire le château de Vaux tel qu'il ne l'avait jamais vu.

Fouquet l'observait en souriant.

— Surprenant, n'est-ce pas ? Ce que vous voyez là, nul ne l'a contemplé si ce n'est d'Orbay et moi-même. Ce que vous voyez là, c'est la perspective véritable du château de Vaux.

A perte de vue, les toits observés depuis la hauteur et en diagonale semblaient fuir vers l'horizon, enchaînant le château et les communs dans un ensemble compact, transformant totalement la vision de l'édifice. Ce que contemplait Gabriel époustouflé, ce n'était plus le château orgueilleux d'un grand seigneur mais une ville, une cité nouvelle.

— Vaux est l'illustration concrète, le symbole de la parole dont nous sommes les gardiens. Comme cette parole, il est doté de deux apparences : l'une évidente et trompeuse, celle que l'on voit depuis la grille d'honneur, lorsque l'on contemple la façade. Et l'autre, cachée, qui révèle sa vraie nature.

Fasciné, Gabriel ne pouvait détacher ses yeux du spectacle.

— Saisissez-vous à présent ? reprit Fouquet. Ce Secret qui vaut de différer votre vengeance engage plus que vous et moi : le royaume tout entier et plus que cela encore. Ce Secret, c'est l'établissement d'un nouvel ordre politique. Celui d'une société du consentement et non plus de la peur, du choix et non plus de l'asservissement. Une société où le souverain ne régnera plus au nom d'un ordre transcendant mais au nom des hommes qui composent son peuple. Une société où la règle sera l'égalité, où les châteaux ne glorifieront plus un homme seul mais les rassembleront tous pour devenir des maisons communes.

Gabriel regardait à présent le surintendant.

— Vaux en est le symbole. En son cœur, sous la coupole où brillera bientôt le soleil de notre confrérie, sous les quatorze piliers symboles des quatorze frères qui à travers les âges ont porté cette quête, reposera dans peu de temps le codex, le Cinquième Evangile. Ce dôme a été construit afin que son orientation soit idéale, à la date voulue, pour permettre la révélation du texte dans de bonnes conditions. Et c'est là que je remettrai au roi la preuve devant laquelle il sera obligé de s'incliner pour accepter de refonder son règne sur des bases nouvelles.

Fouquet avança d'un pas.

— Ce soleil, nous l'avons choisi parce qu'il regarde tous les hommes depuis la même perspective et leur accorde également sa lumière et sa chaleur. En différant votre volonté légitime de vengeance, vous donnez plus de chance à notre projet de réussir. Le choix est à présent à vous. Vous avez entre les mains l'héritage de votre père. Etes-vous des nôtres, monsieur de Pontbriand ?

Détournant une seconde les yeux, Gabriel embrassa la formidable perspective qui lui était révélée. Puis son regard se plongea de nouveau dans celui de Fouquet. Le vent qui s'était levé faisait voleter ses cheveux noirs.

— Qu'il en soit ainsi, répondit-il seulement en ouvrant les bras. Dites-moi seulement la date arrêtée pour révéler le texte ?

Fouquet sourit. Ses yeux brillaient d'un éclat surnaturel.

— Le 17 août, répondit-il, le soir du 17 août.

60

Hôtel d'Orléans – lundi 9 mai, six heures du soir

— NE BOUGEZ PAS, Votre Altesse, je vous en conjure ne bougez plus !

Le peintre s'adressait avec un fort accent à Henriette d'Angleterre, la future belle-sœur de Louis XIV. Assise sur une chaise pour le moins inconfortable, engoncée dans une robe d'apparat écrue dont le corset lui permettait à peine de respirer, celle-ci commençait manifestement à trouver que la séance s'éternisait. Son futur époux avait exigé ces longues heures de pose en vue de réaliser un tableau confié au talent du célèbre portraitiste hollandais Rembrandt Harmensz Van Rijn. L'artiste, plus enclin à l'autoportrait, trouvait lui aussi la chose fort ennuyeuse, mais la somme conséquente promise par le frère du roi l'avait décidé à accepter cette commande.

Louise de La Vallière était présente ce matin comme chaque fois afin de pouvoir répondre aux moindres désirs de sa jeune maîtresse. Une complicité respectueuse était née entre Henriette et la jeune fille d'Amboise. Ensemble, elles aimaient pour se détendre à se moquer des manies du vieux Rembrandt. En particulier, elles s'égayaient de son accoutrement fait d'un bonnet trop grand, sans doute destiné à protéger du froid son crâne dégarni, et d'une épaisse veste d'intérieur maculée de couleurs. En regardant Henriette, un peu terrorisée par les aboiements de l'artiste, Louise sourit. Elle songeait à Gabriel. Un billet laconique lui avait appris son départ pour Londres dans les bagages du surintendant. Depuis, elle n'avait plus de nouvelles et leurs conversations à bâtons rompus lui manquaient. Davantage même qu'elle ne l'avait imaginé.

« Il est pourtant rentré de Londres, songea-t-elle, puisque le surintendant est revenu depuis plusieurs jours en France... ? »

A cet instant, Isaac Bartet entra discrètement dans le grand salon transformé pour l'occasion en atelier de peinture. D'un doigt posé sur sa bouche il fit signe à Louise stupéfaite de se taire afin de ne pas faire remarquer sa présence.

— Venez, mademoiselle, lui glissa-t-il à l'oreille, je suis en mission pour le surintendant et j'ai à vous parler. C'est important !

L'espion au service de Fouquet entraîna la jeune fille dans le corridor.

— Voyons, monsieur, que se passe-t-il ? demanda Louise intriguée. Et d'abord qui êtes-vous ?

L'espion esquissa un salut.

— Isaac Bartet, mademoiselle, pour vous servir. N'ayez crainte, poursuivit-il devant l'air méfiant de la jeune fille, je suis de vos amis et ne suis venu vous déranger que poussé par l'urgence de vous mettre en garde : un grand danger vous menace. J'ai peu de temps pour vous exposer la situation. Aussi, mademoiselle, je vous demande de me faire confiance et de ne pas m'interrompre.

Louise hocha la tête pour encourager l'homme à poursuivre.

— Je suis en possession d'une lettre en provenance de Madrid adressée à Henriette d'Angleterre et vous mettant en cause gravement. Dans cette missive, que j'ai heureusement pu intercepter, et dont voici un double dont vous pourrez prendre connaissance plus avant, vous êtes accusée d'être à la solde de la cour d'Espagne. L'auteur évoque même votre récente rencontre nocturne avec Louis XIV dont vous seriez devenue la maîtresse dans l'unique but de servir une cause contraire aux intérêts de la France !

— Mais tout cela est... interrompit la jeune femme.

— Tout cela est faux, mademoiselle. Parfaitement. Vous, comme moi, le savons. Mais le coup est fort bien monté et je crains que d'autres exemplaires de cette dénonciation n'aient été expédiés ici ou là afin de garantir l'effet déflagrateur de cette bombe. L'intérêt qu'a bien voulu vous manifester Sa Majesté, ainsi que vos liens avec le surintendant des finances par l'intermédiaire du jeune Pontbriand sont connus et intriguent les plus hautes sphères du pouvoir.

Bartet baissa la voix.

— Quant à ce rendez-vous nocturne avec Sa Majesté, vous n'ignorez pas je pense que les arbres de Versailles ont des oreilles et peut-être des yeux. Même si votre soirée est restée chaste, vous aurez les plus grandes difficultés à le faire entendre. N'est-ce pas ?

Louise était anéantie, non seulement par la qualité des informations d'Isaac Bartet, mais surtout par cette calomnie dont elle sentait le souffle glacé sur sa tête.

— Mon Dieu, s'alarma-t-elle en se mordant les lèvres. Que dois-je faire ?

— Vous protéger, mademoiselle, répondit l'espion. Quant à moi, je pars dès que possible pour Dijon afin de prévenir le surintendant de cette cabale qui m'apparaît le viser directement à travers vous.

— Puis-je abuser et vous prier de faire halte à Vaux pour remettre un billet à monsieur de Pontbriand ? demanda Louise.

— Faites vite, je n'ai que peu de temps, dit l'espion.

Laissant là Bartet, la jeune femme courut jusqu'au boudoir d'Henriette et s'assit à sa table de travail pour rédiger sur du papier aux armes de sa maîtresse un appel désespéré à Gabriel résumant brièvement le risque qui pesait sur elle. « Suis en grave danger. Ne sais que faire en ton absence. Je t'en supplie viens à mon secours ! Ta Louise », acheva-t-elle avant de signer.

Elle remit à Bartet sa lettre qu'elle avait pris soin de cacheter après y avoir joint le double de la lettre d'accusation remise par l'espion. En regardant celui-ci partir à grandes enjambées, Louise espérait au fond d'elle que Gabriel viendrait en personne lui apporter sa réponse.

« A qui se fier dans ce nid de vipères ? » songea-t-elle, abattue. Etait-il possible qu'on lui veuille tant de mal ? De nouveau, ce sont des images de son enfance qu'elle s'efforçait de convoquer pour lutter contre la peur qui l'envahissait. Des images où Gabriel se tenait à ses côtés...

En regagnant le grand salon, Louise se pinça et respira profondément pour rendre quelque couleur à ses traits.

— Faire bonne figure, murmura-t-elle, ne rien laisser paraître... Et espérer.

Henriette sourit, rassurée en voyant sa jeune demoiselle d'honneur de retour. Elle eut un geste de satisfaction en sa direction.

— Par pitié ! Ne bougez pas, Altesse, ne bougez pas, bondit aussitôt le peintre. Sinon votre bouche finira par ressembler aux rictus des cadavres du pauvre docteur Tulp !

61

Vaux-le-Vicomte – mardi 10 mai, six heures du matin

LE JOUR venait de se lever et un premier rayon faisait rougir le bureau d'acajou installé dans la chambre de Gabriel. Devant les yeux du jeune homme dansaient les lignes de lettres et de chiffres du document codé. « Le Cinquième Evangile », murmura-t-il une fois de plus, comme si l'évocation des mots pouvait donner sens à ces pages hermétiques. Il frotta ses yeux irrités. Il lui semblait par instants avoir rêvé l'apparition de Bertrand Barrême dans le palais royal, celle de son père, les moments passés avec lui. Seule la brûlure atroce qui l'avait saisi à l'instant où il avait découvert sa mort et qui le torturait depuis lui prouvait cruellement la réalité de ces événements. Seules la colère et la soif de vengeance l'empêchaient de céder au désespoir. Une soif de vengeance que les révélations de D'Orbay et de Fouquet n'avaient pas étanchée, mais seulement différée. A bout de force, il se décida à passer dans le cabinet de toilette attenant. La morsure de l'eau froide lorsqu'il s'aspergea le visage le fit frissonner. Il se frictionna les bras et le torse et était en train de se sécher vigoureusement lorsque l'on frappa à la porte. Le temps de remettre sa chemise, Gabriel ouvrit et se trouva face à face avec Isaac Bartet. Celui-ci lui tendit une lettre sans mot dire. Interloqué, le jeune homme s'en saisit, sourit en reconnaissant l'écriture.

— Louise ! s'exclama-t-il à mi-voix.

Il s'empressa de briser le sceau de cire et de déplier la lettre.

Son sourire se figea. Ses doigts se crispèrent sur le papier tandis qu'une soudaine pâleur s'emparait de son visage fatigué.

Il releva les yeux vers Bartet, demeuré immobile.

— Pardieu ! Que se passe-t-il ? demanda-t-il.

— Eh bien, Gabriel ? s'étonna François d'Orbay d'une voix ensommeillée en se redressant dans son lit. Qu'est-ce que cela signifie ?

Le jeune homme, en proie à une manifeste agitation, s'empara de sa main, la voix tremblante d'émotion.

— Un terrible danger, il faut que je vous entretienne sans retard...

— Quelle heure est-il ? demanda d'Orbay, surpris de ne voir encore qu'un jour timide poindre à l'embrasure des lourds rideaux qui occultaient les fenêtres.

— Il est très tôt, mais je ne pouvais attendre.

D'Orbay sentit l'inquiétude le gagner devant le spectacle d'un Gabriel à peine vêtu, la chemise et les cheveux en bataille, les traits rougis par le manque de sommeil. Repoussant les draps, il jeta ses jambes hors du lit et saisit sa robe de chambre tandis que Gabriel contournait l'imposant meuble à baldaquin.

— Allons, mon ami, du calme, lui intima-t-il. Dites-moi ce qui vous alarme et je vous souhaite que la raison soit bonne de m'avoir arraché à mon sommeil.

— Il s'agit de la sûreté de Louise, peut-être de sa vie... coupa Gabriel.

D'Orbay fronça les sourcils.

— Vous parlez de mademoiselle de La Vallière ?

Le hochement de tête de Gabriel le renforça dans son inquiétude.

« Allons bon, songea-t-il, Nicolas l'avait pourtant mise en garde. Cette enfant joue à un jeu trop périlleux pour elle. »

Le regard fiévreux de Gabriel lui tira un soupir.

« Et celui-ci, donc. Qu'ai-je fait au Ciel pour me retrouver entouré de tous les jeunes gens imprudents que compte le royaume ? » pensa-t-il.

— Elle m'a fait parvenir ce matin ce courrier par l'intermédiaire de Bartet, reprit Gabriel en sortant de sa chemise la lettre remise par l'espion.

D'Orbay s'en empara et la parcourut rapidement.

— L'affaire est d'importance en effet. Votre amie a de la chance que nos espions soient efficaces et que ce courrier ait connu une meilleure fortune que les rapports quotidiens envoyés par Bartet au surintendant. Ce dernier s'inquiétait dans un mot qu'il m'a adressé hier que rien ne lui soit parvenu depuis qu'il est arrivé à Dijon il y a trois jours pour sa tournée d'inspection des contrôleurs des finances du duché de Bourgogne. Je crains d'en découvrir ici la raison. Les rapports ont de toute évidence été interceptés par quelqu'un qui sait que Bartet a éventé le complot et veut éviter toute intervention du surintendant. Frapper durant son absence : voilà qui est malin. Heureusement que mademoiselle de La Vallière a cru bon de vous alerter de son côté.

D'Orbay tendit le courrier à Gabriel.

— Bien, le temps nous est compté, dit-il après un instant de réflexion. Nous partons pour Paris.

Gabriel blêmit.

— Vous voulez sauver votre amie ? Alors allez vous préparer et revenez me voir dans trente minutes. J'aurai fait établir un sauf-conduit et une lettre que je signerai pour Nicolas et que nous devons faire passer sans perdre une seconde au roi lui-même pour prévenir sa réaction. La lettre de dénonciation est bien tournée et il ne va pas être facile de prouver le complot. Mais une mise en garde venant du surintendant poussera au moins le roi à vérifier l'information avant de se laisser aller à un mouvement de colère. Je connais trop le sang bouillant de Sa Majesté. Nous ne pouvons prendre le risque d'attendre le retour du surintendant. Il ne sera pas ici avant quatre jours et ce sera peut-être trop tard... Il faut absolument que cette lettre parvienne au roi avant que ces traîtres ne réussissent à diffuser leurs fausses missives jusqu'à lui ! Allez, Gabriel, filez préparer vos affaires et revenez sans délai. Chaque heure qui passe fait courir un risque plus grand à votre amie. Vous partirez devant la rassurer et lui donner un double du courrier au cas où il nous arriverait malheur. Puis filez à Versailles. Rendez-vous devant l'octroi de la route de Paris. Pour ma part, je vous rejoindrai par un autre chemin – nous ne serons jamais assez prudents – avec un carrosse aux armes de Fouquet.

D'Orbay le regarda partir en courant avec un regard d'indulgence.

« Enfant. Mais enfant énigmatique », se dit-il en se servant un verre de vin à la carafe posée sur sa table de chevet.

Une heure plus tard, drapé dans une cape de voyage de simple drap gris, sans rien sur lui ni sa monture qui identifie la maison du surintendant, Gabriel sortait au galop de Vaux par la porte du sud.

— Tiens bon, Louise, murmura-t-il en éperonnant son cheval, j'arrive.

62

Hôtel d'Orléans – mercredi 11 mai, dix heures du matin

LE SOMMEIL avait longtemps fui Louise. D'interminables heures s'étaient écoulées depuis la visite de Bartet. Des heures d'angoisse où la jeune fille s'attendait à tout instant à être arrêtée, exilée. Des heures sans nouvelles non plus du roi de France et sans un message en retour de Gabriel. Les yeux ouverts, Louise comptait chaque seconde, chaque minute. Incapable d'inventer un moyen de se sauver, ne sachant plus vers qui se tourner, elle ne parvenait pas à se calmer. Et le plus terrible, après ces heures d'attente, lui paraissait de ne pas connaître son sort. Epuisée, elle s'était endormie à l'aube et dormait encore à cette heure avancée de la matinée.

Le bruit des graviers heurtant la fenêtre de sa chambre la fit se relever sur les coudes. Elle se leva en hâte, effrayée, et courut à la fenêtre. L'entrouvrant, elle passa la tête pour scruter la cour, sans rien distinguer. Elle s'apprêtait à refermer la lucarne lorsque son nom appelé à voix basse la retint.

— Louise, chuchotait une voix familière, Louise.

Se penchant un peu plus, la jeune fille tourna le regard vers l'angle sombre au coin du mur d'aplomb d'où provenait l'appel. Ecarquillant les yeux, elle distingua seulement le mouvement d'un bras.

— Louise, reprit la voix. Ouvre-moi, c'est Gabriel.

Le cœur de la jeune fille bondit et elle se précipita pour déverrouiller la porte, attrapant au vol une robe de chambre qu'elle passa par-dessus sa chemise de nuit en dévalant l'escalier de service. Arrivée en bas, elle s'immobilisa un instant, puis, rassurée, elle ouvrit la porte qui donnait sur la cour.

— Gabriel ! souffla-t-elle en se jetant dans ses bras. J'ai eu si peur. Tu as eu mon courrier ?

Il acquiesça seulement d'un signe de tête, enivré par l'odeur de ses boucles blondes et la douceur de sa joue au creux de son cou.

Puis Louise se recula et, jetant de nouveau un bref regard à droite et à gauche, le prit par la main pour l'entraîner derrière elle.

— Attends Louise, dit-il avec une pointe de regret dans la voix. Nous n'avons que peu de temps. Il me faut encore trouver le moyen de faire passer au roi un courrier pour le mettre en garde contre cette machination. Mais tout n'est pas gagné. Nos ennemis veillent et j'ai pu mesurer ces derniers jours leur détermination.

Fouillant sous sa cape, il sortit une enveloppe qu'il lui tendit.

— N'aie pas peur, reprit-il plus doucement en voyant l'affolement regagner le visage de la jeune fille. C'est seulement une mesure de sécurité. Gagne dès demain sous un prétexte un lieu plus sûr, auprès de la reine mère par exemple. Et garde ce pli avec toi. C'est la copie du courrier établi par François d'Orbay pour le roi. Il conserve le sceau de Fouquet et n'existe qu'au cas où nous échouerions dans notre tentative auprès du roi. Si c'est hélas le cas, ajouta-t-il d'un ton appliqué, donne cette copie à la reine mère, et raconte-lui ce que tu sais de ces menaces. Et dans l'intervalle, demande-lui une audience pour moi dès que possible. C'est très important, martela-t-il. Je t'expliquerai plus tard mais sache déjà que j'ai des documents de la première importance pour elle. Allons, dit-il en caressant la joue sur laquelle roulait à présent une larme, ne crains rien. Bien sûr que nous allons réussir.

— J'avais si peur, répondit-elle en pressant sa main. J'avais si peur que tu ne viennes pas... Tous ces jours sans nouvelles.

Où étais-tu depuis ton retour de Londres ?

L'ombre qui voila le regard de Gabriel la fit frissonner.

— Tu ne dis rien. Qu'y a-t-il ? Tu m'inquiètes... Il y a quelque chose de changé en toi.

Gabriel prit son visage entre ses mains.

— Ce serait trop long à te raconter. J'ai plus compris sur mon passé ces derniers jours qu'au cours de toute mon existence. Et plus j'apprends de choses, plus les obstacles s'accumulent devant moi...

— Que veux-tu dire ? Je ne comprends rien à tes paroles.

— J'ai retrouvé mon père, Louise...

La jeune fille eut un sourire éclatant :

— Ton père ! C'est merv...

La douleur gravée tout à coup sur les traits de Gabriel la fit s'arrêter net.

— Il est mort, Louise, assassiné, sous mes yeux. Et je sais qui est le responsable.

La voix de Louise n'était plus qu'un souffle.

— Mon Dieu, Gabriel, c'est terrible ! Qui...

— Nos ennemis sont les mêmes. Mais je le vengerai.

— Ces obstacles, ce sont ses assassins ?

— Il y a plus. Il y a plus en jeu dans cette sinistre histoire que le destin de mon père et le mien. Tout se tient, Louise, les menaces contre toi, l'assassinat de mon père, nous sommes tous les jouets d'une machination qui engage l'avenir du pays tout entier. Une machination dans laquelle je dois choisir mon rôle, ajouta-t-il comme pour lui-même.

— J'ai peur, Gabriel, répondit Louise en se serrant contre lui.

Gabriel ferma les yeux et serra ses bras autour des épaules de la jeune fille. Ils restèrent ainsi en silence un instant.

— C'est fini, reprit Gabriel. Demain tout sera fini. A présent remonte. Moi, je file à Versailles.

Louise tressaillit en entendant ce mot.

— A Versailles, oui, confirma Gabriel. Le roi chasse.

63

Pavillon de chasse de Versailles – mercredi 11 mai, deux heures de l'après-midi

— SERVICE DU SURINTENDANT ou non, je vous répète que l'on ne passe pas !

Penché à la fenêtre du carrosse, François d'Orbay frappa du plat de la main sur l'écusson frappé de l'écureuil qui ornait la portière.

— Mordieu, monsieur le mousquetaire, je vous laisse une chance de réviser ce que vous venez de dire...

— Qui que vous soyez, coupa le soldat en haussant le ton, ne croyez pas qu'on m'impressionne. Le roi chasse et on ne le dérange pas comme cela ! Eh là, jeune homme, s'alarma-t-il en se retournant tout à coup, vous êtes sourd, où croyez-vous aller ?

Bondissant hors du carrosse par l'autre portière, Gabriel courait déjà vers le bâtiment de brique.

— A la garde, alerte, hurla le mousquetaire en se lançant à sa poursuite.

Surgis du petit poste de garde dans lequel était scellée la grille qui enserrait le pavillon, trois mousquetaires apparurent soudain devant Gabriel. Le jeune homme stoppa net et hésita une seconde, suffisante pour permettre aux soldats de se ruer sur lui et de l'empoigner.

— Lâches, hurlait Gabriel en se débattant tandis que d'Orbay accourait essoufflé, suivi du mousquetaire qui avait donné l'alerte. Trois contre un ! Osez vous battre en hommes !

— Vous allez voir ce qu'il en coûte de le prendre ainsi, menaça le mousquetaire en saisissant d'Orbay par le bras. Allez, ordonna-t-il à ceux qui peinaient à maîtriser Gabriel, emmenez-moi ce furieux. Deux ou trois jours en prison lui calmeront les idées...

Gabriel sentit une terrible angoisse lui étreindre le cœur. Echouer là, si près ! Serrant les dents, il se débattit de plus belle.

— Ah ça, mais il va falloir l'assommer ! rugit l'un des mousquetaires.

— Vous commettez une terrible erreur, reprit d'Orbay que l'homme entraînait en arrière, nous avons là une lettre d'une extrême importance !

— Au secours ! s'égosillait Gabriel, au secours !

— Enfin, quel est ce bruit ?

L'homme qui venait de parler se tenait à contre-jour de l'autre côté de la grille, au milieu d'un groupe d'une demi-douzaine d'hommes qui venaient de franchir la porte du pavillon. Avec des gestes secs, doigt après doigt, il ajustait ses gants dont le cuir brillait sous le soleil.

Soudain silencieux, le mousquetaire qui donnait les ordres mit une main en visière pour masquer la réverbération qui l'éblouissait.

— Eh bien, es-tu sourd ? Réponds ! Pourquoi ces cris ?

— Ce sont là deux agitateurs, mon capitaine... reprit l'homme d'une voix mal assurée.

— Non pas, coupa d'Orbay en échappant à son gardien.

Clignant des yeux lui aussi, il se précipita vers la grille.

— Monsieur d'Artagnan, le soleil m'empêchait de vous reconnaître. Je suis François d'Orbay, architecte de monsieur le surintendant en son château de Vaux, et ce garçon est le secrétaire du surintendant Fouquet. Il porte une lettre urgente du surintendant pour Sa Majesté. Voyez notre voiture, dit-il en désignant le carrosse resté en arrière et les armes peintes sur les portières.

D'Artagnan fit signe d'un geste aux mousquetaires de relâcher les prisonniers.

— Le zèle, grogna-t-il, allons monsieur, voyons cette lettre, lança-t-il à Gabriel en tendant la main à travers la grille.

Gabriel fit la moue tout en massant ses poignets.

— Non pas, monsieur. Monsieur Fouquet m'a dit en mains propres à Sa Majesté.

Désarçonné par tant d'aplomb, d'Artagnan esquissa un sourire.

— Ça, monsieur le bruyant, vous avez du toupet ! Vous ne seriez pas gascon, même un tout petit peu ? ajouta-t-il en gardant la main tendue.

Puis d'une voix plus sévère :

— Pressons, je sens ma patience s'épuiser, monsieur le secrétaire.

Immobile, Gabriel toisa le capitaine des mousquetaires.

— Je ne suis que tourangeau, monsieur, mais je sais ce qu'en mains propres veut dire et le sujet est trop grave...

— Il suffit, trancha de nouveau la voix de l'homme aux gants de cuir. Vous avez une lettre pour le roi de France ? dit-il en s'avançant. Alors donnez-la lui et laissez-moi de grâce aller chasser.

— Sire ! s'exclama d'Orbay en reconnaissant soudain Louis XIV.

Interdit, Gabriel resta une fraction de seconde à détailler les traits dont Louise lui avait parlé, retrouvant en un éclair la force du caractère dans le regard et les lèvres minces, le port de tête qui semblait le grandir. Tirant la lettre de sa chemise, il la tendit en s'agenouillant.

Le roi la prit sans un mot. Un voile d'inquiétude passa dans ses yeux tandis qu'il regardait le sceau frappé de l'écureuil. Il la retourna dans ses mains, comme hésitant à l'ouvrir.

— Allons, monsieur d'Artagnan. Prévenez que l'on retarde les équipages. Je veux tirer cela au clair.

Il laissa un valet prendre son chapeau et son manteau, ôta

ses gants soigneusement ajustés puis se retourna pour rentrer dans le pavillon. Le pied sur la première marche, il sembla se raviser et s'adressa à d'Artagnan.

— Cela ne prendra qu'un instant. Et qu'on laisse aller bien sûr monsieur d'Orbay, qui aura à cœur par amour pour moi d'oublier de conter le zèle de vos mousquetaires à monsieur de La Fontaine son ami...

L'architecte s'inclina.

— Ainsi que monsieur...

— Gabriel de Pontbriand, Sire, répondit le jeune homme en s'inclinant de nouveau.

64

Palais du Louvre – mercredi 11 mai, quatre heures de l'après-midi

— LISEZ, monsieur, lisez !

Narines frémissantes, une moue méprisante aux lèvres, le pied frappant nerveusement le parquet, le roi indiqua sans se retourner du revers de la main les deux lettres posées sur la table de jeu de son cabinet de travail.

Cueilli à froid, Colbert, qui venait d'entrer, s'avança à petits pas et se saisit doucement d'une des lettres.

— Et puis expliquez-moi ce que fait ma police, monsieur ! gronda le roi sans lui laisser le temps de lire. A quoi bon des espions ? A quoi bon des espions s'il faut que ce soit le surintendant des finances qui m'alerte sur les manœuvres infâmes qui ont lieu dans mon palais ! Imaginez seulement que le faux soit arrivé sans que pour une raison ou une autre monsieur Fouquet ait eu le temps de m'adresser ce jeune homme, ce Gabriel de Pontbriand, ou que celui-ci, comme cela a failli advenir, ne parvienne pas jusqu'à moi ! Imaginez seulement : j'aurais pu croire ce mensonge ! J'aurais pu être trompé ! Et me tromper ! Entendez-vous cela, Colbert, reprit-il d'un ton plus froid : le roi de France aurait pu faire acte d'injustice. Et il a fallu que j'interrompe ma chasse, que je revienne ici au galop, sans prendre la peine de me changer, ajouta-t-il en désignant ses bottes. Non, cela ne peut être.

Au nom de Gabriel, Colbert n'avait pu retenir un sursaut de surprise. « Forcément c'était encore lui, introuvable et protégé par Fouquet. Et occupé comme par hasard à sauver cette intrigante.

« Fouquet, La Vallière et ce jeune Pontbriand, sans cesse ces trois-là qui contrent mon jeu, pensa-t-il en sentant la colère le gagner à son tour. Pontbriand, du moins le drôle a-t-il un nom, la partie n'est pas finie... Mais il va falloir jouer serré. Il faut à tout prix trouver ces documents avant eux. Ou s'ils les ont déjà, frémit-il, les leur arracher. Gondi n'est pas homme à parler pour rien. Mais d'abord s'assurer que ce fiasco de la lettre soit circonscrit. »

— La colère de Votre Majesté est juste et je remercie le Ciel qu'un renseignement – dont je me demande toutefois quelle est la source – ait pu entraîner cette heureuse intervention de monsieur Fouquet. Dont je n'imaginais même pas pour ma part qu'il connaisse mademoiselle de La Vallière, ajouta-t-il d'un ton faussement candide.

Le roi haussa un sourcil sans répondre.

— Enfin, l'essentiel est que ce vilain complot soit éventé avant que des dommages même réparables n'eussent été commis, reprit Colbert en se frottant les mains. Je vais bien sûr faire analyser ce courrier scélérat, dit-il précipitamment en glissant la feuille dans la manche de son habit.

— Faites, monsieur, dit le roi sans le regarder. Faites et trouvez vite un coupable car ma patience a des limites. Je sais votre efficacité et mon parrain m'a vanté vos réseaux d'informateurs comme plus efficaces que ceux de la police officielle... L'incendie du Palais-Royal était insupportable. Voici à présent des complots absurdes contre une jeune fille qui n'a fait de mal à personne. Et pour quelle raison, parce qu'elle entre à la Cour et que ma femme lui fait la grâce de quelques mots à sa présentation ? Mais rendez-vous compte, Colbert : ces misérables ont poussé la calomnie jusqu'à la présenter dans ce courrier comme ma maîtresse et à indiquer pour preuve de ce qu'ils avançaient des détails que seuls quelques familiers connaissent. Voyez, dit-il, ce qui est dit sur la cicatrice en forme de S que m'a laissée en haut de la cuisse un des premiers sangliers que j'ai tués... C'est la preuve même du caractère mensonger de ce courrier.

Colbert acquiesça en baissant les yeux.

— Enfin, peu importe. Cela doit cesser, conclut le roi. Hélas, il est trop tard pour chasser aujourd'hui, ajouta-t-il en soupirant, le regard tourné vers la fenêtre.

Colbert parti, le roi resta un moment dans son cabinet, savourant le silence et le calme, laissant peu à peu retomber la tension qui l'avait saisi. Surpris, il prenait conscience que le complot pesait moins dans cette affaire misérable que l'identité de la victime, Louise de La Vallière : davantage que la peur d'être joué, c'est la peur que cette manipulation ait pu le mener à détruire ses liens encore ténus avec la jeune fille qui faisait peser sur sa poitrine cette curieuse sensation oppressante. Lui revenaient en mémoire les leçons reçues lorsqu'il avait cru que la passion pouvait s'imposer à la Cour et que son amour pour Marie Mancini pourrait allier raison d'Etat et attirance privée. Pauvre fou, il avait déchanté bien cruellement. Mais il n'était alors qu'un enfant.

« L'époque est révolue, pensa-t-il, révolue. »

Saisissant la sonnette, il secoua le cordon jusqu'à ce qu'une tête apparaisse à la porte.

— Du papier, de l'encre, une plume, ordonna-t-il.

Et devant l'air interdit du domestique :

— Tu as entendu ! Je ne dicte pas, j'écris, va et fais vite.

Vite. Le mot s'imposait à son esprit. Il n'y avait plus de temps à perdre. Demain, elle aurait sa lettre. Dès que possible il la verrait. Et elle serait à lui. « Au diable les tergiversations, l'heure est à l'offensive », se dit-il en saisissant la plume que lui apportait précipitamment le valet.

— Un coursier à ma porte, jeta encore le roi au serviteur qui se retirait à reculons.

Un sourire éclaira ses traits orgueilleux.

— Parce que tel est notre bon plaisir.

65

Pavillon de chasse de Versailles – mercredi 18 mai, minuit

LOUISE ne dormait pas. Les yeux ouverts, elle avait regardé mourir la chandelle posée sur la table ronde à côté d'elle. En tendant le bras, elle pouvait toucher la cire chaude qui avait coulé sur l'anse du bougeoir avant que la flamme ne s'éteigne.

A présent, immobile dans l'obscurité, elle laissait son regard s'accoutumer peu à peu, et voyait renaître les formes des objets un instant disparus quand la pièce avait été plongée dans le noir. Par les persiennes entrouvertes, elle percevait le bruit de la nuit et cette rumeur sourde de la forêt qui lui rappelait Amboise. Une clarté lunaire glissa fugitivement sur la grande glace fixée au-dessus de la cheminée. Elle la suivit jusqu'à ce qu'elle disparaisse, masquée par la toile du baldaquin suspendu au-dessus de sa tête. Elle laissa couler son regard sur les draps de toile fine, sur le couvre-lit à demi tombé à terre. Elle eut envie de saisir la main qui reposait sur ce drap, de glisser ses doigts fins entre ces doigts nerveux et puissants qui même endormis se serraient encore en un poing presque fermé. Elle se souleva pour observer le visage du dormeur qui lui tournait le dos. De nouveau, elle sentit son cœur battre et ne put s'empêcher de sourire.

— Mon amant, articula-t-elle en chuchotant, suivant de l'index la ligne des côtes sur le flanc de l'homme. Mon amant le roi de France.

Réprimant un éclat de rire, elle se glissa hors du lit et courut sur la pointe des pieds jusqu'à la fenêtre. Ecartant le rideau, elle regarda les feuillages balancer sous le vent, les nuages éclairés par la lune qui couraient au-dessus de la forêt.

Elle voyait bien à présent, la carafe de vin et les verres, les chaises sur lesquelles ils s'étaient assis, ses vêtements aussi, pensa-t-elle en marchant sur sa robe abandonnée sur le tapis. En passant devant la glace, elle sursauta d'apercevoir sa silhouette avant de rire du réflexe de pudeur qu'elle avait esquissé pour masquer sa poitrine. S'approchant, elle laissa ses bras retomber le long de son corps et sourit à son reflet.

— Et voici la maîtresse du roi de France, murmura-t-elle à voix basse.

Le contact de ses paumes sur ses hanches la fit frissonner.

Elle se retourna vers le roi endormi, vers ses mains à lui dont elle sentait encore la caresse sur son dos, sur ses jambes. Elle rougit en pensant aux mots crus qu'il avait prononcés, à la voracité de ses baisers qui étaient presque des morsures, au tourbillon qui l'avait saisie lorsqu'il avait posé sa main sur elle, à la fièvre inconnue par laquelle elle s'était sentie emportée, balayée. Elle s'immobilisa en voyant le dormeur s'agiter dans son sommeil, attendant qu'il sombre de nouveau dans le calme.

Elle aurait voulu savoir seulement à quoi il rêvait, mais elle n'avait plus besoin de ses mots, plus pour l'instant, ni d'aucun de ces gestes presque violents qui l'avaient effrayée et ravie à la fois. « Louise » : il avait prononcé son nom avec un sérieux qu'elle ne lui avait jamais vu, et il lui avait dit combien il avait eu peur de la perdre, mais qu'elle n'avait plus à s'inquiéter, qu'il la protégerait, qu'aucun ennemi ne lui serait plus dangereux ; « ni aucun ami nécessaire », avait-il ajouté en retrouvant l'espace d'un instant la morgue qui teintait si souvent son regard. Elle avait essayé de l'empêcher de lui dire qu'il la trouvait belle et avait rougi en se défendant quand il l'avait fait.

« Oh ! que cet instant dure à jamais ! Il y a une semaine j'étais presque perdue, et me voilà la maîtresse de la chambre du roi, pensa-t-elle avec ferveur en jouant avec les bibelots qui décoraient le plateau de marbre blanc de la commode. Quand je vais dire ça à Gabriel. » Aussitôt elle regretta sa pensée. Le sang lui monta au visage. Non, jamais Gabriel ne devrait savoir ! Etait-elle folle ? Bien sûr il l'avait sauvée, mais... « dans une autre vie » sont les mots qui lui vinrent à l'esprit. Gabriel de Pontbriand avait sauvé la petite Louise de La Vallière. Mais la petite Louise, songea-t-elle en se glissant de nouveau avec volupté sous les draps encore chauds, la petite Louise n'est plus !

66

Paris, porte du faubourg Saint-Martin – jeudi 19 mai, onze heures du soir

LA FEMME jeta un œil mauvais au clair de lune qui projetait son ombre sur la clôture du jardin. De la main, elle traça d'un geste vif une inscription sur la terre qu'elle venait de retourner puis l'effaça aussitôt en murmurant quelques mots aux sonorités gutturales. Se redressant, elle cracha dans ses mains et entreprit de reboucher le trou creusé au pied d'un arbuste et dans lequel elle avait fait glisser trois paquets informes enveloppés de linge brunâtre. La dernière pelletée lancée, elle donna encore quelques coups du dos de sa pelle pour tasser la terre.

Alors seulement elle prit le temps de souffler, mains sur les hanches, avant de s'éponger le front avec un linge attaché à sa ceinture. Indifférente aux cheveux en bataille collés sur ses tempes, elle attrapait sa pelle et se dirigeait vers la porte ouverte à l'arrière de sa petite maison lorsque le bruit d'une voiture sur les mauvais pavés de la rue la fit s'immobiliser. Elle suspendit sa respiration un instant, le temps de s'assurer que le bruit des sabots ne cachait pas celui d'une patrouille de la milice du guet. « Non, c'est seulement elle. Juste à l'heure », ricana-t-elle en se hâtant vers la maison.

— J'arrive, j'arrive, répondit-elle d'un ton furibond aux coups frappés à la porte. Pas si fort !

La porte s'ouvrit en grinçant. Une silhouette de femme

s'engouffra dans l'espace sombre qui tenait lieu de pièce à vivre. Seul un feu de cheminée éclairait à demi la table de bois et les deux bancs qui l'entouraient. Au-dessus de la cheminée et sur les murs, des bouteilles aux formes étranges étaient rangées sur les étagères, séparées par des grimoires et des boîtes en bois ou en fer, empilés les uns sur les autres. Au sol, des tomettes ocre laissaient transpirer des taches d'humidité.

Olympe Mancini rabattit la capuche de sa houppelande et eut du mal à retenir un haut-le-cœur tant l'odeur douceâtre qui régnait dans la pièce était étouffante.

Silencieuse, son hôtesse l'observait d'un air chafouin en continuant de frotter ses mains couvertes de terre sur le torchon noué à sa ceinture.

— Qu'y a-t-il pour votre service, madame ? engagea-t-elle la conversation du ton le plus aimable dont elle était capable. S'il y a quelque gêne dont mon art puisse vous délivrer... poursuivit-elle en lorgnant ostensiblement sur les mains de la jeune femme, qu'elle avait gardées croisées sur son ventre.

Olympe la toisa d'un air hautain.

— Il ne s'agit pas de cela. Je pensais votre sorcellerie plus clairvoyante, assena-t-elle d'un ton cinglant.

La femme s'était tassée d'un coup sous l'accusation.

— Madame, balbutia-t-elle, il est des mots...

— Vous ne me connaissez pas, coupa Olympe en marchant dans la pièce, les yeux levés vers la collection de flacons poussiéreux, mais je sais pour ma part qui vous êtes, et quelle est la nature de votre art. Catherine Voisin, sorcière, empoisonneuse et faiseuse d'anges ! Je suis ici au nom d'intérêts qui vous dépassent et que vous ne sauriez même imaginer. Essayez seulement d'en savoir davantage et je vous promets que le lieutenant de police ne sera pas long à venir s'intéresser aux curieuses plantations que vous faites nuitamment dans votre jardin.

Catherine Voisin frémit.

— Et aux autres colis que vous délivrez pour des cérémonies

nocturnes peu orthodoxes.

Olympe laissa ses menaces faire leur effet puis reprit en se tournant vers la femme.

— Au reste, si tout se passe bien et si vous continuez à tenir votre langue, vous n'avez rien à craindre. Les faiseuses d'anges et les messes noires n'intéressent en rien mes commanditaires. Ce qui les intéresse en revanche, c'est de s'assurer un moyen efficace et impossible à distinguer d'abréger le passage dans cette vie de souffrance d'une personne de leur connaissance.

Rassurée de voir la conversation revenir à son commerce, Catherine Voisin retrouva son sourire mielleux.

— Oui, oui, je vois. Est-ce un homme, fort, mince, une femme menue ? C'est nécessaire au dosage et on ne tue pas un rat comme un chien, argumenta-t-elle devant l'air soupçonneux d'Olympe.

Seule dans le carrosse dont les rideaux avaient été rabattus, Olympe tira de sous sa houppelande la petite fiole de verre. La tenant avec précaution entre ses mains gantées, elle la leva à la hauteur de son visage et observa un instant le liquide trouble, d'un bleu laiteux.

« Cette fois, Colbert sera satisfait, pensa-t-elle. Comme la vie est un mécanisme simple ! Et si fragile ! » A ses oreilles résonnait le fracas de la voiture lancée dans la nuit noire, tandis que le visage de Louise de La Vallière dansait devant ses yeux.

67

Saint-Mandé – lundi 23 mai, dix heures du matin

DEBOUT SUR LA PREMIÈRE MARCHE du perron de pierre blanche qui ouvrait sur le parc, Nicolas Fouquet observait ses enfants jouer au cerceau. Les yeux rivés sur le ballet des courses et des culbutes ponctuées de cris joyeux et d'éclats de rire, le surintendant ne parvenait pas à se résoudre à regagner son bureau. D'un air distrait, il cueillit une fleur rouge dans l'un des vases majestueux qui ornaient la dalle de pierre et la fit rouler entre ses doigts, effeuillant un à un les pétales.

— Armand, lâche-le ! cria l'une des voix enfantines soudain grondeuse.

Baissant les yeux, Nicolas Fouquet vit la tige nue de la fleur. Dans un soupir, il la jeta au vent et tourna les talons.

La porte s'ouvrit à deux battants devant le surintendant, faisant se retourner son visiteur, perdu dans la contemplation d'une des toiles accrochées au mur.

— Monsieur Jabach, le salua Fouquet, j'ai d'autant plus de regret de vous avoir fait attendre que je vous ai abandonné à une œuvre indigne de vous. Vos yeux vont m'en vouloir, blessés par si peu de raffinement au regard de ce qu'ils sont habitués à admirer.

Le financier se pencha dans une longue courbette, son éternel habit noir tendu par l'amplitude du mouvement.

— Que non, monsieur le surintendant. Cette toile est justement fort belle et la scène...

— Le combat des Horaces et des Curiaces.

— ... est d'un traitement de qualité. Au demeurant, l'hospitalité de votre maison changerait le verre en pierre précieuse, sourit Jabach.

— Merci d'être venu, reprit Fouquet d'un ton sérieux indiquant que l'on entrait dans le vif du sujet.

— Tout l'honneur est pour moi, répondit le financier, feignant de n'avoir pas entendu la fin des compliments d'usage.

— Monsieur Jabach, poursuivit Fouquet en désignant un siège à son interlocuteur, je n'irai pas par quatre chemins. Mes commis m'indiquent que deux traites compensées auprès de votre établissement pour une somme de...

Il tendit la main vers un dossier posé sur une petite desserte à côté de son propre siège et feuilleta brièvement le dossier.

— ... deux cent mille écus viennent d'être rejetés par vos comptables. On me rapporte aussi que le dossier en a immédiatement été transmis à l'un des intendants du roi, c'est-à-dire à l'un de mes subordonnés ?

Jabach, lèvres serrées, se contenta d'acquiescer d'un clignement de paupière.

— Monsieur Colbert, pour être plus précis.

La voix du surintendant s'était faite plus sèche.

— Sans doute est-ce là une étourderie doublée d'une coïncidence mais je souhaitais m'en expliquer sans tarder, monsieur Jabach, au nom de la franchise dont vous m'aviez fait l'éloge, il y a peu.

Jabach ouvrit les mains en signe d'impuissance.

— Monsieur le surintendant, je suis votre banquier et à travers vous le banquier du roi. Votre escompte chez moi est important, vous le savez. Mais ne me demandez pas de jouer avec d'autres règles que celles de ma profession. Les politiques prennent des risques, monsieur le surintendant. Les banquiers en gèrent. La nuance est d'importance.

Le ton de Fouquet tourna au glacial.

— Ce qui signifie ?

— Que je ne peux poursuivre un prêt sans un minimum de garantie, faute de quoi j'assumerais à mon tour tous les risques... et n'aurais aucune chance d'en recevoir le prix.

Fouquet se leva d'un bond en frappant du plat de la main l'accoudoir de son fauteuil.

— Mais les garanties existent !

— Pour vous monsieur, se défendit Jabach, mais pas pour le Trésor. Et si Nicolas Fouquet est un bon client et un bon payeur, l'Etat – ne me faites pas souffrir de ma franchise, monsieur le surintendant – est un payeur douteux.

— Il n'y a là rien de nouveau !

— Dans le principe non, monsieur le surintendant, mais au-delà du principe, en finance, il y a des règles de volume. Et celles-ci prêchent nettement en l'absence de crédit. Monsieur le surintendant, comprenez-moi bien, poursuivit Jabach en se levant à son tour comme pour parer à la colère qui colorait à présent les joues de Fouquet, souvenez-vous de notre rendez-vous ! Vous parlez de franchise : ne vous ai-je pas mis en garde contre le jeu dangereux qui consistait à assumer en votre nom des risques qui vous dépassaient ? Et ce pour le compte de tiers dont la gratitude et la solidarité à votre égard n'étaient pas assurées ? C'est vous qui m'avez dit que vous en faisiez votre affaire.

— De la politique, oui, siffla Fouquet, mais pas de la traîtrise ! Et puisque vous parlez de notre conversation passée, faisons un pacte voulez-vous ? Jouons encore votre jeu de la vérité. Le décor de mon bureau y est moins propice que votre galerie, mais baste, à la guerre comme à la guerre.

Un air triste passa sur le visage de Jabach.

— Oserez-vous défendre que l'intervention de monsieur Colbert dans cette affaire est un hasard et qu'elle n'est pour rien dans votre subite révélation du caractère périlleux de mes engagements ?

Jabach secoua la tête.

— Je n'ai pas dit que vos engagements étaient périlleux, monsieur le surintendant. Je ne me permettrais pas de juger la pratique par laquelle vous utilisez votre propre crédit pour en faire bénéficier le Trésor royal. Je dirai même qu'à mon sens, elle témoigne de beaucoup de dévouement et d'esprit chevaleresque. J'ai seulement dit que même votre crédit, que seul je considère, peut avoir des limites, et que celles-ci sont aujourd'hui atteintes. En cela je ne vous ai pas trahi, jamais. Quant à l'intervention d'un tiers dans cette affaire...

Le financier hésita.

— Eh bien soit, puisque nous jouons, jouons jusqu'au bout : il est vrai que des éléments dont j'ai été destinataire et portant tant sur les compagnies maritimes dont votre famille a fait l'acquisition que sur vos investissements de Bretagne et la construction de votre château de Vaux ont nourri ce sentiment. C'est vrai. Mais qu'étais-je supposé faire ? Pardon, monsieur, mais j'en reviens à mon argument : la politique aux politiques ; moi je ne suis que banquier.

Le petit homme se rapprocha du ministre, ses yeux noirs intensément fixés sur lui.

— Je n'appartiens à personne, monsieur le surintendant. Je n'y ai d'ailleurs aucun mérite car personne n'aurait voulu être attaché à moi ou à l'un des miens, fût-ce par un lien de propriétaire. Vous songez au pouvoir et, noblement, à servir le roi. Je n'ai pas ces préoccupations. Moi, je cherche à survivre. J'ai vu trop des miens finir sur des bûchers, monsieur le surintendant, pour n'être que peu sensible aux flatteries et aux promesses.

Fouquet le regarda à son tour en silence.

— Ne pas prendre parti c'est déjà prendre parti, monsieur Jabach, votre raisonnement est creux. Fasse seulement le ciel que la promotion de monsieur Colbert comme vice-protecteur de l'Académie des beaux-arts, c'est-à-dire tout-puissant maître du marché de l'art dans le royaume, n'ait en rien influencé votre décision.

Les yeux de Jabach lancèrent un bref éclair.

— J'aurais dû ajouter peu sensible à l'insulte, monsieur le surintendant, lança-t-il en prenant la direction de la porte.

— Le fourbe, murmura Fouquet en regardant le petit homme s'éloigner de son pas orgueilleux. La Fontaine me l'a assez répété.

Ses poings se crispèrent.

— Réagir, vite, plus une seconde à perdre. Il me faut ce crédit. Je réglerai le compte de Jabach plus tard.

La colère le reprit d'un coup.

— Le fourbe de Colbert ! s'écria-t-il.

Sa voix résonna dans la pièce vide.

Un bruit de pleurs le fit se retourner.

— Papa, sanglotait son plus jeune fils, effrayé par le bruit, Marie-Madeleine a volé le cerceau !

68

Dampierre – mardi 24 mai, onze heures

DÈS LE PRINTEMPS, Anne d'Autriche aimait à se retirer au château de Dampierre. Les longues promenades quotidiennes dans le parc se terminant dans la magnifique roseraie l'enchantaient. Elle s'accordait cette année chaque après-midi une courte sieste marquant sans doute la fatigue de son âge. Ce matin, la reine mère lisait dans son boudoir, fenêtre ouverte pour mieux humer les odeurs du jardin et profiter des rayons du soleil de mai. Elle portait une des robes noires qui constituaient sa garde-robe depuis la mort de Jules Mazarin. L'âge venant, la mère du roi rejetait tout ce qui pouvait apparaître comme trop ostentatoire. Elle souffrait de la façon dont son fils l'avait écartée du pouvoir. Elle qui avait tenu entre ses mains ce cher royaume de France avait la nostalgie des affaires de l'Etat.

— Monsieur Gabriel de Pontbriand, annonça soudain un ancien domestique du Cardinal resté au service d'Anne d'Autriche.

Le jeune homme entra en balayant trois fois le sol de la plume de son chapeau dans un geste ample et élégant qu'il pratiquait désormais à la perfection. Il était vêtu d'une chemise d'un blanc immaculé. Ses bottes favorites en cuir fauve montaient jusqu'aux genoux, lui donnant un air martial.

« Quel beau garçon ! » pensa la reine mère en tendant sa main à baiser à son visiteur.

— Soyez le bienvenu à Dampierre, monsieur de Pontbriand, lui dit d'un ton engageant Anne d'Autriche. Vous êtes accueilli ici en ami. La recommandation de la charmante demoiselle de La Vallière vaut pour moi sauf-conduit, ajouta la mère du roi en désignant un fauteuil de velours jaune soleil.

Impressionné par le visage hiératique de la souveraine, Gabriel fit un effort pour ne rien laisser paraître de son trouble.

— Majesté, la chaleur de votre accueil me va droit au cœur. J'ai souhaité vous rencontrer en mémoire de mon père, André de Pontbriand, qui vivait à Londres, commença Gabriel en regardant droit dans les yeux la reine mère qui se demandait manifestement où il voulait en venir.

— Londres est une fort belle ville, l'interrompit en soupirant la souveraine, tout à coup perdue dans ses souvenirs.

— Mon père avant de mourir a souhaité que je vous remette ces papiers afin qu'ils ne tombent pas entre des mains pouvant en faire un mauvais usage, poursuivit Gabriel en extrayant de la sacoche de cuir qu'il portait en bandoulière une liasse entourée d'un ruban rouge.

Anne d'Autriche fronça les sourcils en signe d'interrogation. Elle prit le temps de dénouer le ruban et commença la lecture sans un mot. Puis elle devint livide et parcourut fébrilement chaque parchemin.

— Jeune homme savez-vous... savez-vous... Mais comment votre père a-t-il pu se procurer cela ? Avez-vous une idée de ce que ces papiers signifient ? ajouta la reine mère en épiant le visage du jeune homme.

— Je l'ignore, Majesté, répondit Gabriel en mentant avec aplomb. Je connais seulement la masse des ennuis qui se sont abattus sur moi depuis que je les détiens. J'ai le sentiment que ceux qui recherchent ces papiers sont prêts à tout pour s'en emparer !

— Qui d'autre que votre père et vous a pu avoir entre les mains ces paperasses, jeune homme ?

— Personne, Majesté, je puis vous le garantir, personne !

— Comment pouvez-vous être aussi affirmatif ? lui rétorqua la reine mère dont le visage s'assombrit tout à coup.

Gabriel décida de jouer le tout pour le tout et de livrer à Anne d'Autriche ce qu'il savait et la manière dont il était entré en possession de cette liasse. Il raconta par le détail les agressions dont il avait été victime. Il révéla les conditions de la mort de son père, sans pour autant parler des assassins et de leur commanditaire. Il omit aussi dans son récit d'évoquer les autres documents.

— Je vous remercie de votre franchise, mon enfant, dit la reine mère à la fin de son récit. L'existence de ces papiers doit rester à jamais secrète. Votre père aura sans doute payé de sa vie leur possession. Pour votre sécurité, je vous conseille d'oublier l'existence de tout cela !

Tandis que Gabriel, ému par la dignité et le contrôle de soi dont faisait preuve la souveraine, s'était levé en s'inclinant devant la mère du roi, celle-ci se dressa à son tour afin de raccompagner, fait inhabituel, le visiteur jusqu'à la porte.

— Mon garçon, lui dit-elle d'une voix tout à coup affectueuse, je n'oublierai pas votre geste. Vous pouvez désormais considérer que vous êtes placé sous ma protection. Vous direz à mademoiselle de La Vallière que je lui suis infiniment reconnaissante de vous avoir adressé à moi.

— Oserai-je vous demander, Majesté, si votre bonté pourrait aller jusqu'à étendre votre protection sur mademoiselle de La Vallière ? Je crains à la vérité davantage pour elle que pour mon propre avenir, répondit-il d'un air sombre. J'ai des raisons de croire que des personnes haut placées, dont certaines vous touchent de près, sont en effet intéressées à sa perte.

— Ciel, monsieur, quelle nouvelle ! Proches de moi, qu'est-ce à dire ?

— Olympe Mancini, Majesté, poursuivit Gabriel à mi-voix.

La reine resta songeuse.

— C'est bien, monsieur. Vous êtes exaucé. Je prendrai garde à vos dires. C'est peu, au demeurant, au regard de ce que je vous dois. Mais vous ne vous souciez donc jamais de vous-même ?

Gabriel s'inclina de nouveau sans répondre. Il quitta la pièce le cœur plus léger en se disant qu'il avait eu raison d'entreprendre cette démarche.

Anne d'Autriche demanda à rester seule. Elle revint d'un pas lent vers son fauteuil et reprit la liasse des papiers. Un à un, elle les parcourut.

« Tout est là ! se dit-elle. Les chiens en seront pour leurs frais grâce au courage et à la fidélité des Pontbriand. »

La mère du roi se leva et se dirigea vers la cheminée. L'âtre était vide en ce beau jour de printemps. Anne d'Autriche sonna et demanda que l'on allume du feu. Elle regarda patiemment le domestique s'affairer, puis s'approcha lentement pour jeter les documents dans les flammes. Elle se recula alors de quelques pas.

Tandis que brûlaient dans la cheminée du château de Dampierre son acte de mariage avec le cardinal Mazarin et l'aveu de la filiation du roi, la reine mère pleurait en silence.

69

Château de Vincennes – jeudi 26 mai, trois heures de l'après-midi

— LES ROSES sont des amies fidèles, monsieur Colbert, et des compagnes silencieuses.

Colbert esquissa un sourire qu'il imaginait gracieux en portant à ses narines la fleur qu'Anne d'Autriche venait de couper avant de la lui tendre.

— Voilà en effet une qualité que je goûte à l'extrême, Madame, répondit-il en s'inclinant.

A pas lents, Anne d'Autriche et le nouvel intendant des finances déambulaient dans le jardin dont la reine mère avait elle-même surveillé l'agencement, à l'ombre de la tour où se tenaient ses appartements.

— Mais qui n'est pour rien dans le rendez-vous dont vous avez pris l'initiative, monsieur Colbert ? répliqua la souveraine. Car ce n'est pas pour contempler les fleurs ni pour garder le silence que vous avez déserté vos bureaux et vos charges et êtes venu rendre visite à une vieille femme.

— Madame ! se récria Colbert. Je ne suis ni un flatteur ni un beau parleur, et n'ai pas pour habitude de chercher à plaire sinon à mon souverain ou au Cardinal – Dieu ait son âme. Sans doute est-ce sur le compte de la méconnaissance où vous êtes de mon tempérament que je dois créditer cette méfiance. J'irai donc droit au but. Si j'ai souhaité vous rencontrer sans retard et sans témoin, Madame, c'est pour vous entretenir de faits graves, liés à la sûreté de l'Etat et aux consignes héritées du

Cardinal.

Colbert fit une pause, espérant lire dans les yeux de la reine de l'inquiétude ou au moins de la surprise. Il n'y vit rien de tout cela.

— Le Cardinal, Madame, avait souhaité me révéler l'existence de certains secrets et des craintes qu'il avait conçues de la disparition de documents les recelant, peu de temps avant sa mort. Dois-je être plus précis, Madame ?

— Eh bien, monsieur ? dit la reine d'une voix où perçait à présent une pointe d'émotion.

« Est-il possible que Jules ait parlé ? » songeait-elle.

— Eh bien, Madame, j'ai retrouvé ces documents dont j'ai tout lieu de penser qu'ils ont été dérobés dans la bibliothèque du Cardinal, en même temps que d'autres secrets tout aussi importants, à l'instigation de certaines personnes désireuses d'avoir barre sur la politique du royaume et agissant pour le compte de personnages haut placés...

— Mais encore, monsieur ?

— Les roses sont muettes, Madame. J'oserai donc prononcer devant elles le nom du surintendant Fouquet, quoique je ne sois en vérité pas encore à même de le prouver. Je dis « pas encore », car les preuves s'accumulent.

— Or donc, imaginons que vous ayez de tels documents, monsieur, vous n'auriez rien de plus pressé que de me les faire tenir ? reprit la reine d'un ton distant qui cherchait à masquer sa méfiance.

Colbert hésita une seconde avant de répondre.

— C'est-à-dire qu'il me paraît plus sage de les conserver dans un premier temps. Dans l'idée bien sûr de les protéger avant de les remettre à Votre Altesse, dès ces affaires closes ; et avec l'espoir évident de n'avoir pas à m'en servir afin de prouver les velléités criminelles du surintendant...

« Quelle haine, songea la reine, et comme il ment sans crainte... sauf s'il y a eu des doubles des documents que ce jeune Pontbriand est venu me remettre. Dieu du ciel, je ne peux penser que ce jeune homme mentait. Mais si Fouquet... »

— L'air est-il trop frais encore que vous frissonniez ? glissa Colbert, sentant avec délectation que le poison s'instillait lentement. Vous-même, Madame, quel sentiment est le vôtre ? Pensez-vous que la défense du surintendant sera difficile à démonter ?

La reine frissonna de nouveau en comprenant le piège. « Non décidément, songea-t-elle, la manœuvre est là, et c'est sans nul doute lui le traître, maître chanteur qu'il est. Mon silence contre le sien. Je laisse chuter Fouquet et il préserve mon honneur et le destin de mon fils. »

Devant le silence qui se prolongeait, Colbert décida de rompre le terrain.

— Je ne vous demande pas de réponse, Madame. Et croyez que mon plus grand désir est de pouvoir sans tarder vous remettre ces papiers.

« Il ment, pensa la reine tristement. Que je croie Fouquet factieux ou que je renonce à le défendre par crainte de ses menaces, le résultat est le même et c'est lui qui est gagnant. »

Elle releva la tête et fixa Colbert d'un œil noir.

— Je dois vous remercier, monsieur. Il est rare en effet que soient données des occasions de discerner si clairement entre des attitudes morales. Voyez-vous, ce qui vous sépare d'un homme d'honneur, c'est qu'un homme qui peut se revendiquer de ce titre de gloire est justement venu il y a peu me remettre ces documents que vous évoquez, sans même demander pour lui la plus petite faveur. Et pourtant, ce n'était qu'un modeste secrétaire sans position ni pouvoir.

Colbert encaissa le coup, les mâchoires serrées, et prit congé.

La reine mère le regarda s'éloigner en frémissant de colère : « Dieu que la compagnie des roses est douce », siffla-t-elle entre ses dents.

70

Vincennes, appartements d'Anne d'Autriche – vendredi 27 mai, quatre heures de l'après midi

CRAIGNANT LA MÉLANCOLIE qui gagnait la jeune femme à l'approche de son mariage avec le duc d'Orléans, Anne d'Autriche avait convié pour l'après-midi Henriette d'Angleterre, sa future belle-fille, accompagnée de toute sa suite. Assises autour de la mère du roi, ces dames écoutaient monsieur Lulli les régaler au clavecin d'une de ses compositions récentes.
— Quel talent ! s'écria Anne d'Autriche en applaudissant avec vigueur lorsque le musicien eut terminé sa pièce. Votre musique est un enchantement aussi bien pour le corps que pour l'âme. Cela m'a ouvert l'appétit, dit-elle joyeuse en claquant des mains en direction des serviteurs postés de chaque côté de la porte principale. Apportez du chocolat chaud à la cannelle, je veux faire découvrir à ces dames cette divine fève de cacao offerte par le bon monsieur Colbert, ajouta-t-elle d'un ton grinçant.
Louise de La Vallière se tenait modestement installée au second plan. Elle espérait mettre à profit cette réception pour remercier la reine mère pour l'obtention si rapide de l'audience réclamée l'autre nuit par Gabriel. Olympe Mancini, en sa qualité d'intendante de la maison de la reine mère, était là aussi. Elle observait discrètement toute l'assemblée, et plus particulièrement Louise de La Vallière.

La fin de la séquence musicale lui parut appropriée pour se manifester.

— Madame, puis-je solliciter le privilège de m'entretenir avec vous un instant ? demanda Louise de La Vallière en s'inclinant devant la mère du roi.

— Bien sûr mon petit, lui répondit la souveraine en l'entraînant affectueusement par le bras vers l'embrasure d'une fenêtre.

— Majesté, une horrible cabale est ourdie contre moi, commença, un peu émue, la jeune fille. On en veut à mon honneur pour des raisons que j'ignore.

« Ne serait-ce pas en raison de tes relations avec le roi ? » pensa la reine mère qui ne laissa rien paraître toutefois de ce qu'elle savait. « Après tout, se dit-elle, Louis a eu bon goût, la demoiselle est jolie ; de plus elle ne semble pas sotte. Voilà au moins qui lui fera oublier Marie Mancini ! »

— Je puis affirmer à Votre Majesté, poursuivit Louise, mon dévouement à la famille royale et vous supplie de ne jamais croire les ignominies que certains se plaisent à répandre sur mon compte !

— Votre dévouement à toute la famille royale ne m'avait pas échappé, répondit avec un brin de perfidie Anne d'Autriche. N'ayez crainte mademoiselle, je suis au courant de ces bassesses et ces ragots ne m'impressionnent pas. Tant que vous saurez rester à votre place, vous trouverez en moi une amie !

Soulagée, Louise fit une révérence respectueuse tout en baissant les yeux pour cacher son trouble.

— Votre chocolat, Majesté.

Olympe s'approchait pour apporter aux deux femmes une tasse de liquide brûlant. Elle tendit la première à la reine mère qui l'accueillit d'un sourire. Puis, se retournant, elle tendit à Louise la seconde tasse.

— Non, non, je vous en prie, celle-là est pour vous, dit Louise en repoussant la tasse, surprise d'être ainsi servie contre toutes les règles de l'étiquette par l'intendante de la maison de la reine mère.

— Allons, lui rétorqua d'un ton gêné Olympe en lui tendant de nouveau la tasse de chocolat assortie cette fois-ci d'un grand sourire.

Louise se saisit de la tasse et s'apprêtait à y tremper ses lèvres lorsque la reine mère l'arrêta d'un geste.

— Un instant, ma chère. Permettez à une vieille femme un caprice ! Votre chocolat me paraît plus crémeux que le mien. Permettez-vous que j'exige votre tasse ? J'ai une passion coupable pour le chocolat mousseux !

Interdite, Louise tendit la tasse docilement.

— Mais... balbutia Olympe, Majesté, vous ne...

— Qu'y a-t-il ? questionna la reine mère d'un ton sec en fixant tout à coup Olympe.

Silencieuse, celle-ci était manifestement perturbée.

— Qu'avez-vous ? demanda encore la reine mère.

Puis, faisant un pas, elle laissa dans le mouvement choir la tasse qui s'écrasa sur le parquet. Le chocolat se répandit en une étoile sur le sol.

— Ciel ! cria Olympe.

— Allons, tout cela n'est pas grave, commenta froidement la reine mère.

— Regardez, vous avez même fait un heureux, dit en riant Henriette que le bruit de la chute avait fait se retourner.

Le chiot offert par le roi pour consoler la solitude de sa mère léchait en effet à présent le liquide sous l'œil inquiet de sa maîtresse.

Tandis qu'Olympe s'éloignait, Louise reprit la parole.

— Majesté, dit-elle en s'inclinant, la crainte dont je me suis ouverte à vous est la seule excuse à la mauvaise éducation dont j'ai fait preuve en omettant de vous remercier encore pour la faveur d'un rendez-vous que j'ai sollicité pour mon ami, monsieur de Pontbriand. Votre générosité...

— Monsieur de Pontbriand est un vrai gentilhomme, mademoiselle, et un garçon charmant qui plus est, lui répondit gentiment la reine mère. J'ai eu beaucoup de plaisir à le recevoir. Les gens qui viennent demander sont nombreux, ceux qui viennent spontanément offrir sont infiniment plus rares. C'est donc moi qui vous suis redevable et vous dois des remerciements. D'ailleurs... Oh mon Dieu !

Anne d'Autriche s'interrompit à la vue du jeune chiot tombé sur le dos, tremblant de tous ses membres, la bave aux lèvres. Elle n'eut pas le temps de s'approcher que la pauvre petite bête était morte, un liquide bleuâtre coulant de sa bouche.

71

Château de Vincennes – samedi 28 mai, dix heures du matin

— TROP CHAUDE ! Encore trop chaude !

Avec un geste d'agacement, le roi repoussa le baquet d'eau que le valet s'apprêtait à verser dans la baignoire de cuivre où il était plongé.

— Réchauffer ! Réchauffer que diable, pas ébouillanter ! Je ne suis pas un cochon qu'on dépiaute, sangdieu !

Le domestique sortit à toutes jambes, son baquet d'eau secoué déversant sur le dallage de grandes traînées fumantes. Le roi replongea dans ses pensées. Les couleurs du printemps qui éclataient par la fenêtre de son cabinet de toilette, le bleu du ciel, tout convergeait pour dissiper cet instant de colère.

Même le sentiment persistant que des efforts restaient à faire pour assurer la stabilité de son autorité ne parvenait pas à ternir le sourire amené sur ses traits par la pensée du visage de Louise et des moments volés depuis maintenant quinze jours. Tout en elle ravissait le jeune roi : sa beauté, la passion de son tempérament, sa joie de vivre, sa spontanéité.

« Et je vais être père, pensa-t-il sans que ce coq-à-l'âne provoque en lui la moindre gêne. Enfin, me voilà de nouveau à parler de politique », constata-t-il en plongeant la tête sous l'eau comme pour chasser ces pensées.

Lorsqu'il ouvrit les yeux sous l'eau, le visage de Marie Mancini lui revint en mémoire, comme la cicatrice d'une blessure mal soignée continue à se rappeler de temps à autre à celui qui l'a subie. Marie, Louise : Louis XIV réunissait ces deux noms dans le recoin secret où il cantonnait les rêves du jeune homme qu'il n'avait plus le droit d'être tout à fait. Quant à la reine, elle avait à présent déserté ces rivages cachés où elle n'avait fait d'ailleurs que de timides apparitions. La fréquenter était un devoir, que seule la nature sensuelle et la vitalité débordante du roi rendaient supportable. La nouvelle de sa grossesse avait certes ravi son mari, mais seulement comme l'annonce d'une victoire sur le champ de bataille. Sa gloire en construction réclamait un héritier.

— Pourvu que ce soit un garçon, soupira-t-il à mi-voix.

Puis il éleva le ton :

— Allons, de l'eau.

Des pas indiquèrent que l'on approchait. Anticipant la chute de l'eau chaude, le roi se laissa glisser de nouveau de tout son long contre le fond de la baignoire.

— Mon fils, je vous surprends et vous prie de me pardonner cette irruption.

En reconnaissant la voix de sa mère, Louis XIV eut un mouvement brusque pour se retourner, éclaboussant autour de lui.

— Madame ? s'étonna-t-il, le roi de France n'a décidément pas une seconde à lui !

— Allons mon fils, répondit Anne d'Autriche dans un sourire tout en s'asseyant sur la petite chaise de bois posée au pied de la baignoire. Il est vrai qu'il y a longtemps que cela n'est pas arrivé mais il me souvient d'avoir déjà présidé à votre bain, en des occasions où je ne crois pas que vous eussiez pu conserver seul la tête hors de l'eau.

Le roi sourit à son tour.

— Hélas, ce n'est pas pour m'attendrir et parler du temps passé que je viens aujourd'hui. Et le stratagème que j'ai adopté, en vous poursuivant loin des audiences privées de votre cabinet de travail, tient seulement à la nécessité dans laquelle je me trouve d'être certaine de la discrétion de notre conversation.

Le roi se redressa dans son bain.

— Vous m'inquiétez, Madame. De quoi s'agit-il ?

La reine perçut le trouble dans les sourcils froncés de son fils.

— N'ayez crainte. Je ne viens pas vous ennuyer de votre conduite ni vous entretenir de votre épouse.

Le visage du roi se rembrunit encore.

— Vous savez à ce propos quel est mon sentiment. Je vous l'ai donné avec monsieur le Cardinal à propos de sa nièce et n'y reviendrai pas, quelque désagréables soient les bruits qui ne manquent pas de me revenir aux oreilles.

— On médit beaucoup, Madame, jusque dans les murs de mon palais, grogna le roi, d'un ton qui indiquait clairement qu'il n'entendait pas poursuivre sur ce sujet. Vous-même avez été assez calomniée, je crois ?

La mère et le fils se toisèrent l'éclair d'un instant.

— Certes mon fils, reprit Anne d'Autriche. On médit beaucoup, vous avez raison. Mais il y a plus grave. On complote. Et l'on essaie d'assassiner. Jusque dans les murs de votre palais.

Le roi tressaillit devant ces mots qui rappelaient trop sa conversation récente avec Colbert.

— Comment ? Que dites-vous ?

Anne d'Autriche se leva et se dirigea vers la fenêtre.

— La vérité, Louis. On vient d'essayer d'empoisonner une des dames de compagnie de la future femme de votre frère, dont le mariage doit être célébré sous quinzaine. Dans mes appartements.

Le roi ouvrit la bouche pour parler mais aucun son ne passa ses lèvres. Il lui semblait tout à coup que l'eau venait de se glacer autour de lui. Ne le voyant pas, la reine continuait à exposer sa plainte.

— Il s'en est fallu d'un cheveu que la jeune femme ne périsse et c'est un miracle qui l'a sauvée. Comme vous êtes pâle, Louis ? remarqua-t-elle d'un ton égal en se retournant. Je crois d'ailleurs que le nom de la jeune personne ne vous est pas inconnu : Louise de La Vallière.

Le roi se leva et saisit la serviette de drap présentée par un valet de chambre.

— Il suffit Madame. Ne jouez pas au plus fin avec moi, coupa-t-il froidement. J'entends ce que vous dites et ce que vous ne dites pas.

— Alors agissez, Sire, reprit la reine sur le même ton. Peu importe aujourd'hui ce qui vous attache à elle et que je réprouve en tant que mère, belle-mère et chrétienne. Ce qui seul compte, c'est qu'en s'attaquant à elle on s'attaque à vous, et cela, je ne peux le tolérer en tant que reine de France. Vous devez sévir, mon fils, et sans retard. Pour sauver cette fille que vous avez mise en danger, la morale privée l'exige ; mais surtout pour votre gloire publique et votre autorité, votre dignité royale l'exige.

Drapé dans sa serviette, le roi contemplait avec une émotion nouvelle la silhouette austère et digne de sa mère, retrouvant dans les accents sincères de sa voix ce qui avait commandé à toute son existence.

— Vous avez raison, Madame, dit-il seulement.

La reine leva le doigt.

— Une chose encore, mon fils, avant de vous laisser à votre devoir. Nul n'est au courant de ce fait sinon mes proches et les coupables de cette infamie. Cela ne doit pas ralentir votre bras. Le châtiment sera compris des coupables et ceux qui ne le comprendront pas en ressentiront de la crainte, ce qui est bien. Mais sachez que j'ai recueilli, par l'intermédiaire d'un jeune homme que je crois honnête et qui m'a rendu un grand service, un renseignement qui doit guider votre bras.

— Parlez, Madame, répliqua le roi.

— La surintendante de ma maison, la propre nièce du Cardinal, Olympe, a conçu pour d'obscures raisons de la haine et de la jalousie envers mademoiselle de La Vallière. Elle est le bras, j'en suis convaincue. Quant à la tête, je tremble d'accorder foi aux propos qui désignent votre propre frère. Je tremble parce que ce serait aussi reconnaître la culpabilité de n'avoir pu le détourner d'aucune de ses affreuses déviances...

— Il suffit, Madame, coupa le roi d'une voix douce. Je connais mon devoir et je connais trop bien le duc d'Orléans pour savoir ses faiblesses comme ses qualités.

La reine acquiesça sans mot dire.

En passant devant son fils, elle effleura sa joue du bout de ses doigts que recouvraient presque entièrement les dentelles de sa manchette.

— Un mot encore : le nom de ce jeune homme qui lance des accusations si graves ? l'arrêta le roi sur le seuil.

— Il m'a dit s'appeler Gabriel de Pontbriand, et appartient à monsieur Fouquet.

Le roi la regarda quitter la pièce en silence puis étouffa un cri de fureur. Louise ! Ils avaient osé ! Alors même qu'il lui avait promis qu'il la protégerait. Comme il avait été sot ! Son pouvoir n'était rien. Sa mère avait raison. Il fallait qu'ils tremblent ! Et lui ne devait faire confiance à personne.

La souffrance lentement se tournait en colère. Seule la retenait la surprise d'entendre le nom de ce jeune homme surgir ici à-propos pour sauver Louise.

— Pontbriand, murmura-t-il songeur, et Fouquet encore...

Puis le sang qui bouillait dans ses veines le ramena à sa colère.

— Craindre, ils vont me craindre, grinça-t-il en quittant à son tour la pièce sous l'œil inquiet des valets qui n'osaient venir aux nouvelles. Tous je les écraserai ! Je suis le roi, je ne veux plus de conseils, plus d'aide, plus de soutien !

Des larmes de rage brûlaient ses yeux.

— Tous, leur présence m'humilie, tous.

Comme son parrain lui manquait. Même le visage de sa mère lui paraissait une atteinte à son pouvoir.

— Suis-je un enfant encore qu'il faille qu'elle m'ouvre les

yeux ! Les conseils de ma mère, l'habileté du surintendant ! Au diable les proches ! Je suis le roi.

S'apercevant qu'il avait parlé à voix haute, le roi foudroya du regard son premier valet de chambre.

— Habille-moi, lança-t-il sèchement. Et qu'on aille quérir Colbert sans retard.

72

Palais des Tuileries – samedi 28 mai, trois heures de l'après-midi

LOUIS XIV ne décolérait pas. Il marchait de long en large dans son bureau en vociférant devant le duc d'Orléans.

— Monsieur mon frère, sachez que je ne tolérerai plus que l'on complote à la cour de France. L'époque où chacun fomentait ses mauvais coups dans les couloirs de ce palais est définitivement révolue. M'entendez-vous bien ? Ré-vo-lue, cria Louis XIV, y compris pour les princes de sang.

— Mais...

— Il n'y a pas de mais ! Pour qui vous prenez-vous donc pour oser vous attaquer à mes intimes ? Vous êtes un sujet du royaume comme un autre et j'exige de vous la même obéissance et le même respect de ma personne, faute de quoi... gronda le roi en empoignant dans sa rage son frère par le jabot de sa chemise pour amener son visage à la hauteur du sien.

Le duc d'Orléans blêmit tant la charge était violente.

— Vous devez une fois pour toutes comprendre, poursuivit le souverain après l'avoir laissé retomber. En vous attaquant à Louise de La Vallière, c'est à moi que vous vous en prenez. Si je me laissais bafouer, ce serait l'Etat qui serait humilié. Pour arriver à vos fins et masquer votre implication, vous avez cru bon d'armer le bras d'Olympe Mancini...

— Mais... essaya de nouveau timidement le duc d'Orléans.

— Cessez, monsieur mon frère, de m'interrompre à tout propos, coupa le roi. Les informations fournies par la reine mère ont été corroborées par l'enquête diligentée à ma demande par Colbert. Vous avez eu tort de croire que mon affection pour les nièces du Cardinal irait jusqu'à pardonner ce crime. Olympe mérite cent fois la mort. Toutefois, par respect pour mon cher parrain, j'ai pris la décision de lui accorder la faveur d'un exil. Elle partira aujourd'hui même se retirer en province afin de prier pour le repos de l'âme du Cardinal et d'implorer le restant de ses jours le pardon divin.

Ramassé sur lui-même, tête basse, Philippe d'Orléans ne disait plus rien, attendant avec angoisse la sanction le concernant.

— Quant à vous, monsieur, je vous laisse une dernière chance de vous racheter à mes yeux et de vous montrer digne de l'héritage de notre père. Vous épouserez comme convenu Henriette d'Angleterre. Vous maîtriserez vos pulsions afin d'amoindrir le chagrin de notre mère et vous cesserez de manière définitive votre manie du complot ! conclut Louis XIV en signifiant d'un geste agacé de la main la fin de l'entretien.

Sans trouver le courage de répondre quoi que ce soit, le duc d'Orléans quitta la pièce. Après tout, il s'en sortait plutôt bien et se faisait promesse à lui-même de se tenir désormais loin de toute intrigue.

— Faites entrer Colbert, aboya Louis XIV revenu à sa table de travail et s'emparant d'une lettre.

— Colbert, ordonna le souverain d'un ton toujours empreint de rage lorsque l'intendant entra en se prosternant jusqu'à terre. Vous irez sur-le-champ informer Olympe Mancini des décisions notifiées dans la présente. Vous veillerez personnellement à l'exécution immédiate de mes ordres. Elle doit avoir quitté Paris avant la nuit tombée. M'entendez-vous ?

— J'y veillerai, Sire, répondit Colbert, curieux de prendre connaissance du contenu de la missive.

Tandis qu'il quittait le bureau du roi, Colbert s'arrêta à la lumière d'un chandelier du couloir pour parcourir le document fixant la sanction infligée à Olympe. D'un pas vif, il se rendit dans les appartements qu'occupait la surintendante de la maison de la reine mère dans l'autre aile du palais. A travers les portes de bois ouvragé, il entendit les sanglots de la jeune femme. « Sans doute le duc d'Orléans l'a-t-il déjà avertie de son sort », se dit Colbert en entrant dans le salon. A sa vue, Olympe éclata.

— Je dirai tout ! Ne croyez pas vous en tirer comme cela ! Il n'est pas question que je sois seule à payer ! Vous étiez parfaitement au fait de ce qui se tramait, hurla la jeune fille en s'approchant toutes griffes dehors.

— Du calme, madame, lança Colbert d'un ton froid et autoritaire. Vous revenez de loin et votre maladresse aurait pu nous coûter fort cher. Comment avez-vous pu être assez stupide pour risquer ainsi votre tête ? assena l'ancien secrétaire du Cardinal. Le poison est une arme subtile... trop subtile pour vous sans doute !

— Mais enfin...

— Il n'y a pas de « mais enfin », reprit Colbert. Personne ne vous avait demandé d'être aussi gauche. Estimez-vous heureuse d'avoir la vie sauve. L'exil n'est pas la mort ! Mais je vous préviens, la mort, elle, saura vous trouver dans n'importe quel exil si par malheur il vous prenait l'envie saugrenue de parler à tort et à travers ! En un mot, partez d'ici sur-le-champ, en silence et sans attendre que le roi change d'avis pour vous expédier au bûcher !

Reniflant ses larmes, Olympe Mancini comprit qu'elle avait perdu la partie. Il lui fallait assumer seule la responsabilité de ses actes.

— Soit, l'exil n'est pas la mort ! Je veux bien vous entendre, monsieur. Mais vous ne connaissez pas la tristesse de nos provinces l'hiver, admit la jeune femme d'une voix redevenue doucereuse. Afin de garantir mon silence, ne serait-il pas sage d'apporter à ce séjour forcé le minimum de confort propice au recueillement et au silence ?

« Décidément, se dit Colbert, ces garces de Mancini ne changeront jamais. »

— Nous y pourvoirons largement, madame, nous y pourvoirons !

73

Palais du Louvre – vendredi 10 juin, dix heures du matin

— CINQUANTE-TROIS CANONS de fonte verte dont quatre pièces suédoises carabinées et une couleuvrine, cent cinquante-sept de fer dont trente-trois montés sur les bastions et la place, deux mortiers de fonte verte et soixante affûts de marine en service. Très bien, tout cela ! dit Colbert d'un air gourmand en relevant la tête vers Charles Perrault debout devant la table de travail. Mais comment diable avez-vous fait pour dresser cet inventaire ?

— Pour forcer l'accès à l'île, j'ai pris sur moi d'envoyer un bâtiment sur la côte de Bretagne avec dix tonneaux et à son bord un négociant en vin de La Rochelle. Ils ont pu ainsi passer sans encombre les protections qui entourent les propriétés du surintendant. Le vin aura ensuite permis de délier bien des langues, ajouta d'un air faussement modeste le chef de la police.

Colbert se replongea avec délectation dans la lecture du mémoire rédigé à son intention par Perrault.

— Sept cent soixante mousquets de Sedan, huit cent dix de Liège, des mousquetons, onze cent soixante-dix grenades, dix mille six cent soixante-treize boulets de tous calibres... Mon cher Perrault, votre précision m'impressionne et.... m'inquiète, s'exclama l'ancien comptable. Comment pouvez-vous être aussi sûr de vos chiffres ?

— Mon envoyé à Belle-Île a réussi une belle prouesse. Sous

l'excuse d'un trafic de fonte, le négociant a pu soudoyer le comptable du fort. L'inventaire repris dans ce document est l'exacte retranscription de celui qui était destiné le mois dernier à monsieur le surintendant des finances !

— Excellent ! commenta seulement Colbert en reprenant sa lecture. Et tout cela ne serait destiné qu'à l'équipement des navires ou encore à la défense des comptoirs coloniaux ? Je le savais ! Sous prétexte de commerce maritime, Fouquet se constitue en fait une véritable armée alors que le royaume est en paix, dit-il en reposant les paperasses sur son bureau. Ses terres de Belle-Île si chères à son cœur ne sont pas destinées à concurrencer Amsterdam, comme il l'affirme, mais bien à organiser une véritable base armée pouvant au besoin lui servir de réduit !

— J'estime à mille cinq cents les ouvriers travaillant actuellement sur les fortifications de l'Île, reprit Perrault en voyant que l'ancien secrétaire du Cardinal avait terminé de parcourir son mémoire. Selon mon espion, l'argent ne semble jamais manquer. Le nom de Fouquet n'est quant à lui jamais prononcé. Les îliens parlent tout au plus du seigneur de Belle-Île ! Quant aux hommes en armes constituant la troupe visible sur place, on peut selon un comptage effectué par notre espion évaluer leur nombre à deux cents.

En entendant le chiffre, Colbert ricana.

— Pour moi c'est limpide et votre rapport est désormais là pour en attester, Perrault. Celui qui veut se faire passer pour un simple armateur soucieux de son enrichissement et du seul rayonnement commercial de la France se prépare en fait à tout autre chose.

— Vous voulez dire que...

— Je veux dire qu'il me faut maintenant d'autres preuves de ces forfaitures afin de constituer le socle solide d'un procès dont le retentissement vous surprendra, ajouta sur le mode de la confidence Colbert. J'ai confiance en vous, mon cher Perrault. Je connais votre dévouement au roi et votre fidélité sans faille. Aussi je sais pouvoir compter sur vous pour une mission pour le moins délicate !

Charles Perrault, sensible au compliment, s'inclina respectueusement.

— L'heure est grave. A mon sens le royaume risque de vivre des heures sombres si nous n'agissons pas. Le moment est propice, le surintendant des finances, m'a-t-on dit, souffre de nouveau d'une crise de paludisme. Il s'est retiré il y a peu avec toute sa maisonnée dans son château de Vaux-le-Vicomte. Introduisez-vous discrètement à Saint-Mandé afin d'y dénicher tout ce que vous pourrez pour appuyer votre mémoire ! Agissez seul et avec discernement, ajouta Colbert avec un sourire énigmatique.

Déstabilisé par cette demande mais en même temps flatté par la confiance ainsi accordée, Charles Perrault ne répondit rien et se retira en saluant jusqu'à terre.

En observant le chef de la police quitter son bureau, Colbert continua de sourire. Il regarda par la fenêtre ouverte d'où un chaud rayon de soleil pénétrait dans la pièce.

« L'écureuil est ferré ! Pour peu que Perrault me ramène encore quelques preuves supplémentaires, le roi ne pourra plus reculer. Non, décidément, il n'y a plus d'issue pour ce maudit Fouquet. J'ai là toute la matière à soutenir un procès dont monsieur le surintendant ne se relèvera pas ! » pensa Colbert en tapotant sur le mémoire décrivant l'armement engrangé par Nicolas Fouquet à Belle-Île. « D'autant que je vais faire racheter par un prête-nom sa charge de procureur. Cette manœuvre le privera de ses dernières influences sur les juges ! Après cela, avant d'organiser son arrestation, il ne me restera plus qu'à écarter les objections éventuelles de la reine mère. Ce ne sera pas le plus facile, mais j'en ai vu d'autres, se dit-il. Du reste, l'inquiétude où l'ont plongée nos derniers entretiens jouera en ma faveur. Anne d'Autriche sacrifiera l'écureuil avec peine mais elle se couperait un bras devant le moindre risque de nuire à son fils. Quelle belle journée, vraiment », conclut Colbert en se levant pour contempler de plus près les jardins du Louvre et jouir de la chaleur du soleil.

74

Palais du Louvre – dimanche 12 juin, onze heures du matin

— ALLONS, ALLONS, donnez, ordonna le roi d'une voix impatiente et joyeuse, tout en tendant son bras harnaché de cuir.

— Votre Majesté est-elle assurée que son gant est bien fixé ? s'inquiéta d'Artagnan.

— Monsieur le capitaine de mes mousquetaires, je ne suis pas en sucre qu'il faille me protéger de si près ! jeta avec dédain le roi en s'écartant. Eh bien, donnez-le-moi, monsieur.

Introduit à l'instant dans le cabinet du roi, Colbert eut un mouvement instinctif de recul en voyant l'homme qui s'approchait du souverain.

Le poing couvert de la même protection de cuir, le fauconnier du roi portait en effet sur son bras un gerfaut dont les battements nerveux des ailes révélaient une envergure de plus d'un mètre. L'homme vint se placer à côté du souverain, puis, collant son bras au sien, entreprit de faire glisser les serres griffées sur son gant de cuir vers celui de Louis XIV. Fasciné, le jeune roi l'observait d'un air ravi chuchoter des sortes de sifflements au rapace dont la tête recouverte d'une capuche de cuir noir s'agitait par instants en mouvements désordonnés. La scène parut interminable à Colbert. Réfugié près de la table où il venait de déposer un volumineux cartable fauve, le petit homme surveillait d'un air méfiant cette cérémonie. Il ne pouvait s'empêcher de penser qu'elle profanait par des valeurs guerrières et bestiales ce lieu réservé à l'intelligence, au calcul et à la stratégie.

Le roi à présent déambulait dans la pièce, les yeux fixés sur le gerfaut attaché à son poing levé. Une fierté presque enfantine rayonnait sur son visage.

— Vous direz à l'ambassadeur combien ce cadeau me ravit, déclara-t-il à la cantonade sans cesser d'observer le gerfaut.

Tour à tour, chacun de ceux devant lesquels il passait lançait des murmures d'admiration qui semblaient le combler.

— Il faudra faire un tableau ainsi, lança encore le souverain.

Puis, apercevant Colbert, un sourire traversa son visage devant l'air crispé du nouvel intendant des finances.

— Eh bien, monsieur Colbert, voyez ce que le Turc m'a fait porter ! N'est-il pas magnifique ?

Colbert lutta pour ne pas fermer les yeux lorsque le gerfaut déploya ses ailes en poussant de petits cris perçants tout près de son visage.

— Si fait, Sire, confirma-t-il dans un salut respectueux.

— Mon cadeau serait-il cause de l'inquiétude qui voile votre visage ? interrogea le roi.

Colbert se récria.

— Pas le moins du monde, Sire, mais j'ai à porter le poids de soucis qui me chagrinent d'autant plus qu'ils concernent le royaume et Votre Majesté.

Rappelé à la réalité, Louis XIV se rembrunit.

— Il est vrai, monsieur, que le travail nous appelle. Je ne peux vous le reprocher, même si les instants de joie sont bien rares... Enfin, des sujets graves, dites-vous ? poursuivit-il en tendant le poing vers le fauconnier.

— Extrêmement graves, Sire, confirma Colbert. Votre Majesté sait que je n'aurais osé troubler le cours de son activité diplomatique si la raison n'avait été de toute première importance.

Le roi sourit.

— C'est bien Colbert. Le cardinal m'avait prévenu :

« travailleur infatigable, mais triste comme un jour sans pain ».

Colbert subit la rebuffade sans broncher.

— Enfin, au travail, donc. Messieurs, ajouta le roi en donnant le signal du départ à l'assistance, tandis qu'un valet se précipitait pour le libérer de son gant de cuir lacé.

— Eh bien, monsieur Colbert ? reprit le roi lorsqu'ils furent seuls dans le cabinet de travail rendu à sa vocation première. Que faut-il donc craindre ?

— Un complot, Sire, et une rébellion.

Mâchoires serrées, Louis XIV ne pouvait détacher le regard du plan étalé sur la table de travail. Patiemment dessinés, les contours de Belle-Île y figuraient, surmontés d'un réseau de défenses et de tourelles. Un port apparaissait nettement, avec des bateaux sommairement figurés. Sur chaque morceau de fortification, des colonnes de chiffres désignaient des munitions et des armes, des listes de noms. Rageusement, le roi souleva le plan, tirant de dessous une carte à plus grande échelle figurant la Bretagne jusqu'à Nantes. Là aussi, avec la même précision, étaient mentionnés les défenses et les moyens disponibles. La voix de Colbert coupa le silence, lui faisant lever les yeux.

— Moi non plus, Sire, je n'aurais pu accorder foi à ces documents si je n'étais certain de leur provenance et s'ils ne venaient apporter une ultime touche à un faisceau de présomptions accablant. Mais il m'a fallu me rendre à l'évidence. Oui, monsieur Fouquet triche dans les comptes, mélangeant sa cassette et celle de Votre Majesté, renouant avec ses anciennes méthodes dont il a cherché à faire croire que le Cardinal, Dieu ait son âme...

A ces mots, il leva les yeux au ciel en joignant les mains, une expression scandalisée aux lèvres.

— ... en portait seul la responsabilité. Oui, monsieur Fouquet utilise ses possessions bretonnes pour transférer ses ressources en Amérique et aux Indes *via* les compagnies de commerce. Et comme si tout cela : vol, escroquerie, concussion, calomnies de toutes sortes, aggravées de la tentative de compromettre dans cette folie des âmes innocentes ou légères comme ce jeune Pontbriand ou mademoiselle de La Vallière auprès de laquelle sa présence assidue est avérée...

Le roi blanchit en entendant ces mots.

— ... comme si tout cela, dis-je, n'était pas assez, poursuivit Colbert sans laisser rien paraître de sa satisfaction, monsieur le surintendant a ajouté à ces infamies la menace de rébellion contre son roi en organisant, au cas sans doute où ses manigances seraient découvertes, une base de repli en Bretagne d'où déclencher une insurrection.

A bout de souffle, Colbert laissa retomber sa voix dans le silence. Blême, le roi n'avait pas bougé. Ebranlé par la profusion de documents et de faits habilement agencés pour masquer les approximations, les demi-vérités et les mensonges, le roi sentait une lassitude profonde l'envahir. « Je n'en finirai donc jamais, pensait-il avec une soudaine angoisse. Toujours je devrai avoir peur, craindre les manœuvres et les complots. »

Levant les yeux, il vit la mine avide et les yeux brillants de Colbert.

— Les preuves sont là, insista le petit homme dans un geste théâtral, en désignant la masse de documents déversés de sa sacoche.

— C'est bon, coupa le roi d'une voix blanche.

Il soupira longuement.

— Ce qu'il faudrait, c'est purger le siècle, murmura-t-il.

L'intendant leva un regard interrogateur.

— Serrez précieusement vos dossiers dans un coffre, ajouta le roi en se dirigeant vers la sortie.

Sur le seuil, il sembla se raviser.

— Le Cardinal ne m'avait pas trompé, monsieur Colbert. Je saurai m'en souvenir.

Colbert s'inclina profondément. Lorsqu'il se releva, le roi avait disparu. Il se dirigea alors vers la table et entreprit de plier un à un les documents, avec méthode, pour les ranger dans son cartable. Sa tâche achevée, il eut un regard satisfait sur la pièce vide.

— Triste comme un jour sans pain, murmura-t-il en haussant les épaules. Qu'importe, si j'arrive à mes fins.

Bouclant son cartable, il le prit sous le bras et se dirigea à son tour vers la porte. En sortant dans le couloir, il vit par la fenêtre le roi dans la cour du palais, entouré d'une foule de courtisans venus assister à une démonstration de chasse du précieux gerfaut. Le rapace s'élançait justement du poing du fauconnier qui avait ôté la capuche qui l'aveuglait. En un éclair, il jaillit vers une colombe libérée d'une petite cage d'osier et la saisit dans ses serres avec un cri aigu. De la foule monta un bruissement de surprise et de peur. Le faucon tournoyait à présent en cercles concentriques, la colombe enserrée dans sa prise puissante.

Colbert eut une moue de dégoût et reprit sa route dans le couloir aux lambris dorés.

— Purger le siècle ? répéta-t-il à mi-voix.

75

Vaux-le-Vicomte – mercredi 17 août, six heures du soir

— LA PESTE soit du gâte-sauce !

Pour la dixième fois de la journée, Vatel, le cuisinier de Vaux-le-Vicomte, leva la fourchette à deux dents à l'aide de laquelle il retournait avec une déconcertante facilité les rôtis et les volailles mis à cuire sur ses feux. Dans l'obscurité du sous-sol immense où se tenait la cuisine, sa stature était encore augmentée de son ombre qui dansait sur les murs dans la lueur des flammes.

— Combien de fois faudra-t-il que je le dise ? Ne poussez pas les feux si vous ne voulez pas briser les viandes et assécher leurs sucs !

Tapis derrière leurs fourneaux, ses aides observaient avec inquiétude le développement de ce nouvel accès de colère.

— Et ces gâteaux, vociféra-t-il de plus belle en déplaçant vivement son gros corps vers les babas et les choux sagement alignés en rangs sur de longues plaques de cuivre. Mais ce n'est pas vrai...

— Jésus, Marie, Joseph, souffla à voix basse l'un des gâte-sauces les plus éloignés du maître.

— ... Jésus, Marie, Joseph ! mais vous voulez ma mort, reprit comme en écho le cuisinier qui n'avait rien entendu.

Soupirant, son visage doublement cramoisi par l'exposition au feu et l'élan de la colère, Vatel eut une seconde de découragement. Il essuya la sueur qui coulait sur son front et ses joues.

— Allez, tas d'incapables ! rugit-il en reprenant sa course, il ne nous reste qu'une heure avant de dresser ! Le roi, messieurs, vous cuisinez pour le roi ! Un peu d'amour-propre, pardieu !

Ce dernier cri jailli d'un soupirail fit sourire Gabriel de Pontbriand.

« Pauvre Vatel, songea-t-il en gagnant la porte d'honneur, maudits soient les gâteaux qui peuvent autant tourmenter un être humain... »

De nouveau, il ressentit l'appréhension qui ne l'avait guère quitté au long des derniers jours. Ils touchaient au but : si tout fonctionnait comme il l'espérait, ce soir marquerait l'entrée dans une nouvelle ère. Les sentiments couraient dans son cœur aussi vite que les nuages blancs filaient à l'horizon. Ce soir serait celui de la réalisation du rêve de son père.

A grandes enjambées, le jeune homme grimpa les marches du château pour tenter de repérer Fouquet. Du haut du perron, le spectacle était prodigieux. Partout où se portaient ses yeux, Gabriel voyait courir les petites silhouettes occupées aux derniers préparatifs de la fête. Gabriel grimaça en reconnaissant parmi celles de l'estrade des comédiens ses anciens compagnons de troupe entourant un Molière qui tempêtait à grands gestes comme un minuscule pantin. Gabriel l'avait rencontré au matin, lors d'une visite d'inspection avec Fouquet. La froideur avec laquelle le grand auteur l'avait salué l'avait tout d'abord blessé, puis renforcé dans sa conviction que la Providence l'avait bien orienté. Plus près de lui, des groupes d'ouvriers surgissaient des bosquets derrière lesquels il imaginait les fontaines et les rocailles, les chutes d'eau, les statues et les mécanismes. Les musiciens s'installaient en bordure des pelouses, dans l'alignement magnifique sous le soleil d'août de la perspective du château. En se retournant, il vit la foule des invités converger à pas lents vers le château, défilant devant la grille dorée frappée aux armes du surintendant. Son cœur battait tandis qu'il écarquillait les yeux pour essayer de distinguer dans la masse colorée des robes et des habits le visage de Louise.

La voix familière de La Fontaine le tira de sa contemplation.

— Eh bien Gabriel ? Est-ce là un costume pour accueillir le roi ? Toute la Cour se presse à nos portes et tu n'as pas même passé le gilet de ton habit.

Gabriel baissa les yeux sur sa chemise et bondit vers l'escalier.

— Curieux enfant, murmura le poète en le regardant détaler vers sa chambre.

Gabriel dévala les escaliers quatre à quatre en s'efforçant d'attacher le ruban de soie bleue qui fermait son col. Trébuchant, il manqua de partir tête la première, heurta la rampe de pierre dans le craquement sec d'une étoffe qui se déchire et se retrouva assis par terre sur le palier du premier étage.

— Ma manche pardieu ! ragea-t-il en constatant que la couture de sa jaquette avait lâché. Tant pis, ajouta-t-il en se relevant.

Un coup d'œil par la fenêtre le figea sur place. Devant lui, à moins de cent mètres, le roi venait de descendre de son carrosse. Debout, une canne à pommeau à la main, sanglé dans un habit de soie couleur or, coiffé d'un chapeau noir orné de plumes blanches, le roi de France souriait au compliment délivré par Nicolas Fouquet, respectueusement incliné devant lui. Voyant que la troupe se mettait en marche, Gabriel reprit sa course, débola de l'escalier, sortit sur le perron de la façade arrière et courut en décrivant un arc de cercle pour se glisser discrètement dans le cortège. Haussant le regard par-dessus la foule des courtisans qui suivaient le roi, Gabriel vit Fouquet occupé à expliquer avec force gestes les agencements et les travaux de sa propriété. Les murs semblaient transparents tant les vitres laissaient apparaître la perspective magnifique des jardins. Impassible, le roi fixait le château et son dôme avec une telle intensité que Gabriel eut un pincement au cœur.

« Allons, un peu de sang-froid, se dit-il à lui-même. L'heure n'est pas encore venue. Et que fait d'Orbay ? Si tout se passe bien, il faudra qu'il soit là », songea-t-il en se mordant les lèvres.

— Gabriel !

— Louise ! s'exclama le jeune homme en apercevant la main qui s'agitait, tendue vers lui, luttant contre le flot des invités.

Se frayant un chemin, Gabriel parvint à attraper la jeune fille et à l'attirer avec lui hors de la foule.

— Te voilà maître d'un bien beau château, dit-elle en riant.

Gabriel ne pouvait détacher les yeux de sa robe éclatante brodée d'or, de ses yeux pétillants, de sa peau blanche.

— Moque-toi, indifférente. Il faut des fêtes pour que je te voie. La Cour t'a tout entière fait sienne, ajouta-t-il d'un ton morne.

— Allons donc, c'est toi qui es invisible !

— Nul n'est plus invisible que celui auquel on ne pense pas, répondit Gabriel d'un ton sérieux. Et tu sais fort bien que je suis là si on m'appelle.

L'allusion colora les joues de Louise.

— C'est vrai, concéda-t-elle. Mais c'est toi qui t'étais enfui d'Amboise et m'avais abandonnée. Et moi qui t'ai retrouvé la première !

La pirouette arracha un sourire à Gabriel.

— Va, lui dit-elle, comme il tournait machinalement la tête pour voir où le roi et son hôte étaient parvenus. Ne fais pas attendre le surintendant. Et puis je dois retrouver ma duchesse !

— A tout à l'heure au spectacle ! lança encore Gabriel tandis qu'elle s'enfuyait.

Au loin, le soleil scintillait sur l'habit éclatant du roi de France.

Les derniers invités qui s'étaient attardés dans les bosquets pendant les jeux d'eaux regagnaient seulement les salons où

Vatel avait dressé les tables du dîner.

Déjà, par centaines, les courtisans se pressaient autour des chapelets de canards et de poulardes, de rôtis de toute nature, agrémentés de garnitures innombrables, de corbeilles de fruits et de gâteaux spectaculaires.

Des cris de ravissement montaient de la pièce voisine où les convives découvraient le portrait en pied du roi, monumental, que Fouquet avait dévoilé au souverain à son arrivée.

Assis sur une estrade d'où il dominait le public, le roi saluait cordialement de signes de tête tel ou tel des invités qui se pressaient pour apparaître dans son champ de vision. La reine mère, assise à ses côtés, semblait souffrir de la chaleur, dédaignant la nourriture, et agitant frénétiquement un éventail espagnol devant sa figure pâle et fatiguée.

Fouquet se tenait debout près de la porte ouvrant sur les jardins, recueillant les compliments de ceux qui revenaient, les yeux émerveillés par les spectacles auxquels ils venaient d'assister.

— Quel luxe, fit une voix derrière lui.

Fouquet se retourna pour découvrir Colbert, un verre de vin rouge à la main, debout contre un pilastre.

— Que peut-on imaginer de trop beau pour satisfaire un roi ? répondit Fouquet d'un ton froid où perçait une pointe d'hostilité.

Colbert leva son verre avec un hochement de tête.

— Je vous prie de m'excuser, coupa Fouquet glacial, il est temps que j'aille m'enquérir si Sa Majesté est prête à assister au spectacle de monsieur Molière.

Tournant les talons, le surintendant ne vit pas le regard du petit homme le poignarder dans le dos.

76

Vaux-le-Vicomte – mercredi 17 août, neuf heures du soir

LA RUMEUR de la fête parvenait assourdie jusqu'à la statue d'Hercule. Tapi dans son ombre, Gabriel fit pression de tout son poids sur le levier qu'il avait glissé sous la dalle de pierre jointe au socle monumental. Il s'arrêta une seconde pour reprendre des forces, et se retourna pour laisser glisser son regard sur les lumières vacillantes à l'autre extrémité de la perspective des jardins. Tous les convives étaient à présent retournés au château. Levant les yeux, il contempla un instant le ciel bleu foncé. Pas un nuage ne troublait la clarté de la nuit éclairée d'une lune intense, d'un jaune presque blanc.

Bandant ses muscles, il fit jouer de nouveau le levier. Peu à peu, la pierre quittait son logement, pivotant avec un craquement sourd pour dévoiler la cavité obscure qui menait au réseau de canalisations desservant les bassins et les jets d'eau du parc.

A tâtons, Gabriel repéra les échelons de fer scellés dans le mur. Puis il alla récupérer le flambeau qu'il avait pris soin de planter dans le sol derrière le socle pour qu'il demeure invisible depuis les bâtiments, et s'engagea dans le puits.

Assurant ses pas sur le fer rouillé et humide, il sentit la puanteur de l'eau croupie le prendre à la gorge. Passant son bras dans un barreau, il releva son foulard sur son visage pour couvrir son nez et sa bouche et poursuivit sa descente.

Il pensa à Fouquet et d'Orbay. Tout reposait sur lui à présent.

Il revit l'air grave de D'Orbay.

— Nicolas ne pourra s'éloigner longtemps. Son absence prolongée serait trop visible. Et dans une moindre mesure cela est vrai pour moi. D'autant que nous ne sommes pas à l'abri d'une surveillance des hommes de Colbert. Voilà pourquoi c'est toi qui iras chercher la formule là où tu l'as cachée au retour de Londres. Et toi aussi qui effectueras la transmutation. J'aurai préparé les plantes nécessaires dans la lanterne de la coupole. Elles seront dissimulées sous la charpente, là où je t'ai montré. Nul n'aura accès à la lanterne excepté l'artificier chargé de tirer les fusées, qui est des nôtres. Le risque d'explosion des feux d'artifice tiendra éloignés les importuns aussi sûrement que les gardes placés aux escaliers. A dix heures précises, l'orientation de la lune sur la coupole sera optimale. Tu devras être prêt. Ensuite, tu descendras dans la chambre de Nicolas. Il t'attendra pour s'assurer du succès de l'opération...

Soudain, son pied dérapant sur un barreau plus glissant, Gabriel manqua tomber et rétablit de justesse son équilibre. Il s'arrêta une seconde pour reprendre son souffle, puis reprit la descente.

Sentant la terre battue sous ses pieds, il s'écarta de l'échelle et s'engagea dans le tunnel qui s'ouvrait face à lui. Le bruit de l'eau coulant dans les conduites résonnait dans la cavité, faisant bourdonner ses oreilles. Concentré, il comptait ses pas, s'efforçant de les rendre réguliers. Enfin, il s'arrêta et se tourna face au mur sur sa droite. Posant son flambeau contre la paroi de briques, il saisit le poignard glissé dans sa ceinture et entreprit de desceller la brique située à la hauteur de sa taille. Elle tomba à terre sans bruit. Glissant la main dans la cavité, Gabriel en retira un petit coffret et le glissa dans la besace attachée à son cou, puis il reprit le chemin de la sortie.

— Il est en retard, grommela la voix tendue de D'Orbay.

Plissant les yeux sous la caresse du vent d'été, Fouquet se tourna vers l'architecte et lui sourit.

— Ne t'impatiente pas. Il va être là d'un instant à l'autre.

Le saisissant par le bras, il lui indiqua une silhouette qui courait le long des communs.

— Regarde, le voilà, le temps de grimper jusqu'à la lanterne, il sera en place dans cinq minutes.

Tirant une petite montre plate en argent, le surintendant l'approcha de son visage.

— Dix heures moins vingt. C'est parfait.

Ils se turent. De nouveau, leurs visages balayèrent la perspective qui s'offrait à leurs regards depuis la terrasse. La clarté de la lune s'ajoutait aux lumières de la fête pour faire jouer les ombres des bosquets et des parterres.

Les deux hommes se mêlèrent de nouveau à la foule.

Un instant plus tard, Gabriel surgit sur le balcon de la lanterne. Il jeta un regard rapide à la lune puis rentra sous la charpente pour ressortir une poignée de secondes après, une boîte noire précieusement serrée entre ses mains.

« Tout est prêt, se dit-il fiévreusement en soulevant le couvercle, dévoilant une série de douze compartiments séparés remplis de poudres de couleurs variées. Tous les composants sont là, les huit plantes, la poudre d'or, l'eau, l'huile et la myrrhe. »

Posant la boîte, il saisit une lunette posée au sol, agrémentée d'une sorte de cadran fixé à son extrémité, et la porta à son œil.

En la reposant, il s'aperçut qu'il tremblait et s'épongea le front.

Dépliant un des papiers cachés dans le mécanisme des jeux d'eau, il lut la première ligne, puis puisa dans la boîte une pincée de poudre de l'un des caissons, la jetant dans une éprouvette en verre pour en mesurer la quantité exacte.

Il sentait l'excitation le gagner à mesure qu'il suivait les prescriptions. Son cœur battait de plus en plus fort.

Enfin, il versa l'huile et l'eau sur les plantes. Puis il recula pour consulter la montre dont d'Orbay l'avait muni. Elle indiquait dix heures moins une.

Saisissant avec précaution le récipient où il avait mélangé les herbes, Gabriel le porta au-dessus d'une bassine en cuivre. Ses yeux se posèrent sur le parchemin en dessous de lui à l'instant où les rayons de la lune vinrent l'éclairer de leur lumière blanche presque irréelle. Un souffle de vent lui balaya le visage tandis que ses mains penchaient le récipient dont le contenu se répandit lentement dans la bassine. Le liquide trouble et épais recouvrit le manuscrit, s'insinuant entre les pages dont la texture semblait l'absorber. Gabriel ferma les yeux une seconde. Lorsqu'il les rouvrit, il plongea le regard dans la bassine pour constater que le document avait bu tout le liquide.

Il toucha les pages du codex qui paraissait de nouveau sec, puis le saisit avec précaution. Il hésita une seconde, eut un geste pour l'ouvrir puis se ravisa en voyant en dessous de lui les premiers invités, escortés par des laquais porteurs de lanternes, se diriger vers l'estrade dressée en bordure de la forêt pour le spectacle de Molière. Fouquet avait dû en profiter pour s'éclipser au prétexte d'ultimes vérifications, tandis que le roi se retirait se reposer dans ses appartements pendant que les spectateurs s'installaient. Le surintendant était peut-être déjà dans sa chambre.

Enroulant le codex dans une toile de batiste blanche, Gabriel descendit aussi vite que possible l'escalier tortueux, longea la poutre maîtresse de la charpente monumentale du dôme, souleva la trappe qui donnait dans un réduit puis le mécanisme qui faisait jouer un panneau secret ouvrant sur l'escalier privé menant du bureau à la chambre du surintendant. A pas de loup, il traversa l'espace qui le séparait de Nicolas Fouquet, guettant le moindre bruit. A tâtons, il chercha le levier commandant la porte dérobée dont le contour encadré d'un fin filet de lumière se détachait dans la quasi obscurité du couloir. La porte pivota sans un bruit. Gabriel resta une seconde sur le seuil, ébloui par la lumière puissante qui émanait des deux lustres de cristal et se reflétait dans une immense glace de

Venise.

La voix de Fouquet lui parvint avant qu'il n'aperçoive le ministre, debout près de son bureau.

— Approchez, Gabriel.

Il obéit, ses mains tendant devant lui le paquet toujours enveloppé. Fouquet le reçut en silence et le posa sur la table. Il écarta la toile avec douceur, resta un instant à observer la page de couverture sur laquelle des arabesques vertes et rouges étaient apparues ainsi qu'un soleil à quatorze rayons dont il caressa la surface. Puis il ouvrit l'in-folio.

Gabriel regardait ses mains parcourir le texte. Levant les yeux, il vit le regard de Fouquet, si intense qu'il paraissait prêt à mettre le feu aux pages qu'il observait avec le plus grand soin. Le surintendant murmurait des mots à voix basse, au fur et à mesure de sa lecture.

Enfin, il referma le codex et resta un instant, les yeux dans le vide.

Lorsqu'il se retourna vers Gabriel, le jeune homme vit des larmes briller dans ses yeux.

— Tout est pour le mieux, dit-il seulement, tout est pour le mieux.

Puis, semblant sortir d'un rêve :

— François t'a montré le mécanisme de la cachette aménagée dans l'espace entre les deux dômes ?

Gabriel fit signe que oui de la tête.

— Alors va, dit le surintendant en refermant comme à regret les pans de toile sur le document. Remets-le en place sans perdre une seconde et rejoins-nous au spectacle.

Gabriel ouvrit la bouche pour répondre mais Fouquet avait déjà gagné la porte, laissant le paquet sur le bureau. Gabriel s'en saisit d'un geste et sortit à son tour par la porte dérobée. Elle se referma en claquant, le plongeant de nouveau dans l'obscurité. En se dirigeant vers l'escalier qui montait jusqu'au dôme, le jeune homme sentait son cœur battre à tout rompre contre le parchemin serré sur sa poitrine.

77

Vaux-le-Vicomte – mercredi 17 août, onze heures du soir

C'EST UN MOLIÈRE en habit de ville qui monta, l'air préoccupé, sur scène alors que le roi venait tout juste de prendre place au premier rang. Le théâtre avait été dressé dans l'allée des sapins pour bénéficier de la fraîcheur des fontaines.

— Sire, nous avons hélas manqué de temps et je prie Sa Majesté de nous excuser de ne pouvoir lui donner ce soir le divertissement qu'elle semblait attendre.

Un murmure parcourut la foule des invités conviés par le seigneur de Vaux-le-Vicomte à cette somptueuse soirée. Louis XIV restait quant à lui impassible, assis à côté du surintendant des finances dont le sourire contrastait avec l'annonce que venait de faire le grand comédien.

Mais aussitôt, cet artifice d'ouverture imaginé par Molière en prélude au divertissement fit place à Madeleine Béjart costumée en nymphe. La comédienne apparut sous un tonnerre d'applaudissements. Le divertissement commandé par Fouquet était la première d'un genre nouveau mêlant théâtre et danse. Chaque acte de cette pièce intitulée *Les Fâcheux* était entrecoupé des ballets de Beauchamp. On y avait aussi intercalé une suite de Lulli. L'histoire soulignait largement les mérites du roi. Le succès fut complet. Une longue ovation salua la fin du spectacle. Molière exultait. Le roi avait applaudi et ri de bon cœur à plusieurs reprises au cours de la soirée, ce qui rassurait Fouquet, rongé par la fièvre depuis le début de la journée. Alors que les invités commençaient à s'éparpiller dans les allées, un feu d'artifice illumina le parc en y dessinant d'abord un champ de fleurs de lis. Sur le canal, on vit alors s'avancer une énorme baleine au rythme des trompettes et des tambours. Des pétards fumigènes s'échappaient de l'animal, déclenchant des Oh ! et des Ah ! de toute la Cour abasourdie.

— Sire, osa le surintendant, cette illumination a été mise au point par le grand Torelli que j'ai fait venir tout exprès d'Italie pour vous ce soir.

Louis XIV approuva de la tête, sans toutefois répondre. Il marchait auprès de son ministre vers le château. Fouquet avait eu une attention particulière envers Anne d'Autriche en mettant à sa disposition une voiture avec deux chevaux afin de lui éviter toute fatigue. La foule encore éblouie regagnait en silence le bâtiment principal.

— Regardez de ce côté, Sire, s'écria Nicolas Fouquet en indiquant la coupole du château.

Au même instant, le bouquet final fusa du clocheton du dôme à la plus grande surprise de tous. Les innombrables fusées formaient à présent une voûte de lumière sous laquelle passait la foule ravie et étonnée. Le surintendant observait Louis XIV, toujours aussi impassible face à la magnificence du spectacle.

« Mais que peut-il bien en penser ? », se dit le ministre interloqué par le manque de réaction du jeune monarque.

A l'intérieur du château était servie une dernière collation faite essentiellement de somptueux buffets de fruits, au son des violons. Les conversations allaient bon train. L'admiration prévalait. Jamais la cour de France n'avait été conviée à une telle réception. Le faste du château et de ses jardins renforçait encore cette impression de puissance et de grandeur.

Nicolas Fouquet, sous le prétexte d'évoquer quelques dossiers financiers, s'isola avec le roi dans un salon. De loin, Gabriel, à la recherche de Louise, observait la scène tout comme Colbert qui n'avait cessé de répandre son venin parmi les convives.

— Sire, tout cela est pour vous, dit brutalement le surintendant en englobant d'un geste le château et ses richesses. Je n'ai d'autre ambition que de servir Votre Majesté et de mettre ma fortune au service du roi !

Le jeune souverain le regarda d'un œil sombre avant de répondre.

— Tout cela est effectivement fort luxueux, dit-il en promenant son regard sur les meubles, les tapisseries et les tableaux décorant la pièce. Fort luxueux !

— Sire, permettez-moi de vous apporter ce soir une nouvelle preuve de mon dévouement, reprit Fouquet tout en s'épongeant le front tant la fièvre le mettait maintenant mal à l'aise. Je suis en possession d'un manuscrit antique de première valeur. Un manuscrit dont l'utilisation malencontreuse pourrait mettre en péril l'ordonnancement du royaume.

Le jeune roi paraissait toujours aussi renfermé.

— Toutefois, ce document précieux pourrait, si vous l'acceptez, servir la gloire présente et future de Votre Majesté. Cet écrit est d'une origine biblique incontestable. Il permettrait au roi de France de légitimer son pouvoir sur de nouveaux fondements tout en garantissant le bonheur des peuples qu'il gouverne.

— Selon vous, le pouvoir du roi de France ne serait donc pas légitime, monsieur le surintendant des finances ? interrogea sur un ton pincé Louis XIV.

— Votre Majesté est jeune ; elle souhaite prendre en main les affaires du royaume et donner à la France une place qu'elle n'a jamais connue dans le monde, reprit Nicolas Fouquet sans relever les propos du souverain. Cette ambition m'enthousiasme mais les temps ont changé, Sire. Les aspirations des peuples évoluent elles aussi. Demain, le peuple souhaitera s'exprimer d'une manière ou d'une autre, participer plus activement à la définition de son destin. Et si l'on n'entend pas ce souhait, il se transformera ensuite en exigence, en colère, en révolte. Je sens le danger pour notre pays ! Je vous offre d'être la source de temps nouveaux ! Vous seul pouvez donner l'impulsion nécessaire et prendre la tête de ce changement.

Le roi regardait toujours le ministre d'un air absent, ce qui mettait Fouquet de plus en plus mal à l'aise.

— Acceptez-vous, Sire, que je puisse vous montrer ce document afin que vous jugiez de son contenu ?

Le roi obstinément muet se tenait devant le surintendant, comme perdu dans ses propres rêves.

— Sire, m'entendez-vous ? Je vous en conjure, daignez considérer mon propos ! Il en va du sort du royaume !

Le roi s'anima tout à coup, semblant émerger de son mutisme.

— Le sort du royaume ? Et qu'entendez-vous par là, monsieur le surintendant : celui d'un peuple, d'une monarchie, d'un souverain ? J'entends bien ce que vous dites, mais je m'interroge de vous entendre prêter une telle attention au « souhait » de la populace et de consacrer si peu de mots à l'intérêt de votre roi. En quoi est-ce mon intérêt de considérer le bien-être de ceux qui veulent nuire à mon pouvoir ? Et au nom de quoi remettrai-je en cause une tradition dont je ne suis que le dépositaire, comme l'ont été mes ancêtres avant moi et le seront mes descendants ?

— Mais il n'est qu'un intérêt, Sire, celui de la France, dont le peuple est la chair et que vous incarnez !

Un sourire glacial passa sur les lèvres du roi.

— Vous parlez parfois comme ces jésuites qui m'entourent, monsieur le surintendant. Je souhaiterais quant à moi moins d'arguments et plus de preuves du soin que vous prenez de ma gloire et du succès de ma politique. Du reste, je ne vois dans cet argument aucune raison d'aller contre la tradition fondée sur l'enseignement de l'Eglise.

— Ce texte est justement cette preuve, Sire. J'ai en ma possession la torche qui peut enflammer le pays, saper les fondements sur lesquels il repose. Et cette torche, je ne veux l'utiliser que pour éclairer votre route et guider vos pas.

Le roi serra le poing dans un geste de dépit.

— Guider, guider ! gronda-t-il. Pour cela, je ne manque pas de guides, et je n'ai pas souvenir d'avoir pu porter un jour mes pas hors de ma chambre sans que dix personnes se proposent de me guider ! Je veux moi qu'on me serve, poursuivit-il en haussant le ton.

— Vous ne pouvez rester indifférent à ce texte, reprit Fouquet. Il existe, voyez-le. Vous servir, c'est vous permettre de le découvrir, alors que le monde l'ignore, afin de le prendre en compte, de préparer sa révélation au monde. Vous serez celui qui ouvre les yeux du monde ! Sire, ce texte dit la Vérité, la seule Vérité qui soit...

— La Vérité, monsieur le surintendant, releva le roi, n'est pas à découvrir. Elle est en notre possession.

— Mais, Sire, imaginez seulement...

— Et nul, coupa de nouveau le souverain d'un ton froid, n'a intérêt à la voir remise en cause à moins de vouloir ouvrir une bien terrible boîte de Pandore. Je sais moi ce qui est bon pour mon service. Et il n'est pas bon que le surintendant des finances se pique de se faire philosophe et exégète. Oubliez les textes bibliques, monsieur le surintendant. De grâce, consacrez davantage votre énergie à me permettre de disposer des moyens nécessaires à d'aussi belles réceptions que celle à laquelle nous avons assisté ce soir.

« Il me croit fou, se dit le surintendant en reprenant un peu ses esprits. Ou est-ce que je ne parle plus clairement, la fièvre m'égare-t-elle ? »

— Je n'entends rien à votre discours sur ce manuscrit, reprit le jeune roi. Ou plus exactement, je n'entends rien que des propos qu'un esprit moins bienveillant que le mien taxerait volontiers d'hérétiques, de sacrilèges, ou de lèse-majesté. « Une torche » ? « Saper les fondements » sur lesquels repose le pays ? Parlez aussi de République, monsieur le surintendant ! s'emporta le roi avant de recouvrer son calme au prix d'un effort manifeste. Ce sont là des propos qu'il m'est impossible d'entendre. Mais il est vrai que vous me paraissez souffrant ?

Sans attendre la réponse, le roi s'écarta de quelques pas avant de se retourner :

— Adieu, monsieur le surintendant, il est l'heure de nous séparer, dit-il d'une voix étrangement grave et posée.

Comprenant qu'il ne tirerait rien de cette soirée et comme foudroyé par l'abattement, Fouquet suivit Louis XIV dont la marche lente et solennelle pour quitter le salon entraînait sur son passage une vague de révérences des courtisans assemblés.

Au pied des marches, Fouquet, tremblant maintenant des fièvres qui ne l'avaient pas quitté de toute la soirée, regardait s'éloigner le carrosse du roi de France.

La Fontaine s'était approché de lui.

— Vous n'allez pas l'air bien, pourtant, quelle magnifique réception ! Rien n'y manquait ! Je peux vous dire que la Cour en gardera un formidable souvenir !

— Souhaitons que ce soit la même chose pour le roi ! murmura le ministre en remontant les marches de sa folie de Vaux.

78

Vaux-le-Vicomte – jeudi 18 août, deux heures du matin

LES TRAITS DÉFAITS, le teint pâle, Fouquet détacha le ruban noué autour de son poignet et le jeta à terre. Les frissons qui parcouraient son corps trahissaient la fièvre qui le rongeait toujours. D'un geste, il arrêta Gabriel qui s'apprêtait à ouvrir la bouche. Depuis le grand vestibule, on apercevait encore des invités dans le parc, autour des bassins, déambulant par petits groupes, les femmes serrant leurs châles autour de leurs épaules. Des valets commençaient à passer parmi eux pour démonter les buffets des bosquets. Deux colonnes d'invités, taches multicolores dans la pâle clarté lunaire, se pressaient aux portes du château et l'on entendait les roues des carrosses crisser sur le gravier de l'allée.

Les deux hommes restèrent un moment en silence à observer le spectacle. Le claquement de pas sur le carrelage les fit se retourner. D'Orbay se tenait là, appuyé contre le chambranle de la porte, l'air grave et fatigué.

Fouquet et Gabriel le regardèrent sans mot dire.

Enfin d'Orbay s'avança.

— Eh bien nous y voilà, dit-il d'une voix éteinte où perçait l'émotion. La messe est dite, messieurs, et je crains que notre rêve ne se dissipe avec l'aube.

Fouquet fixait à présent l'architecte avec stupéfaction.

— Sans doute était-ce une folie d'y croire, mais enfin, on ne peut revenir en arrière. Les faits sont là. Jusqu'au bout nous aurons voulu être fidèles à notre idéal ; refuser le risque de division et de guerre civile au sein de notre peuple. Et jusqu'au bout nous aurons eu affaire à des ingrats. Pire, jusqu'au bout nous n'aurons pas été entendus. Qu'importe après tout. Nous sommes désormais allés trop loin pour reculer. Ce soir, messieurs, nos vaisseaux ont brûlé avec les feux de Bengale du spectacle. Le roi a beau ne pas comprendre, il en sait trop. Le risque est trop grand.

L'architecte leva les yeux vers la coupole au-dessus de leur tête et tendit sa main vers elle, paume ouverte.

— Il est là, juste là, entre les deux plafonds.

Baissant les yeux, il regarda froidement Fouquet toujours impassible.

— Il faut agir, sans retard. Il faut porter dès que possible copie du document au légat du pape et au Parlement de Paris tandis que des coursiers l'adresseront à tous les parlements de province. Et dans la foulée faire marcher les troupes de Belle-Île et de Bretagne sur Rennes et Nantes, puis sur Angers, Orléans et Paris. Dans quatre semaines d'ici, Nicolas, nous pouvons prendre les rênes du pouvoir après que la déflagration aura retenti dans le royaume de France.

Une flamme passa dans son regard tandis que ses yeux plongeaient dans ceux du surintendant.

— Il faut agir, Nicolas, reprit-il d'une voix plus pressante. Si nous restons immobiles, nous sommes perdus et le Secret avec nous.

Fouquet secoua la tête.

— François, tout n'est pas perdu, j'en suis sûr. Ne cédons pas à la panique. Le roi n'a pas rejeté mon offre. Il n'a pas dit non. Il n'a rien dit. J'irai le voir, je prendrai le temps de lui montrer en détail le document. Il ouvrira les yeux. Il comprendra où est la vérité et il n'ira pas contre elle. Il en méditera le sens et acquiescera, j'en suis convaincu. Nous ne devons pas risquer une guerre civile. Le roi se ralliera, insista-t-il.

Un rictus de colère passa sur le visage de François d'Orbay.

— Je ne peux t'empêcher de croire à ton rêve, Nicolas. Mais tu fais fausse route. Je pars demain pour Rome demander l'arbitrage de nos frères. Au moins, place nos troupes en alerte, envoie Gabriel porter un ordre de mobilisation, essaya-t-il dans un dernier effort.

— Deux semaines, François, donne-moi deux semaines et d'ici là je t'apporterai le consentement du roi. Va à Rome si tu veux mais laisse-moi ce délai.

— Soit. Deux semaines mais pas un jour de plus.

D'Orbay eut un geste pour argumenter puis laissa retomber sa main avec agacement et tourna les talons.

Gabriel fit mine de lui emboîter le pas, mais Fouquet le retint. Arrêté dans sa course, le jeune homme vit l'architecte sortir et refermer la porte derrière lui. Lorsqu'il se retourna, Nicolas Fouquet avait à son tour les yeux fixés sur la coupole au dessin inachevé.

79

Vaux-le-Vicomte – jeudi 18 août, deux heures du matin

— A FONTAINEBLEAU !
Du fond du carrosse où elle venait de prendre place, Anne d'Autriche comprit, en entendant l'ordre claquer dans la nuit, que le roi n'était pas d'humeur ordinaire. Il faisait encore si chaud malgré l'heure avancée que la reine crut, en voyant la sueur perler sur le front de Louis qui s'installait à ses côtés, son fils incommodé par la chaleur étouffante.
Au bout de quelques minutes, la voiture s'étant engagée entre les grands arbres qui bordaient la route de Maincy, Anne rompit le silence.
— Comme j'aurais aimé que votre épouse puisse nous accompagner !
L'absence de réaction du roi obligea la reine mère à poursuivre ce qui ressemblait déjà à un étrange monologue :
— Je suis sûre que malgré son état elle aurait adoré la pièce de Molière et admiré l'endroit. Quels magnifiques jardins !
Le roi, d'ordinaire peu avare de paroles, en tout cas dans les rares moments d'intimité avec la reine mère, ne répondit rien, il apparaissait comme noyé dans la contemplation des rues de Maincy qui résonnaient du pas des chevaux et du cliquetis des mousquetaires formant sa garde. La troupe semblait, quant à elle, joyeuse et l'on pouvait deviner que la soirée avait été largement arrosée jusque dans les écuries.
« Personne n'a échappé à la générosité du surintendant »,

pensa le roi.

Au fond de lui, une sourde colère bouillonnait au fur et à mesure que les images de cette folie lui revenaient à l'esprit. « Pourquoi cette débauche de luxe ? s'interrogeait le souverain, et surtout, que cherche-t-il en affichant ainsi, devant toute la Cour, une telle magnificence ? »

« Colbert a raison », se dit-il encore. D'autant que les propos du surintendant des finances ce soir lui étaient apparus comme lourds de menaces. Derrière cette étrange proposition visant à faire le bonheur des Français, Louis XIV avait bien senti les fumets d'une remise en cause de son pouvoir.

— Seriez-vous embarrassé mon fils ? La cuisine de Vatel ne vous a pas convenu ?

L'esquisse de sourire apparue sur les lèvres du roi se voulait rassurante pour sa mère, mais ne l'engageait manifestement pas à pousser plus loin le bavardage.

Louis regardait Anne d'Autriche assise à ses côtés. Son visage était marqué par la lourdeur du climat et la fatigue. Ce n'était plus les traits sans ride de son enfance que contemplait Louis, mais ceux d'une femme éprouvée par les années de pouvoir et d'intrigues. Il était devenu, sans s'en rendre compte, un adulte. Il allait être bientôt père à son tour. Ne se devait-il pas de prouver à la face du pays ce nouvel état ?

— Ah, Madame, est-ce que nous ne ferons pas rendre gorge à tous ces gens ?

Comprenant enfin les causes du mutisme de son fils, la reine sourit.

— Il y a quelques jours, j'ai reçu Colbert à Dampierre. Ce dernier venait sans nul doute tester mes sentiments à l'égard de Fouquet, dit-elle doucement. Le surintendant des finances n'est certes pas sans défaut, mais il a su redresser l'état de la trésorerie du royaume. Quant à son goût immodéré pour le luxe, il est certes tapageur, mais pour que le peuple aime son roi ne faut-il pas lui laisser en gage quelques ministres à détester ?

— Madame, je ne suis plus un enfant et n'ai désormais pour

mener les affaires de l'Etat plus besoin de conseils, rétorqua le roi d'un ton qui ne souffrait aucune réplique.

Le silence se réinstalla entre les deux voyageurs tandis que le cortège royal abordait les premières frondaisons de Fontainebleau. Louis XIV, le regard perdu à l'extérieur du carrosse, aperçut les toits du château royal. Cette vision lui rappela les images du faste de Vaux.

Si la reine mère ne s'était pas assoupie, elle aurait pu entendre le roi de France murmurer :

— Il m'a volé mon rêve, il le paiera.

80

Rome – mercredi 24 août, onze heures du soir

FRANÇOIS D'ORBAY était entré dans Rome sous le déluge d'une pluie d'orage. Contraint de s'arrêter pour éviter que sa monture ne glisse sur les pavés disjoints ou ne le désarçonne en se cabrant sous l'aveuglement des éclairs, l'architecte avait trouvé refuge sous les arcades du Colisée. Il attendait là, blotti contre le flanc de son cheval, tandis que les gouttes crépitaient avec violence sur la pierre et le sol, se déversant en ruisseaux sur la mauvaise chaussée qui longeait les restes de l'ancien forum. Un éclair puissant zébra le ciel, éclairant fugacement la silhouette des immeubles anciens masqués par les trombes d'eau. D'Orbay frissonna sans savoir si c'était de froid ou de fatigue. Depuis qu'il avait quitté Paris six jours auparavant, il n'avait pris que peu de repos, multipliant les relais de poste à marche forcée pour arriver au plus tôt.

De la main, il flatta l'encolure de son cheval qui s'agitait de nouveau. L'animal donna un coup de tête puis parut se calmer.

D'Orbay revoyait le masque figé de Fouquet. Il entendait encore résonner le ton ferme de sa voix tandis qu'il s'apprêtait à partir.

— Mon destin sera ce qu'il doit être. Nous devons aller jusqu'au bout, sans dévier. Nous devons avoir confiance dans la loyauté du roi face à son peuple et dans la force du Secret. Pour ma part, je ne serai pas un fauteur de guerre civile.

Tout était dit. Il avait hésité une fraction de seconde, pas davantage. Dans le regard qu'il avait échangé avec le surintendant, d'Orbay avait perçu la cassure irrémédiable qui les rejetait de part et d'autre d'un fossé destiné à s'élargir toujours plus. Longtemps rassemblées dans le rêve qu'il avait forgé, leurs deux vies s'éloignaient à présent pour ne plus se croiser.

— Allons, dit d'Orbay d'une voix douce à son cheval, la pluie semble faiblir mon ami, en route, nous ne sommes pas en avance.

Debout devant ses pairs, François d'Orbay se tut. Son exposé achevé, il sentit une curieuse impression de légèreté l'envahir. Comme s'il partageait de nouveau le poids accumulé sur ses épaules et n'était plus seul à le supporter. A chaque phrase pourtant il éprouvait combien sa démarche était désespérée et ne pouvait déboucher sur rien.

Giacomo Del Sarto fixa de nouveau l'architecte d'un air impassible.

— Le risque est grand et tu as bien fait de venir nous rendre compte. Il faut laisser Nicolas aller au bout de sa logique. Tel est son jugement. Prions seulement le ciel qu'il ait vu juste ; et par prudence, préparons-nous à la possibilité de l'échec... C'est-à-dire à la nécessité d'user de la force, et de sauver ce qui peut l'être si nous devions perdre aussi ce combat-là...

Dans les yeux clairs du médecin, d'Orbay cherchait la trace d'une accusation, d'un reproche, d'un regret. Et n'y voyait rien de tout cela. Seulement la flamme éternelle portée à travers les siècles par des générations d'hommes semblables à chacun d'entre eux. Seulement la certitude sereine qu'au-delà de la possible défaite de l'heure présente, d'autres se lèveraient pour reprendre leur flambeau et attendre dans l'ombre que sonne l'heure victorieuse.

« L'heure que je ne verrai pas », pensa-t-il soudain.

Del Sarto détaillait à présent les précautions à prendre, les lieux, les habitudes, les identités qu'ils allaient abandonner, les horizons nouveaux et lointains vers lesquels devraient voguer les documents fugitivement abrités entre les deux coupoles du dôme de Vaux-le-Vicomte, les moyens de brouiller les traces de ceux qui voudraient les suivre et les méthodes à appliquer pour dissuader les vainqueurs de l'heure de croire qu'ils pouvaient pousser leur avantage.

Une fois de plus, d'Orbay en était certain, la fraternité était en passe de replonger dans le silence de l'anonymat.

« Pour dix, cinquante, cent ans ? » songea-t-il.

L'étau qui lui serrait la poitrine se faisait plus pressant. Il chancela, se passa la main sur le front. D'un geste, il signifia à l'orateur de poursuivre et se redressa.

Cent ans. Mille ans peut-être.

Del Sarto répéta sa question. Sur son front, maintenant qu'ils étaient seuls à nouveau, se lisait à présent son inquiétude. Lui aussi avait observé d'Orbay, jaugé la faille qui s'était ouverte dans le cœur de l'architecte.

— Je te demande quand tu repars, François ?

D'Orbay haussa les épaules.

— Dès que possible. Je dois voir Gabriel au plus tôt.

« Lui passer le flambeau », songea-t-il.

— C'est bien, répliqua l'autre. Fasse le ciel que le jeune Pontbriand se révèle à l'image de son père et remplisse au mieux le dessein conçu. Et ta famille ? reprit-il d'une voix plus douce.

L'architecte ne répondit pas. L'image de ses enfants et de sa femme traversa son esprit. Où se trouvaient-ils à cette heure ? Endormis sans doute, dans l'hôtel particulier aux meubles déjà bâchés, les bagages prêts. Fuir, toujours, sans comprendre, sans questions. Sans raison.

— Que dis-tu ? s'étonna Giacomo.

D'Orbay secoua la tête.

— Rien.

Puis il fixa le médecin à son tour.

— Adieu mon ami, dit-il d'une voix douce.

Quand il le serra dans ses bras, l'autre sentit un frisson glacé le parcourir. « Le ciel veuille que j'ai mal entendu », pensa-t-il dans une prière muette.

81

Vaux-le-Vicomte – dimanche 28 août, dix heures du matin

HUGUES DE LIONNE était déjà installé dans l'imposant carrosse stationné depuis quelques minutes au pied des marches du château de Vaux. Le départ était imminent. Tout le monde attendait le surintendant des finances. Les deux hommes partaient pour Nantes rejoindre le roi qui avait décidé peu de temps auparavant d'effectuer une longue visite en Bretagne. Nicolas Fouquet apparut enfin. Il était vêtu fort élégamment d'un habit de soie noire et s'était couvert en raison des risques de fraîcheur automnale d'un manteau confortable. Il portait un feutre souple d'un marron fauve. Il prit d'abord sa femme dans ses bras.

— Veillez aux vendanges à Thomery, ma mie. Je regrette ce déplacement un peu impromptu, mais le roi a insisté. Je vous aime de tout mon cœur, ajouta le ministre en embrassant fort tendrement celle qui venait de lui donner un nouvel enfant.

— Prenez soin de vous, mon ami ! Ne commettez pas d'imprudence, pensez un peu à vos enfants, lui répondit-elle simplement.

Il prit à part La Fontaine, sorti lui aussi pour cet adieu.

— Mon cher Jean, en mon absence, j'aimerais que vous veilliez à une affaire délicate. Vous le savez, la vente de ma charge m'a rapporté un million de livres que j'ai aussitôt remis au roi. Toutefois, Harlay avec qui j'ai traité me doit encore quatre cent mille livres et traîne à me régler. J'ai bien encore quelques sommes assez conséquentes entre les mains d'amis sûrs mais tout cela est peu de chose si jamais...

— Si jamais ? interrogea, inquiet, La Fontaine en fronçant les sourcils. Auriez-vous des informations que vous m'auriez cachées ?

— Non pas ! Les uns disent que je vais être déclaré Premier ministre, les autres que je vais tomber dans une effroyable cabale. Toutefois, depuis quelques jours, je sens le roi plus aimable avec moi. J'ai le sentiment d'avoir retrouvé sa confiance !

— En êtes-vous si sûr ?

— Vous êtes trop pessimiste, mon cher Jean. Ne me prédisiez-vous point la Bastille il y a peu ? Vous voyez, rien de tout cela n'est arrivé. Au contraire, *Il* m'appelle auprès de lui à Nantes. Allez, cessez de vous tourmenter et essayez seulement de récupérer ce que l'on me doit ! ajouta Nicolas Fouquet en se retournant vers ceux qui l'attendaient encore près de sa voiture.

— D'Orbay ! s'exclama le surintendant des finances en apercevant son architecte sautant de son cheval. Vous arrivez quand je m'en vais !

— J'ai fait aussi vite que j'ai pu, Monseigneur, répondit François d'Orbay en s'inclinant.

— Gabriel sera heureux de votre visite. Si tant est que vous réussissiez à mettre la main dessus, dit en riant le ministre. Je l'ai cherché pour le saluer mais aux aurores le jeune Pontbriand n'était déjà plus dans ces terres ! A mon retour, ajouta à voix basse Fouquet en empoignant le bras de D'Orbay, nous ferons le point et nous prendrons les décisions que les circonstances dicteront ! Mais je garde bon espoir de convaincre le roi au cours de ce voyage.

L'architecte répondit d'un sourire où se mêlaient l'affection et une profonde tristesse.

D'un pas souple, le surintendant grimpa dans la voiture et s'assit en face de Lionne qu'il salua chaleureusement.

— Heureux de faire ce voyage avec vous, mon cher Lionne. Si vous n'y voyez pas d'inconvénients, j'aurais plaisir à ce que nous nous arrêtions à Angers. C'est le berceau de ma famille, savez-vous ?

— J'en serai ravi, répondit fort aimablement Hugues de Lionne.

— Allons ! cria le surintendant au cocher.

D'un claquement de fouet, l'homme mit en mouvement le carrosse marqué sur chaque portière d'un écureuil doré à l'or fin et des armes des Fouquet.

Au moment où la voiture s'engageait dans l'allée, Fouquet aperçut au loin Gabriel qui s'était mis à courir en comprenant qu'il arrivait trop tard. D'un geste de la main, la tête passée par la portière de son carrosse, le ministre fit un signe d'adieu au jeune homme. Il resta dans cette position pour regarder s'éloigner l'image si familière de son château. « Décidément, ce sera l'œuvre de ma vie ! » se dit-il en admirant les proportions à la fois imposantes et délicates du bâtiment.

Reprenant sa place à l'intérieur, Fouquet frissonna.

— Ne vous inquiétez pas, dit-il aussitôt pour rassurer Lionne. C'est chaque fois la même chose ! Lorsque je quitte Vaux, j'ai toujours l'impression que je ne le reverrai plus !

82

Nantes – lundi 5 septembre, onze heures du matin

FOUQUET était d'humeur détendue en descendant le grand escalier du château de Nantes où le roi venait de réunir le Conseil. Le surintendant des finances était plongé dans ses réflexions en regagnant sa chaise à porteurs qui l'attendait dans la cour.

Il est vrai que la réunion s'était bien passée. Chacun y avait été de son compliment en ce jour marquant le vingt-troisième anniversaire du jeune monarque. Louis XIV l'avait même gardé en tête-à-tête après le départ des autres ministres afin de l'entretenir d'affaires diverses et sans importance. Le seigneur de Vaux y avait vu un signe. Il avait profité de l'occasion pour solliciter une audience particulière que le roi lui avait accordée sans une question sur l'objet motivant sa demande et en fixant la rencontre pour l'après-midi même.

« Je vais pouvoir enfin le convaincre. Il aura réfléchi après notre conversation de Vaux », songea le surintendant.

Les rumeurs le concernant allaient bon train. La veille au soir, une longue conversation l'avait d'ailleurs opposé à un autre ministre. Ce dernier était inquiet de l'agitation au parfum de secret remarquée depuis peu autour du roi et de Colbert. Il avait fait part de ses craintes au surintendant qui avait balayé tout cela d'un revers de la main.

— Mes amis, ne redoutez rien, avait-il dit, si quelqu'un doit se méfier de Louis XIV, c'est bien Colbert !

Ces propos revenaient à l'esprit du ministre tandis qu'il s'apprêtait à monter dans sa chaise.

D'Artagnan, quant à lui, s'était levé aux aurores et avait respecté à la lettre les consignes reçues du roi lui-même.
— Demain dès quatre heures du matin, lui avait dit le roi en le convoquant la veille, vous ferez partir dix hommes pour Ancenis sous la conduite d'un brigadier. A six heures, une escouade de vingt mousquetaires prendra place dans la cour du château. Une autre se tiendra près de la porte du côté de la ville. Le reste de votre compagnie se rassemblera dans les champs en cas de nécessité, ajouta Louis XIV face à un d'Artagnan de plus en plus médusé. L'affaire se déroulera à la sortie du château. Ensuite, un carrosse aux fenêtres fermées de treillis de fer vous attendra. Vous prendrez immédiatement la direction d'Oudon. Vous serez attendus au château d'Angers pour y passer la nuit.
Encore fiévreux du mal qui l'avait cloué pendant cinq jours au lit jusqu'à ce que la convocation du roi l'en tire sans excuse possible, d'Artagnan attendait donc depuis le début de la matinée celui qu'il devait arrêter à la porte du château. Les mots du roi tournaient dans sa tête :
— Maintenant, vous allez me faire serment de ne rien révéler de tout cela avant d'avoir accompli votre devoir ! J'ai fait enfermer depuis quarante-huit heures le copiste ayant travaillé à ces instructions, aussi toute fuite fatale à la bonne marche de ce plan ne pourrait provenir que de vous ou de moi ! Allez, monsieur. L'avenir du royaume dépend sans doute de votre adresse demain.

Seule manquait encore pour agir une ultime confirmation du roi au sortir du Conseil, que devait apporter Le Tellier. Celui-ci était depuis plusieurs minutes en longue conversation sous les arbres, si bien que le Gascon n'avait pas osé le déranger, pensant même que l'affaire avait peut-être pris une autre direction. Conscient du départ imminent du surintendant, d'Artagnan se précipita.

— Monsieur, dit-il en interrompant la conversation, les consignes reçues du roi hier au soir sont-elles changées ?

— En rien, monsieur le capitaine ! répondit sèchement Le Tellier.

La chaise à porteurs avait disparu.

D'Artagnan courut à la porte du château où les mousquetaires en poste lui indiquèrent que le surintendant s'était fondu dans la cohue et l'agitation nantaises. Ne sachant que faire, le soldat se précipita chez le roi qui le reçut aussitôt.

— Sire, il nous a échappé !

— C'est impossible, dit le roi, blême de rage. Il faut qu'il se trouve ; et je le trouverai bien ! Prenez quinze hommes et rattrapez-le. Fouillez au besoin toute la ville !

L'officier détala sans demander son reste à la recherche du surintendant. Ce dernier était tranquillement en chemin afin de regagner pour le déjeuner son domicile de la rue Haute-du-Château. Les encombrements des rues étroites de la vieille ville avaient retardé sa marche. Nicolas Fouquet respirait l'air frais et sec de ce mois de septembre. La troupe menée par d'Artagnan rattrapa l'équipage du ministre place Saint-Pierre, non loin de la cathédrale. Ne comprenant pas pourquoi ses porteurs s'arrêtaient, Nicolas Fouquet pencha la tête à la portière et reconnut le capitaine.

— Que se passe-t-il, monsieur d'Artagnan ?

— Monseigneur, j'ai à vous parler, répondit sobrement le Gascon d'une voix peu assurée.

— Cela ne peut-il attendre ?

— Non, j'en ai crainte, Monseigneur !

Nicolas Fouquet descendit alors de la voiture et salua le soldat. Un rayon de soleil perçait à travers les nuages, obligeant le surintendant à plisser les yeux pour mieux voir d'Artagnan qui avait sauté de son cheval et se tenait maintenant en face de lui.

— Monseigneur ! Au nom du roi, je vous arrête !

Le ministre marqua son étonnement.

— Monsieur d'Artagnan, en êtes-vous sûr ? Est-ce bien moi que vous voulez ? interrogea, incrédule, Fouquet alors que le soldat lui tendait la lettre de cachet qu'il venait d'extraire de la manche de son habit.

A la lecture du document, ses yeux se brouillèrent. Livide, il rendit le texte à d'Artagnan.

— Je ne m'attendais nullement à cela, murmura le ministre.

Puis, reprenant quelque peu contenance, il s'adressa en haussant la voix à d'Artagnan.

— Monsieur le capitaine je me plie comme je l'ai toujours fait aux ordres et désirs de Sa Majesté. Je suis donc à votre disposition. Mais je vous en prie, que cela ne fasse point d'éclat !

83

Vaux-le-Vicomte – mercredi 7 septembre, cinq heures du soir

— AU CHÂTEAU D'ANGERS !
— Vous avez bien entendu, monsieur de La Fontaine. Monseigneur a passé sa première nuit de prisonnier au château d'Angers.
— Angers, reprit d'Orbay, le berceau de sa famille ! Cette mise en scène n'a qu'un but. Humilier le surintendant afin de le briser !
— Dès que j'ai appris son arrestation, je n'ai eu qu'une obsession, avoua Isaac Bartet en terminant le verre de vin servi à son arrivée avec du fromage et du pain pour le restaurer après vingt-quatre heures passées à galoper presque sans interruption. Vous prévenir, puis filer vers Saint-Mandé afin d'essayer de protéger ce qui pourrait encore l'être. Aussi, messieurs... ajouta l'espion resté fidèle à Fouquet en se levant de sa chaise.
— Mais soyez raisonnable, dit La Fontaine, vous n'allez pas partir ainsi ! Vous ne tenez plus debout. Prenez deux heures pour dormir.
— Vous n'y pensez pas, répondit Bartet. Nous n'avons pas une minute à perdre. Colbert, ce serpent venimeux, a manigancé toute l'opération. Il doit déjà avoir envoyé ses sbires un peu partout !
Tandis que Bartet hirsute et crotté quittait au galop la propriété, Gabriel rentrait d'une promenade dont il avait profité pour faire courir le plus beau pur-sang des écuries de Vaux. En

sautant à terre, le jeune homme comprit à la mine de ses deux compagnons que la situation était grave.

— Ils ont arrêté Monseigneur hier matin à Nantes et l'ont enfermé à Angers avant sans doute de le conduire à la Bastille, annonça tristement Jean de La Fontaine.

— Mais ce n'est pas possible ! répondit Gabriel. C'est une méprise. Il faut prévenir le roi ! Quand il saura...

— C'est Louis XIV en personne qui a signé la lettre de cachet, rétorqua d'Orbay. Il n'y a plus rien à faire pour l'heure. Si ce n'est sauver ce qui peut encore l'être.

— Je vais rester ici afin d'essayer de préserver tout ce qui sera indispensable pour le procès que Colbert ne va pas manquer d'orchestrer, décida La Fontaine.

— C'est bien, répondit François d'Orbay. Vous devrez aussi veiller aux intérêts des enfants et de l'épouse de notre ami. Je crains en effet comme Bartet que les vautours ne s'abattent sans tarder sur les dépouilles du surintendant.

— Et moi, intervint Gabriel, que puis-je faire en gage de ma fidélité ?

— Vous protéger en partant d'ici au plus vite ! suggéra d'Orbay en regardant avec tendresse et dureté le fils de son meilleur ami. Montez sans tarder préparer vos affaires. Vous serez à Paris cette nuit pour récupérer le reste de vos effets rue des Lions Saint-Paul et...

L'architecte se tut un instant.

— et... nous aviserons, reprit-il. Filez, je vous rejoins d'ici quelques minutes afin de vous aider à boucler vos malles.

— Et vous, que comptez-vous faire ? demanda La Fontaine tandis qu'ils rentraient dans le château.

— Oh moi, je sais où est mon devoir ! lui répondit d'une voix étrange l'architecte.

Gabriel partit à grands pas vers sa chambre. Il n'arrivait pas à concevoir que le surintendant du royaume, l'homme le plus puissant de France, le maître du domaine de Vaux, ait pu être ainsi arrêté et enfermé sur ordre du roi. Il pensa à son père. « Lui aurait su me conseiller », se dit-il en grimpant quatre à quatre l'escalier. Puis l'image de Louise s'imposa à lui. « Il faut que je lui parle. Il n'est pas question que je quitte Paris sans avoir accompli ma vengeance. Elle m'aidera... »

Quelques instants plus tard, d'Orbay frappait à la porte de Gabriel.

— J'ai presque terminé, annonça celui-ci sans se retourner. Il faut dire que j'ai peu de choses ici !

— Je viens de donner des ordres. Une voiture sans armoiries vous attendra d'ici une demi-heure afin de vous conduire à Paris.

— Et ensuite ? interrogea Gabriel. J'ai pensé que je pourrais aller voir Louise de La Vallière et solliciter son...

— Assieds-toi, ordonna François d'Orbay au jeune homme, un peu surpris par ce tutoiement.

— Comme tu l'as compris, la situation est grave, poursuivit l'architecte en s'asseyant à son tour sur le lit. Fouquet risque de ne pas sortir vivant de cette affaire. Les espoirs de ton père et de notre compagnie s'effondrent définitivement avec sa chute. La semaine dernière à Rome, j'ai réuni notre collège des sages. Nous avons aussi voté sur la dernière proposition du surintendant. Il sollicitait ton acceptation au sein de notre confrérie pour le cas où il lui arriverait malheur.

— Moi !

— Oui, reprit en souriant d'Orbay. Il t'a jugé digne de succéder à tes ancêtres. C'est une question importante que je dois te poser maintenant, Gabriel. Te sens-tu prêt à accepter de protéger à ton tour le Cinquième Evangile ? Es-tu assez fort pour y consacrer ta vie entière et au besoin, comme l'a fait ton père, y sacrifier ta vie ? A accepter du jour au lendemain s'il le faut de changer d'identité, de vie, de quitter ton pays et tes amis, sans espoir de retour en arrière ? Réfléchis bien, dit-il encore d'un ton solennel.

— J'accepte ! répondit le jeune homme après un temps. Mais que dois-je faire maintenant ?

D'Orbay poussa un profond soupir et sortit de son pourpoint un document qu'il remit à Gabriel.

— Tu trouveras dans cette enveloppe tout ce que tu dois savoir sur la compagnie et ses règles. Apprends tout cela par cœur et détruis cette copie.

Gabriel se saisit du document d'une main ferme.

— Maintenant je dois te confier la volonté de notre compagnon. Tu vas partir loin d'ici, Gabriel, sans délai.

— Loin ?

— Oui, très loin même, confirma l'architecte. Tu vas partir pour le Nouveau Monde.

Gabriel ouvrit des yeux stupéfaits.

— Oui, tu as bien entendu, reprit d'Orbay, il te faut partir pour les Amériques ! J'étais chargé de te remettre cette lettre une fois que tu aurais accepté, mais surtout si j'estimais que la situation mettait en péril la protection du Secret de saint Pierre. L'arrestation de Fouquet et les dangers que nous courons ici toi et moi m'obligent à te presser d'accepter. Je n'imaginais pas que les événements seraient aussi précipités, mais tu dois protéger notre Secret. Louis XIV est au courant de son existence. Il peut tenter de s'en emparer pour le détruire. Tu comprends donc maintenant pourquoi je suis si pressé que tu quittes ces lieux ?

— Je suis prêt ! répondit simplement Gabriel.

— Très bien. Ne t'inquiète pas, ajouta d'Orbay. Je viens de faire partir un messager pour Nantes. Tu seras attendu au port samedi pour t'embarquer vers les Amériques. Et quelqu'un t'accueillera dès ton arrivée à la Nouvelle-Amsterdam. Quant à l'argent, il ne te fera jamais défaut, ajouta mystérieusement d'Orbay.

Une ombre passa sur le visage de Gabriel.

— Mais je ne peux partir si vite. Mon père n'est pas vengé. Colbert n'a pas payé. J'ai différé ma vengeance mais...

— Je m'en charge, coupa d'Orbay. Tout est déjà prévu à l'heure qu'il est. N'aie crainte, le châtiment est en marche. Ton devoir est ailleurs, à présent, conclut-il d'une voix plus douce.

Emporté par l'émotion, François d'Orbay serra en silence le jeune homme dans ses bras.

Gabriel eut tout à coup le pressentiment qu'il ne le reverrait sans doute jamais.

— Pourquoi ne venez-vous pas avec moi ? interrogea le jeune homme.

L'architecte esquissa un sourire triste.

— Mon temps au service de notre Secret s'achève. Tu trouveras aux Amériques des compagnons jeunes comme toi. Ainsi l'exige l'organisation de notre fraternité. Tu le découvriras en lisant les documents que je viens de te remettre.

Sans perdre plus de temps, l'architecte entraîna le jeune homme afin de récupérer le codex dissimulé dans la coupole du château.

— Voici, lui dit-il en lui remettant le précieux chargement. Tu trouveras dans cette boîte une lettre d'explication de Fouquet que je te demande de ne lire qu'une fois sur le bateau et de détruire ensuite. Alors, tu n'ignoreras plus rien du secret du Cinquième Evangile !

Tandis que les domestiques chargeaient la malle du jeune homme, d'Orbay fit ses adieux à Gabriel.

— Ne commets aucune imprudence, mon garçon. Tu deviens ce soir un maillon d'une immense chaîne qu'il ne faut pas briser ! File maintenant, conclut-il les yeux humides, et sache que ton père serait fier de toi !

Au moment où la voiture passait les grilles de Vaux-le-Vicomte à toute allure, Gabriel ne pensait qu'à une seule chose : emmener Louise avec lui aux Amériques !

84

Vaux-le-Vicomte – mercredi 7 septembre, onze heures du soir

FRANÇOIS D'ORBAY contempla le plafond du grand vestibule et, le long de la corniche, le panneau secret caché dans le médaillon des Gémeaux. Il pensait aux mois passés à comploter dans l'ombre, à la recherche patiente des signes qui l'avaient convaincu de la possibilité de profiter de la conjoncture exceptionnelle offerte par le déclin de Mazarin, la jeunesse de Louis XIV et le talent de Fouquet. Où donc résidait sa faute ? Qu'avait-il ignoré ou mal jugé pour que cette occasion s'achève par un si total échec ? Loin de calmer la colère sourde qui faisait monter des larmes dans ses yeux, la vision des tours de Vaux, de sa perspective si parfaite, des grilles ouvragées, de la pierre blonde, des jardins et de la coupole lui paraissait un monstrueux catafalque érigé afin de témoigner de cet échec pour les centaines d'années à venir. Des mois durant, il avait usé ses yeux et sa main sur cette œuvre prodigieuse, imaginé le rayonnement de cette maison commune, la ville destinée à s'épanouir autour de ce palais au cœur de la nouvelle capitale d'un royaume où les hommes seraient égaux, d'un royaume enfin conforme à l'enseignement divin... Des mois durant, il avait lu pas à pas les progrès de la passion de Vaux dans l'âme du surintendant. Cette passion, c'était lui qui l'avait orchestrée, mise en scène, pour aider Fouquet. Ce n'était tout de même pas ce Colbert et ses misérables intrigues qui avaient ruiné cela ! Non, sans doute, essaya-t-il de se raisonner.

« Du reste qu'importe. »

Un sourire triste éclaira d'une lueur fiévreuse ses traits l'espace d'une seconde.

« Qu'importe, pour Colbert le prix est déjà fixé. On blesse l'homme là où il est sensible... »

Il marchait à présent sur la terrasse dans la chaleur de la nuit d'été. Pas un souffle d'air ne venait troubler la surface des bassins qui semblaient autant de miroirs sombres où d'Orbay voyait se noyer son rêve.

« Peut-être l'heure n'était-elle tout simplement pas venue », pensa-t-il tandis que la colère cédait de nouveau au découragement.

Levant la tête, il se demanda où se trouvait à cette heure le codex.

— Gabriel, murmura-t-il.

Seul ce nom lui apportait encore un peu de réconfort.

Debout sur la terrasse centrale du château, il ferma les yeux et s'efforça de contrôler le tremblement de son bras.

— Bonne route, mon garçon. Et bonne chance.

Là-bas, les enfants dormaient... Fermant plus intensément les paupières, il chassa l'image qui voulait s'imposer à son esprit.

« C'est mieux ainsi, pensa-t-il dans un éclair, oui, c'est mieux ainsi, c'est leur chance... »

Il sentit seulement la fraîcheur sur ses lèvres et un goût métallique.

La flamme zébra l'obscurité comme un petit soleil. La détonation éclata dans le silence de la nuit. L'écho en résonna encore longtemps derrière les bosquets, bien après que la nuit eût repris possession du sol dallé de la terrasse. Dans l'ombre de la coupole, immobile, le corps qui avait roulé au sol tenait toujours serrée entre les doigts de sa main droite la crosse en bois du pistolet.

85

Paris, rue des Lions Saint-Paul – mercredi 7 septembre, minuit

À PEINE ARRIVÉ chez lui, Gabriel avait rédigé un mot pour Louise en la suppliant de venir. Il avait confié le message au cocher avec l'ordre de « n'être de retour qu'avec mademoiselle de La Vallière ». Voilà plusieurs semaines qu'il ne vivait plus dans cette chambre. En rentrant dans les lieux et en voyant ses affaires abandonnées un peu partout, il eut l'impression qu'une éternité s'était écoulée. Il n'était plus l'apprenti comédien rêvant de longues tirades déclamées sous les applaudissements. Il n'était plus non plus le jeune homme gauche et déraciné d'Amboise. Il avait été spectateur de la cruelle comédie du pouvoir qui broie les destins individuels au nom de la raison d'Etat. Il avait connu l'immense bonheur puis la terrible douleur de retrouver et de perdre pour toujours un père dont la vie s'était révélée empreinte de mystère. Il était maintenant engagé dans une compagnie obscure comme protecteur d'un secret mystique dont la finalité lui échappait encore. Gabriel se dit qu'il avait traversé seul ces épreuves. Il se sentait vraiment plus fort et aspirait à se montrer digne de son nom et de la confiance que son père avait placée en lui. L'idée de partir pour les Amériques l'effrayait un peu mais l'exaltait aussi. En jetant dans sa malle les quelques effets indispensables à son voyage, Gabriel se prenait à rêver d'aventures extraordinaires.

Louise arriva au moment où il terminait le billet pour sa logeuse accompagnant une bourse rondelette.

1661

— Louise, toi enfin ! s'écria Gabriel en bondissant pour serrer dans ses bras la jeune femme qui venait d'entrer.

— Mais voyons, tu me fais mal ! se défendit la dame de compagnie d'Henriette d'Angleterre, un peu surprise de cet accueil. Si tu m'as fait venir ici en pleine nuit sans un mot d'explication, j'espère que ce n'est pas seulement pour m'étouffer dans tes bras à peine arrivée, ajouta-t-elle d'un air goguenard en se dégageant.

— Non ! La situation est... est fantastique! Mais assieds-toi, lui dit Gabriel, j'ai à te parler !

Louise ôta sa cape dont l'immense capuche bordée d'une douce fourrure de renard lui permettait de dissimuler son visage.

— Je vous écoute, monsieur le mystérieux, dit la jeune fille en lui décochant son sourire le plus enjôleur.

Gabriel lui fit le récit des dernières heures et lui apprit l'arrestation de Fouquet. La nouvelle apportée par Bartet n'était pas encore parvenue à Paris.

— Tu dois te mettre en sûreté, l'interrompit Louise. Tu n'as plus de protecteur. Je parlerai au roi dès son retour à Paris, si tu le veux bien !

A ces mots, le jeune homme se renfrogna. Une sourde colère grondait en lui.

— Non, non et non ! Je n'ai pas besoin que tu parles de quoi que ce soit à ton roi. C'est d'ailleurs ton roi qui a ordonné l'arrestation du surintendant. Il n'agit qu'en fonction de ses plaisirs ou de ses intérêts ! Quand ouvriras-tu les yeux ?

— Ne juge pas le roi trop hâtivement. Il conduit les affaires de l'Etat sur des bases que nous ne connaissons ni toi ni moi. Mais je suis sûre de son caractère. Il ne laissera jamais une injustice être commise à ton encontre. Je lui dirai, moi...

— Tu ne lui diras rien du tout, car je dois partir ! ajouta Gabriel. Avant d'être arrêté, Fouquet m'a confié une mission extraordinaire. Il m'a demandé de partir aux Amériques afin d'y faire prospérer ses affaires.

— Aux Amériques, s'exclama Louise, mais quand pars-tu ?

La surprise de la jeune femme fit sourire Gabriel qui lui prit la main.

— C'est la raison pour laquelle je t'ai priée de venir cette nuit, reprit le jeune homme d'une voix tendre. Nous nous connaissons depuis notre enfance. Te retrouver ici à Paris en février aura été un choc dont je n'ai pas vraiment mesuré les conséquences. Lorsque j'ai reçu à Vaux ton message m'indiquant que tu étais en danger... C'est en galopant à ta rescousse que j'ai compris...

— Tu as compris ? dit Louise tout à coup inquiète.

— Je t'aime, Louise ! Je t'aime ! Je n'ai jamais aimé que toi, dit Gabriel tout en baisant les mains de la jeune fille.

Louise ne disait rien. Elle regardait le jeune homme qui l'attira contre lui.

— Partons ensemble cette nuit, dit soudain Gabriel, tout en goûtant au plaisir sensuel de cet instant si doux.

— Partir ? Aux Amériques ! Mais tu n'y songes pas ! Henriette a besoin de moi et je ne peux ainsi m'absenter !

— Je crois que tu ne m'as pas vraiment compris, dit Gabriel en fixant intensément les yeux de la jeune femme. Ce n'est pas un simple voyage que je t'offre. Je t'aime et je te demande d'accepter d'être ma femme pour venir vivre avec moi.

— Mais je ne peux pas ! Je ne peux pas ! s'écria en s'écartant celle qui était devenue la maîtresse du roi de France.

— Ouvre les yeux, tu es éblouie par le faste de la Cour, mais au fond de toi, tu le sais. Tu n'es pas de ce monde d'intrigues !

— Ma vie est ici, Gabriel ! Ce monde que tu dénigres parce que tu veux le fuir est le mien. Je m'y sens bien. J'y suis aimée et...

— Tu crois y être aimée ! s'emporta le jeune homme. Mais que sais-tu de l'amour et de la réalité des sentiments à la Cour où tout n'est que mascarade !

— Je suis jeune, Gabriel. Je veux rire, m'amuser, profiter des fêtes et des bals, connaître l'ivresse des théâtres, m'enivrer dans les salons, rencontrer les plus illustres savants, m'éblouir devant les plus grandes œuvres d'art. Je veux séduire les puissants et goûter moi aussi aux plaisirs délicieux du pouvoir. Tu ne comprends donc pas que ma vie est ici ! Je n'ai tout de même pas quitté Amboise pour tout abandonner de nouveau, à l'instant où j'accède à mon rêve ! Gabriel, je...

Incrédule, Gabriel voyait l'éclat qui faisait briller les yeux de la jeune fille.

— Ne dis rien de plus, coupa-t-il d'un murmure en relevant d'un revers de main une mèche des cheveux de la jeune fille. Ne réponds pas. Pas ce soir. Demain, à partir de trois heures, une voiture stationnera à la porte Saint-Martin. Je t'attendrai jusqu'à quatre heures...

Le regard à la fois déterminé et triste de Gabriel toucha Louise au plus profond, réveillant l'attirance presque évidente qu'elle ressentait pour lui depuis si longtemps ; cette attirance qu'elle avait toujours nommée attachement fraternel, comme pour s'en cacher la véritable nature. Elle s'approcha de Gabriel et plaqua ses lèvres fines contre celles du jeune homme dont elle capta le souffle chaud. Il l'enveloppa de ses bras et l'embrassa à son tour avec fougue, enserrant sa taille fine dans une étreinte à laquelle elle ne résista qu'un instant.

L'aube faisait glisser des rayons pâles sur le corps endormi de Gabriel. Le bruit des pas sur le parquet le réveilla brusquement.

— Louise... dit-il d'une voix encore ensommeillée.

Sur le pas de la porte, la jeune fille se retourna et posa un doigt sur ses lèvres avant de reprendre sa route.

— Nous nous reverrons, Gabriel de Pontbriand, murmura-t-elle en dévalant l'escalier.

86

Domicile de Jean-Baptiste Colbert – lundi 12 septembre, cinq heures du matin

COLBERT se réveilla en sursaut, les mains tremblantes, une sueur froide dégoulinant sous sa chemise de nuit. Il se rendit compte qu'il avait crié. Rejetant la couverture, il jeta un regard méfiant sur les ténèbres qui l'environnaient. Dans le silence total, il se signa furtivement en marmonnant quelques mots inaudibles, puis, posant les pieds par terre, chercha ses pantoufles à tâtons. Ecartant le rideau de la chambre, il lança un regard à la pendule dorée héritée du Cardinal.

— Quelle folie, prononça-t-il à voix haute, comme pour se rassurer. Ce n'est qu'un cauchemar ! Enfin, allons...

Un instant, il hésita à se recoucher. Convaincu que c'était la voix de la sagesse et de la raison, il ne parvenait pourtant pas à s'y résoudre.

— Tantale, murmura-t-il encore d'une voix troublée par l'émotion.

Son cauchemar lui revenait, il se revoyait attaché, dévoré par la soif et la faim, et incapable de se sustenter, de cueillir les fruits qui se balançaient au-dessus de sa tête...

Dans l'angle de la pièce, parmi des dizaines de boîtes et de colis reçus en cadeau ou dérobés dans les résidences de Fouquet et directement acheminés à son domicile, un petit paquet enveloppé reposait contre le mur. Colbert s'en saisit avec émotion et, écartant l'emballage qui avait été sommairement refermé, regarda de nouveau le tableau : sur la toile encadrée de bois doré, était figurée une représentation du supplice de Tantale.

— La peste soit de ce tableau ! jura-t-il en jetant la toile à terre.

Depuis qu'il avait ouvert ce paquet presque au hasard, l'avant-veille, certain d'y trouver un hommage de plus pour flatter son orgueil, il n'avait pu en arracher la vision de son esprit, jusqu'à provoquer ce cauchemar dans lequel il était lui-même soumis au supplice.

L'angoisse le reprit.

« Serait-ce possible ? » songea-t-il avec terreur.

N'y tenant plus, il saisit sa veste d'intérieur posée sur une banquette, l'enfila à la hâte, couvrit son crâne dégarni d'une petite calotte de feutre et ouvrit la porte de la chambre. Le couloir était plus sombre encore. Colbert heurta une colonne et manqua renverser le vase posé dessus. Il resta une seconde à laisser les battements de son cœur s'apaiser.

— Allons, dit-il en reprenant sa marche en direction de l'escalier qui menait à son cabinet de travail, il faut que j'en sois sûr.

Dans la pièce, les dossiers s'accumulaient sur les tables rajoutées dans l'urgence. Colbert avait rassemblé là toutes les pièces de la succession de Mazarin qu'il ne souhaitait pas voir apparaître dans les inventaires du royaume. Entrebâillant les persiennes sur le jour naissant, le petit homme ne put retenir un sourire. La présence de ces documents le rassurait. Chaque pile confortait sa puissance. L'une recelait les secrets inavouables des dossiers personnels accumulés avec le temps. Plusieurs centaines de personnalités influentes étaient ainsi tenues comme un animal en laisse. Deux autres, plus volumineuses, détaillaient la double comptabilité d'opérations financières publiques qui avaient donné lieu à l'intervention de prête-noms.

Sentant la main glacée de l'appréhension qui l'avait réveillé s'insinuer de nouveau dans son esprit, Colbert quitta sa contemplation et s'assit devant une quatrième pile. Feuilletant à la hâte les documents analysés au cours des derniers jours, il revint sans peine à l'endroit recherché. Colbert fixait à présent plus attentivement les feuillets. Il hésita, relut plus attentivement encore.

— Allons, allons, s'encouragea-t-il à mi-voix.

Les rayons du soleil frappaient maintenant de plein fouet les boiseries situées derrière Colbert et la grande glace fixée au-dessus de la cheminée.

Livide, renversé en arrière sur sa chaise, les mains posées à plat sur les accoudoirs de son fauteuil, le regard vide, l'intendant semblait comme hypnotisé. Immobile, il laissait s'écouler les secondes silencieuses dont chacune le rapprochait du moment où la maison allait s'animer, redevenir vivante et bruyante. Ce moment serait aussi celui qui allait donner vie à ce pressentiment à présent vérifié. Pour quelques instants encore seul à avoir compris, il retenait dans un mouvement presque puéril la nouvelle qui l'accablait, comme si elle était moins terrible de n'être pas connue des autres.

Tout était là, devant ses yeux, si clair qu'il se demandait comment il avait pu mettre si longtemps à s'en rendre compte. Sans doute était-ce l'urgence avec laquelle il avait fallu colmater les brèches, se protéger, puis orchestrer la contre-attaque et finalement donner l'estocade à Fouquet après l'avoir transformé en un parfait bouc émissaire. Toute son énergie tournée vers ces buts, il avait négligé de vérifier qu'au-delà de la capacité d'inventaire qu'ils fournissaient, ces papiers offraient aussi le moyen d'accéder aux richesses décrites...

Ses mâchoires se serrèrent convulsivement : dix, douze, peut-être quinze millions de livres ! Il osait à peine se lancer dans l'addition des chiffres.

S'agitant tout à coup, il remua frénétiquement les papiers.

Traites, pourcentage, commissions reçues, des années de pratiques frauduleuses du Cardinal et de manœuvres pour faire passer en Italie et aux Pays-Bas le fruit de ce labeur secret : tout était là, méticuleusement consigné ; mais totalement inaccessible...

Il manquait une feuille, en effet, essentielle. Celle permettant de décoder les suites de chiffres masquant les intermédiaires, les établissements bancaires et les noms sous lesquels les comptes avaient été ouverts. Sans cette pièce, tout cela n'était guère plus utile que n'est rafraîchissante une bouteille d'eau posée hors d'accès d'un homme assoiffé.

L'évidence le frappa : c'était cela, la pièce manquante dérobée dans les bureaux du Cardinal, si personnelle que Mazarin lui-même avait omis de lui mentionner ce fait. Les cambrioleurs avaient mis la main sur la clé du trésor et avaient eu tout le temps nécessaire pour siphonner tranquillement les dépôts soigneusement éparpillés dans les établissements bancaires les plus discrets de toute l'Europe.

Se redressant tout à coup, Colbert se tourna vers une autre pile de présents entassée dans le bureau et plus imposante encore que celle de la chambre.

— Ce tableau... La coïncidence est trop forte... Et il y en avait un autre, gémit-il en fouillant sans ménagement dans l'amoncellement des paquets de toute taille, envoyant bouler ceux qui le gênaient dans sa recherche.

Enfin, soulevant un cadre plus grand, il mit la main sur un paquet identique au premier. Il resta un instant interdit, puis entreprit de déchirer le papier qui l'entourait. Devant la vision de la deuxième toile, l'ancien secrétaire de Mazarin blêmit : on y voyait un homme sur son lit de mort, devant lequel priait une famille où l'on distinguait sans peine au premier rang un fils éploré.

Hagard, Colbert reposa le tableau. C'est alors qu'il distingua, collée au dos de la toile, une carte jointe à l'envoi des deux paquets.

Les mains tremblantes, il se rapprocha de la lumière :

— « Heureux les doux : ils auront la terre en partage », lut-il. « Heureux les cœurs purs : ils verront Dieu. »

Interloqué, Colbert retourna la carte :

— « Maudits soient les avaricieux, ils ne jouiront pas de leur bien mal gagné ; maudits soient les cœurs endurcis, ils seront appelés à souffrir. Considérez que votre sort est enviable. La privation de ressources financières indues et la souffrance personnelle ne sont que des avertissements destinés à modérer votre sentiment de victoire et à vous convaincre du danger qu'il y aurait pour vous à prolonger plus avant la quête de certains papiers dont le cardinal Mazarin fut un temps le dépositaire illicite. Vous vous exposeriez alors à un sort plus cruel. »

Colbert manqua de s'étouffer en achevant sa lecture. Des menaces, à son domicile ! Et blasphémant les Ecritures !

« Les chiens, pensa-t-il. Les maudits : "Privations de ressources" ! »

Il faillit s'étrangler puis pencha de nouveau les yeux sur le papier.

« Souffrance personnelle ? »

Perdu dans son interrogation, il n'entendit pas la porte s'ouvrir.

— Monsieur, appela la voix familière de son valet de chambre essoufflé de l'avoir cherché, monsieur !

Colbert darda sur son domestique un regard incandescent.

— Qu'y a-t-il à cette heure ? gronda-t-il.

— Un malheur, monsieur, un malheur ! geignit le valet.

Un pressentiment affreux figea Colbert sur place.

— Mon Dieu, monsieur...

— Eh bien, parle ! rugit Colbert.

— Votre père, monsieur...

Colbert s'affaissa d'un coup, laissant tomber la feuille de papier qui descendit en voletant jusqu'au plancher.

— On l'a trouvé ce matin, dans sa chambre. Mort.
— Mort, répéta Colbert d'un air hébété.
Pris d'un éblouissement, il passa sa main devant ses yeux pour chasser les mots qui dansaient : « maudits soient les cœurs endurcis, ils seront appelés à souffrir... »

87

En mer, au large de Nantes – lundi 12 septembre, dix heures du matin

LE VENT avait forci dans la nuit, obligeant un temps le voilier à abattre de sa toile. Malgré cela, le navire avançait à un bon train, son étrave fendant en douceur les vagues formées.

Gabriel déboucha de l'escalier de coupée qui menait aux cabines des passagers. Cherchant à se repérer sur l'espace encore peu familier, il s'immobilisa une seconde avant de reprendre sa marche vers le château arrière. Là, il s'assit au pied de l'escalier de la passerelle de commandement, protégé des embruns par les coffres à voile.

Devant lui, il voyait les paquets d'écume éclabousser la proue du bateau lorsqu'il se redressait après avoir plongé le nez dans le creux de la vague. L'immensité déserte de la mer le laissait fasciné, lui qui n'avait aperçu qu'une seule fois l'océan sans oser aller plus loin qu'y plonger ses pieds dénudés.

— Savez-vous nager, monsieur ? lui avait demandé le capitaine lors du souper de la veille donné dans sa cabine. Non, eh bien vous pourriez faire un excellent marin, je me méfie des hommes de mer qui savent nager, cela les rend moins soigneux de leur navire ! s'était-il exclamé en riant, ravi de lui-même.

Gabriel avait éludé les questions sur sa destination finale et sur les raisons de son départ. Il était un jeune homme que sa famille désirait éloigner pour quelque temps. L'excuse du voyage d'éducation avait fait long feu et le regard égrillard et somme toute bienveillant du capitaine disait assez qu'il avait traduit « scandale de mœurs ou duel ». Au demeurant, cela était une meilleure couverture, plus crédible et plus sûre. En arrivant à la Nouvelle-Amsterdam, il serait toujours temps de voir où aller...

Ôtant ses gants, Gabriel plongea la main sous son manteau pour en retirer la lettre cachetée qu'il avait promis de n'ouvrir qu'une fois en mer. Il la regarda en silence avant de se résoudre à l'ouvrir. Comme si avec ce geste s'effaçaient un peu plus une période, des visages, cette année folle qui avait bouleversé son existence.

Une bouffée de nostalgie et de tristesse l'envahit tandis qu'il songeait à ces derniers jours en France. Il avait passé le trajet jusqu'à Nantes à penser à l'absence de Louise au rendez-vous de la porte Saint-Martin, à cette heure passée à attendre en vain de voir la silhouette apparaître dans l'encadrement de la portière...

« Cette lettre lue et détruite, il ne me restera rien de ma vie passée et plus rien ne me reliera encore à elle, j'aurai disparu moi aussi, comme mon père il y a vingt ans », se dit-il en hésitant encore l'espace d'un instant. D'un geste sec, il rompit le sceau de cire bleue et entama sa lecture.

Mon cher Gabriel,

Quand tu liras cette lettre, tu seras loin sans doute de notre Touraine. Si François d'Orbay te l'a remise, cela signifie que notre quête ne s'est pas achevée, mais aussi que tu as accepté de devenir réellement l'un des nôtres et de prendre à ton tour le flambeau dont je m'étais saisi. Ironie de l'histoire : lorsque tes parents ont choisi ton prénom, ton père l'a raconté à d'Orbay, c'était parce que aucun destin ne leur paraissait plus beau que celui de Messager, apporteur de la parole divine...

Demain, peut-être, il te sera donné d'achever notre voyage ou d'en transmettre la responsabilité à ton tour. D'ici là, tu auras vu disparaître tes frères, tu en auras quitté d'autres, sans espérance de retour. Je prie pour que ces épreuves te traversent sans laisser en ton cœur l'amertume qui est le seul danger qu'il nous faille craindre. Gabriel, laisse ta mission envahir ton cœur, laisse ton destin individuel se fondre dans cette tâche collective, ardue, démesurée par rapport à nos existences. Tel est le legs que je suis en mesure de t'offrir. Il est peu et beaucoup.

Dans le coffret de bois que François t'a remis, tu trouveras la traduction d'un des documents volés à Mazarin et dont tu as été le porteur. Il s'agit des mots de passe, des contacts et des adresses nécessaires pour disposer d'une partie de la fortune amassée indûment par Mazarin et les siens. Ce trésor est désormais sous ta responsabilité. Il sera, avec toi, le gardien le plus efficace de notre Secret.

Entre tes mains repose le sort du Cinquième Evangile, c'est-à-dire, comme je te l'ai révélé dans les jardins de Vaux, la version originale du texte des saintes Ecritures que Pierre a modifiée. Libre à toi de poser les yeux sur ce qui a fait trembler les trônes, verser le sang et pourrait encore engendrer de terribles malheurs hors du contrôle de ses gardiens.

Je t'imagine à ce stade de ta lecture brûlant avec la fougue de ta jeunesse de t'emparer de cette Vérité : n'as-tu pas deviné encore quelle peut être sa nature ? Réfléchis, Gabriel : on peut tuer des rois, contester leur filiation, rogner leur territoire ; on peut intriguer pour abattre un pape ou pour en faire élire un. Tout est envisageable en matière politique. Sauf une chose, qui préexiste à toute légitimité et assure sa survivance : le lien par lequel le sacré donne son onction au pouvoir temporel. Et d'où vient ce pouvoir qui fait des souverains des « lieutenants de Dieu sur terre » ? De la latitude laissée en la matière par les Ecritures. « Tu es pierre, et sur cette pierre je bâtirai mon Eglise » a dit le Christ ; et aussi « M'aimes-tu ? Alors prends soin de mes brebis. » Ne t'ont-elles pas semblé étranges, ces phrases mises bout à bout, Gabriel ?

Si oui, tu es désormais en situation de dénouer ce mystère : là où des générations ont interprété sans relâche, tu vas, toi, comprendre. Parce que toi tu sais qu'il existe une version pure et non pas corrompue.

Admirable supercherie en vérité : pendant des siècles les hommes se sont égorgés au nom d'interprétations différentes, alors que c'est la source même du texte à interpréter qui était fausse...

L'enseignement du Christ était pourtant fort clair :

« Maudit soit celui qui prétend régler les affaires des hommes au nom de mon père ;

« Maudit soit celui qui mêle le nom de mon père et les querelles des Puissants. Qu'ils bâtissent des empires de poussière mais qu'ils ne mettent pas aux frontons de leurs palais d'or le nom de mon père.

« Celui qui vous dira qu'il porte le glaive et rend la justice des hommes et organise la vie de la cité au nom de mon père, en vérité je vous le dis, celui-là est un menteur ». *Et encore* « Heureux ceux qui n'ont pas l'ambition du pouvoir, il leur sera donné un royaume auprès de mon père. »

Ces phrases-là sont vraies. Les précédentes, celles que tu connais, sont fausses.

La Vérité est aussi simple que cela : on se demande depuis des siècles pourquoi la question du pouvoir politique est si absente des Ecritures ? C'est parce qu'on l'en a retirée. L'enseignement du Christ est qu'il ne peut y avoir de pouvoir politique fondé sur la Vérité spirituelle et que toute tentative pour mêler le pouvoir de l'Eglise aux affaires des hommes ou bien de légitimer le pouvoir des hommes par la source spirituelle de son Eglise est une hérésie !

Mieux, l'enseignement du Christ, ce texte véritable dont le 17 août nous a confirmé la nature, nous livre le pourquoi de cette impossibilité. Ecoute Gabriel, écoute le message du Christ :

« Y a-t-il une hiérarchie parmi les étoiles ? Et un ordre de préséance parmi les grains de sable ? En vérité je vous le dis, que jamais un parmi les grains de sable ne s'imagine pouvoir imposer sa vérité aux autres grains de sable. Tous sont égaux et ainsi vont les brebis de mon père. La loi parmi eux doit être celle de la justice et cette justice celle de l'égalité. Que celui qui règne règne donc par le pouvoir que lui donneront ses frères : seul celui qui choisit cette voie emprunte le chemin de la maison de mon père. »

Que dis-tu de cela, Gabriel ? Imagine cette nouvelle se répandant parmi l'Empire des chrétiens, imagine les foules comprenant tout à coup que le pouvoir sacré du roi auquel elles obéissent est non seulement un mensonge mais une supercherie... Imagine-les comprendre qu'elles ne doivent plus d'obéissance ni au roi ni au pape ? Que se passerait-il à ton avis ? C'est pour cela que notre mission est de trouver un homme capable d'orchestrer cette révélation sans ouvrir la boîte de Pandore. Tel a été mon rôle, Gabriel : et te voilà maintenant initié à notre secret, d'une manière plus brutale que je ne l'ai été ou que ne l'a été aucun de nos frères. Mais enfin l'urgence commande.

Gabriel, j'imagine ton regard effrayé : mais crois-tu vraiment que la vérité soit chose aisée à regarder en face ? Si tel était le cas, l'histoire des hommes ne serait pas ce qu'elle est. Telle a été la terrible force de Pierre : il savait que l'on ne mettrait jamais vraiment en doute le contenu des textes.

Sois rassuré cependant : le temps te permettra de te familiariser avec ce scandale. Tu apprendras à admettre qu'il existe onze et non pas dix Béatitudes au cinquième chapitre de Matthieu. Que Pierre n'a pas renié trois fois le Christ mais quatre fois et que cette quatrième fois a été gommée du texte qui nous est parvenu ; que son reniement n'était pas de ne pas assumer d'être un des compagnons du Christ, mais d'altérer la nature du message du Sauveur. Tu apprendras à reconnaître entre les lignes les trop-pleins et les creux : les passages rajoutés et les passages supprimés.

C'est tout cela que contient le manuscrit que nous avons

enfin pu décrypter.

Puise dans le temps qui s'offre désormais à toi la ressource pour t'approprier ce patrimoine. Un jour, dans des mois, peut-être, dans des années, peut-être même après toi, avec ceux qui te succèderont, ce message surgira de nouveau pour tenter de faire entendre sa Vérité sans engendrer de cataclysme.

Prends soin de toi, Gabriel. A l'heure où je pars vers Nantes pour essayer de sauver ma tâche, tous mes vœux accompagnent ces pas dont je voudrais tant que tu n'aies pas à les accomplir seul.

Adieu Gabriel de Pontbriand. Sois digne de tes frères, à l'image de ton père. J'espère de tout cœur revenir sans tarder victorieux et déchirer de mes mains cette lettre.
Nicolas Fouquet.

Les mains tremblantes, Gabriel ne parvenait pas à replier le feuillet. Il essuya d'un revers de manche les larmes qui emplissaient ses yeux. Puis il laissa retomber son menton sur sa poitrine. Immobile, il sentait le papier froissé entre ses doigts comme s'il était vivant. Enfin il se leva, ses boucles volant dans le vent qui forcissait encore, et se dirigea vers le bastingage.

— Prenez garde, dit un marin qui roulait un cordage, ses pieds nus cramponnés au sol, c'est glissant sur ce côté.

Gabriel passa sans le voir et continua son chemin jusqu'à la proue. Devant lui, l'écume des vagues formait un horizon brouillé où le ciel et l'eau se mêlaient. Les morceaux de papier qu'il déchirait avant de les lancer au vent tourbillonnaient un instant devant la figure de proue puis plongeaient dans l'eau verte pour y disparaître.

Gabriel resta encore un moment à regarder les flots déserts. Puis il regagna sa cabine.

Le coffret était là, sous ses vêtements, dans sa malle.

La coque craquait sous les coups des vagues et le sifflement du vent dans les voiles semblait une musique lancinante. Immobile, Gabriel paraissait ne pas les entendre. Ses lèvres remuèrent doucement tandis qu'il commençait à réciter par cœur : « Au commencement était le Verbe, et le Verbe était avec Dieu, et le Verbe était Dieu... »

88

Château de Fontainebleau – mardi 1ᵉʳ novembre, onze heures du matin

— UN FILS ! La reine nous a donné un fils !

Stupéfaite, Louise vit le roi de France ouvrir la fenêtre de la chambre où venait d'accoucher Marie-Thérèse pour se pencher au-dehors et crier sa joie à pleins poumons.

— Fermez cette fenêtre voyons ! Votre garçon et votre femme vont prendre le froid, lui dit gentiment Anne d'Autriche dont le visage rayonnait.

Obéissant pour la circonstance une fois encore à sa mère, Louis XIV s'approcha du lit où reposait l'infante d'Espagne épuisée par ses couches.

— Vous avez fait du bon travail, Madame ! Cet enfant est magnifique. Il s'appellera Louis de France, dit-il en regardant sa jeune épouse avec une tendresse inhabituelle.

Puis le souverain quitta aussitôt la chambre afin de laisser les femmes « à leurs affaires ». Louise le suivit du regard tandis qu'il s'éloignait. La porte refermée, elle resta un instant immobile avant de s'approcher elle aussi du lit, les traits figés, sans parvenir à détacher ses yeux du petit berceau ouvragé où l'on avait déposé le Dauphin.

Colbert, qui attendait avec les principaux ministres dans le couloir, fut le premier à féliciter le roi. Puis le monarque eut à affronter la foule grossissante des courtisans. Tandis qu'il traversait cette marée humaine, Louis XIV se remémorait les événements de cette année 1661.

« Enfin, se dit-il en regardant hommes et femmes s'incliner sur son passage, enfin, je vais pouvoir leur montrer ce dont je suis capable ! »

Impression
E3 Expansion
28, rue des Tilleuls – 92100 Boulogne – France

Timée-Editions
66, rue Escudier – 92100 Boulogne – France
www.timee-editions.com

Imprimé en France
Dépôt légal : février 2005
ISBN : 2-915586-23-3